乔布斯全书

文娟　编著

吉林文史出版社
JILIN WENSHI CHUBANSHE

图书在版编目（CIP）数据

乔布斯全书 / 文娟编著. -- 长春：吉林文史出版社, 2017.5（2018.1重印）

ISBN 978-7-5472-3938-4

Ⅰ.①乔… Ⅱ.①文… Ⅲ.①乔布斯(Jobs, StevePaul 1955-2011)—传记 Ⅳ.①K837.125.38

中国版本图书馆CIP数据核字(2017)第118111号

乔布斯全书
QIAOBUSI QUANSHU

出 版 人　孙建军
编 著 者　文　娟
责任编辑　于　涉 董　芳
责任校对　薛　雨
封面设计　韩立强
出版发行　吉林文史出版社有限责任公司（长春市人民大街4646号）
　　　　　www.jlws.com.cn
印　　刷　天津海德伟业印务有限公司
版　　次　2017年5月第1版　2018年1月第2次印刷
开　　本　640mm×920mm　　16开
字　　数　204千
印　　张　16
书　　号　ISBN 978-7-5472-3938-4
定　　价　45.00元

前言

苹果公司，是近三十年来屡屡创造奇迹的一家公司，而它之所以能创造奇迹，公认的原因是它有一个神一般的灵魂人物存在。他，就是乔布斯。乔布斯总能在关键的时刻，让苹果公司创造出惊人的奇迹。更关键的是，乔布斯赋予了苹果产品独特的含义，让电子产品走下神坛，深入人类生活的各个角落。

在世界各类媒体的报道中，我们不难发现乔布斯的几项个人特质，比如"专注""完美主义""精英主义""现实扭曲力场"，等等。人们把乔布斯和他的"苹果"看成一个传奇，提到乔布斯，就会把他和一系列堪称艺术品的产品联系起来：iMac，iBook，iPod，iPhone，iPad……

乔布斯带领苹果公司，上演了一出活生生的海明威式神话："你可以打败我，但你永远打不垮我。"他的身上有无数让人着迷的特质：坚韧不拔、知难而进、勇于创新、敢于冒险……

乔布斯，这个全球最酷的企业家、IT产业的艺术家，为世界奉献了一个充满创意的"苹果"。乔布斯似乎拥有无穷无尽的意志力和行动力，他创造出一个又一个商业神话和新奇产品，不仅改变了他自己，也改变和影响了人类的生活方式和对未来科技的认识。

超凡魅力，是一种赋予极少数人的礼物，而史蒂夫·乔布斯，正拥有这样一份堪称"现实扭曲力场"的"魔力"。目睹他长达数个小时的演讲，就好像是在看一位善于展示的能手在不携带任何草稿的情况下尽情挥洒内心的独白。这是一种醉心于科学技术的独白，技术就是史蒂夫·乔布斯的整个世界。

科学技术的迅速发展使得很多事物看上去都是新颖的、超前的、光彩夺目的，而乔布斯又对这种迅速发展的技术有着非同一般的感受，他内心充满激情，他对"苹果"怀着一种狂热，他会因拯救濒临失败的东西激动不已——这不但是为了自己，也是为了苹果公司，甚至是为了全世界的个人电脑产业。

他的"魔力"，他对胜利时刻的独特感受，他的从容，都汇集在了他创造的口号里：

"伟大的疯狂！"

"在世界上留下足迹！"

"让我们成为海盗吧！"

后来又产生了新的口号："这将是了不起的成就！"

"超越盒子！"

到了最后是："重振苹果！"

这些口号就像是一支奇特的队伍经过时产生的嘈杂声，既有苹果公司和 NeXT 公司的工程师，也肯定有巴斯光年、海底小丑鱼，还有超人特工队一家。

乔布斯推动开发的一个接一个的产品总让人们产生"必须拥有"的渴望，因为他总是在设计时，考虑到你和我这样平凡而实际的用户。乔布斯经常被拿来与发明家托马斯·爱迪生、"汽车大王"亨利·福特相提并论，因为他们发明的产品都经济实惠，让生活更加方便，改变了美国人乃至全世界人的生活方式。

他生活中的某些经历，听起来就像从电影里搬出来的童话故事：刚出生就被领养，出色地从失败中崛起，拥有令人无法置信的巨大财富……他被人爱，也招人恨，被强烈地崇拜，也被广泛地鄙视。

在以前，当乔布斯尚显年轻、羽翼末丰的时候，一些对他持怀疑态度的人认为，他只不过是一位行事大胆的鲁莽之辈。当这位年轻的电脑天才在苹果公司占有一席之地的时候，他就有些飘飘然了，也似乎开始变得冷酷无情了。虽然他参与设计了麦金塔个人电脑，但他的内心还是感到很空虚。

他在被自己开创的公司赶出去之后，在"荒野"之中待了十几年，在他重新回来的时候，他的内心世界发生了很大的变化，那是一种更加人性化的转变。创业的失败使他变得谦逊了，孩子们的出生使他变得温顺了，而年龄的增长也使他变得更加成熟了。虽然他还可能刚愎自用，还可能像以前一样只相信自己的决断，但重要的是，他已经意识到工作是大部分人做的："苹果公司就是一支团队。"是史蒂夫的努力使科学技术在每个人面前都充满了希望，而其他人是做不到这一点的。

他习惯穿着黑色的圆领T恤和一条已经穿得很旧的牛仔裤，这也显示了他依旧鄙弃那种公司传统的正式服装。带着一种缺乏自信，甚至有点自嘲的笑容，带领苹果公司的团队，为全人类创造出了更多更好更棒的电子产品。

他的人生经历，让你了解一个真实的乔布斯，让你知道他是如何从一个被亲生父母遗弃的婴儿成长为全球电子产品领军人物，让你跟随乔布斯的失败与成功，体会逆境中的崛起，在人生的道路上走得更加顺畅。

目录

进入倒计时

重回上帝怀抱

乔布斯的遗产

命运捉弄与补偿

被遗弃的孩子

"亲生父母对于其他人来说，可能还有更重要的意义，但对于我来说，他们仅是精子库和卵子库而已。"

——在谈到自己的亲生父母时，乔布斯如是说

有人说，每个人都是上帝咬了一口的苹果，只是因为有的苹果味道特别芬芳，所以上帝就多咬了一口。这样说起来，本书的主人公史蒂夫·乔布斯一定是那个味道特别芬芳的苹果，因为他是那么的倒霉，还没有出生，就已经注定了要被遗弃。

故事要从一段师生恋开始讲起……

1954年，来自威斯康星乡村的德裔女孩乔安妮·席贝尔·钱德里·辛普森进入了她梦寐以求的威斯康星大学，开始了绚烂多姿的大学生活。

与此同时，来自叙利亚的"约翰"阿卜杜勒塔赫·钱德里在贝鲁特拿到美国大学的学士学位后，进入了威斯康星大学攻读政治学硕士并担任助教。

于是，命运的齿轮就这样开始转动起来……修有政治课的乔安妮很快就为年轻助教钱德里优雅的举止和渊博的学识所倾倒，而钱德里也深深地被乔安妮的美丽乐观吸引，一场跨国的师生恋就此展开。

1954年的夏天，乔安妮跟随钱德里来到了钱德里的祖国叙利亚。钱德里的家族在叙利亚非常显赫，他父亲经营着好几家炼油厂，还涉足了其他多种产业，除此之外，他在叙利亚首都和第一大城市大马士革及第三大城市霍姆斯还有大量资产，至于这笔资产到底有多巨大，从他一度掌控了那里小麦的价格就可见一斑。尽管钱德里家族世代经商，但是十分重视孩子的教育，一直坚持送家庭成员到伊斯坦布尔或者巴黎索邦大学读书。阿卜杜勒塔赫·钱德里也没有逃过这样的安排，他在很小的时候就被送到一所耶稣会寄宿学校学习。因为钱德里是家中九个孩子中最小的一个，所以非常受宠。可能是爱屋及乌吧，乔安妮在钱德里家族中

受到了热烈欢迎。钱德里和乔安妮在叙利亚度过了愉快的两个月，乔安妮甚至还从钱德里家人那里学会了如何做钱德里喜欢吃的叙利亚菜。快乐的时光总是过得很快，两个月后，当他们回到威斯康星，乔安妮发现自己怀孕了。

这个消息对于一个是学生、一个是研究生的他们来说，无异于一颗重磅炸弹，彻底打乱了他们正常的生活秩序。对于这个不合时宜到来的小家伙，他们想到了各种处置方法。首先是堕胎，但是因为当时他们所在的威斯康星是一个天主教地区，所以堕胎是违法的，孩子的这条小命暂时保住了；既然不能堕胎，那只有结婚，给孩子一个合法的身份了。

无奈的两个年轻人怀着忐忑的心情来到了乔安妮家。钱德里断断续续地向未来的老丈人说明了情况，并请求老丈人同意将女儿嫁给自己，给孩子一个合法的身份。

乔安妮的父亲——亚瑟·席贝尔是一个很成功的商人。他自德国移民到美国后，辗转来到了格林贝的郊区，经营着一家水貂养殖场，还涉足了房地产等多种生意。他是一个非常虔诚的天主教徒，在女儿的恋爱的问题上尤其严厉，坚决要求自己的女儿必须嫁给一个天主教徒。几年前，乔安妮曾经谈过一个男朋友，但是因为对方不是天主教徒，所以被亚瑟·席贝尔活生生地拆散了。

面对着眼前这个用期盼的眼神看着自己的年轻人，亚瑟·席贝尔又问出了同样的问题，你是天主教徒吗？钱德里的答案没有让他满意，于是，他冷漠而又坚决地拒绝了他们的请求。他之所以反对这门亲事还有一个原因。在这个顽固的天主教徒眼里，未婚先孕有损家族荣誉。亚瑟的态度让这对满怀希望的年轻人备受打击。想起上一次父亲对自己爱情的阻挠，乔安妮非常生气，进行了激烈的反抗。但是，亚瑟威胁说，如果乔安妮敢和钱德里结婚，他就剥夺乔安妮的财产继承权，并断绝父女关系。万般无奈，乔安妮和钱德里只有放弃结婚的打算，而还在妈妈肚子里的乔布斯，就这样注定了被遗弃的命运。

随着宝宝出生日期的临近，1955年初，乔安妮挺着大肚子来到了旧金山一家医院。这家医院可以帮助未婚准妈妈接生，并秘密安排孩子的领养事宜。

小宝宝又在肚子里做运动了，满脸洋溢着母爱的乔安妮既开心又难过，开心的是宝宝终于快要降生了，难过的是自己快要和宝宝分离了。尽管自己不能亲自抚养，但是乔安妮还是希望宝宝可以在一个良好的家庭环境中长大。于是，她对负责安排领养事宜的医生提出了这样一个要求：领养孩子的父母双方必须都是大学毕业生。按照这个要求，医生将乔安妮肚子里的宝宝安排给了一对律师夫妇。所有的事情都安排好了，看来小家伙一降生就可以开始崭新的生活了。

那一天终于来临了，1955年2月24日，在历经痛苦之后，乔安妮生下了一名男婴。看着这个哭声震天、健康可爱的小家伙，乔安妮柔肠百结。尽管万分不舍，还是得忍痛割爱。让她稍感安慰的是，要收养他的那户人家条件不错。可是，没过几天，负责安排收养事宜的医生告诉了乔安妮一个坏消息：那对律师夫妇想要收养的是个女孩而不是男孩，所以他们放弃了这次收养机会。

这个消息对于乔安妮来说，无异于晴天霹雳。看着怀中胖乎乎的儿子，她悲哀地想：儿子啊儿子，没想到你的亲生父母遗弃你，你的第一对养父母也遗弃你，刚一出生就遭受了两次遗弃，你以后还将经历怎样的人生呢？

无奈之下，医生只好给乔安妮安排了排在第二位的领养人，他们就是乔布斯后来的养父母——保罗·乔布斯和克拉拉·哈戈皮安·乔布斯。

保罗后来回忆说，那是一天半夜，他接到了一个电话，电话里说："我们这里有个不请自来的小男孩，你们愿意收养他吗？""当然！"保罗毫不犹豫地回答。要知道他们想收养一个孩子已经很久了。

就在乔布斯夫妇毫不犹豫地准备接受这个小家伙时，乔安妮看着活泼可爱的儿子却开始犹豫了。这一方面是因为她发现，乔布斯夫妇家庭条件一般，和律师夫妇根本没法比，而且保罗只是一个高中退学生，根本不符合她设定的收养标准；另一方面却是因为她的父亲亚瑟已经生命垂危了，她想要等到父亲去世后，和钱德里结婚，这样孩子就不用送人了，毕竟骨肉分离的滋味不好受。

在犹豫与等待中，几个月过去了，乔安妮一直都没有在收养合同上签字。与此同时，盼子心切的乔布斯夫妇，却竭尽所能地争取着这个孩子的抚养权。他们除了不停地表达诚意外，还向乔安妮保证一定让孩子上大学，并承诺设立一项专款作为孩子将来上大学的费用。乔安妮终于松口，在收养合同上签了字。乔布斯后来回忆说："当我生母发现想收养我的养父母根本就没有上过大学，我的养父甚至连中学都没有毕业的时候，她想为我争取到更好的生活环境，于是拒绝在收养文件上签字。但是僵持了几个月后，她终于同意签字，因为我的养父母向她保证一定会让我上大学。"

办完领养手续后，乔布斯夫妇抱着胖乎乎的小家伙，给他起名为史蒂夫·乔布斯。自此，这个小男孩开始了他以"乔布斯"的名字改变世界的传奇人生……

非常富有戏剧性的是，就在领养手续办完后几星期，也就是 1955 年 8 月，乔安妮的父亲亚瑟就去世了。以后的故事是，没有了结婚阻碍的乔安妮和钱德里在当年的圣诞节过后，就步入了婚姻的殿堂。可能，这就是所谓的缘分吧，这个小男孩注定要以乔布斯的名字为世人所铭记。如果乔安妮再坚持几星期，这个小男孩的命运或许就会改写，可是谁能保证他被改写后的人生，会像今世的这样精彩呢？所以，对于乔布斯来说，被遗弃是一种人生的结束，又是另一种人生的开始……

对于被领养这件事，乔布斯认为，养父母对自己非常坦率，他说在自己六七岁的时候就知道这件事了。他回忆说，刚知道这件事的时候，自己并没有什么特别的感觉，只是有一次他在自家门前的草地上向住在对面的小女孩讲述这件事时，小女孩的一句话，才让他意识到了领养的含义。小女孩天真地问乔布斯："他们把你送人，是不是不要你了？"这戳中了小乔布斯的痛处。他说："当时感觉就好像是遭到了雷击一样。"他大哭着跑回家，问父母是不是这样的。保罗夫妇这样告诉他："不，史蒂夫，不是这样的，没有谁遗弃你，是我们特意挑选你的。"乔布斯回忆说："他们说这话的时候，表情很严肃，眼睛直直地看着我的眼睛，语速特别慢，几乎是一字一顿地跟我说的，而且他们还向我重复了好几遍这句话。"这样的方式，让乔布斯印象深刻，也抚慰了他那颗受伤的心。

乔布斯周围的人都认为被遗弃这件事对于其性格有深刻的影响。乔布斯多年的同事德尔·约克姆说："他总想完全掌控生活中的每一样东西，应该和他刚出生就遭到遗弃有密切关系。"

自大学毕业后，一直都和乔布斯联系密切的格雷格·卡尔霍恩提到被遗弃对于乔布斯的影响时说："很多时候，他都把产品看作自己的延伸，这让他总想控制一切。他曾跟我说过被遗弃对他造成的影响及伤害。这让他形成了独立的性格，导致他生活在自己构筑的与现实完全不同的小世界里，遵循着一套和常人不同的行为方式。"

对于朋友们认为被遗弃给自己带来的创伤，乔布斯却矢口否认。他说："亲生父母对于其他人来说，可能还有更重要的意义，但对于我来说，他们仅是精子库和卵子库而已。被他们遗弃，让我变得更独立了。我的（养）父母一直都让我觉得自己很特别。"

养父母的厚爱

"他们百分之一千是我的父母。"

——在谈到自己的养父母时，乔布斯如是说

每当有人称保罗和克拉拉为乔布斯的"养父母"或者暗示他们不是乔布斯的亲生父母时，乔布斯就会异常愤怒。

乔布斯的养父保罗·乔布斯全名是保罗·莱因霍尔德·乔布斯。和自己的儿子一样，他也有着丰富的人生经历。他出生并成长于威斯康星州日耳曼的一家奶牛场，父亲是个酒鬼，经常在喝醉后虐待他，但是保罗·乔布斯并没有受到父亲性格的影响，而是成长为了一个温和的男人。

他深受中西部加尔文宗思想的影响，这让他得以在长达10年的美国经济大萧条中挺了过来。他高中没有毕业就开始在中西部地区游荡，偶尔做一下工程师的工作。当时正值美国经济大萧条时期，到处都在裁员，因此工程师的工作非常不稳定。第二次世界大战爆发后，为了寻求到稳定的工作，19岁的保罗加入了海岸警卫队（更多的人称它为"无赖海军"，保罗自己也这么称呼），成了美国海军"梅格斯"号运兵船上的一名机械师和锅炉工。在第二次世界大战期间，保罗所在的运兵船主要负责为巴顿将军向意大利运输部队。作为一名海军警卫队队员，保罗并不会游泳，但这并不妨碍他成为一名优秀的机械师和锅炉工，他甚至还因此获得了很多奖励。但是，同时保罗也经常会惹各种小麻烦，所以他的最高军衔也仅是一等兵。

第二次世界大战结束后，"梅格斯"号运兵船在旧金山退役，保罗也从海岸警卫队退伍。退伍时，保罗和队友打了个赌，说自己要在两周之内找到一个妻子。他是有资本这样说的，经过军队的历练，此时的保罗身高六英尺（约1.82米），已经成为一个身高体壮、有着纹身的引擎机械师，同时，他的长相酷似20世纪50年代著名男演员——詹姆斯·迪恩，总之就是帅呆了。

巧合的是，他真的很快就在金门大桥附近遇到了自己心仪的女孩克拉拉·哈戈皮安。

克拉拉·哈戈皮安来自于一个移民家庭。她的祖籍是土耳其控制下的亚美尼亚，她父母逃离亚美尼亚后来到了美国的新泽西州，她就出生在那里。在克拉拉童年的时候，他们搬到了旧金山的米申区。克拉拉是一个甜美风趣的女孩，但她有一个秘密，那就是她曾经结过婚，但是丈夫在第二次世界大战中战死了。

当保罗约会克拉拉的时候，克拉拉已经做好了面对新生活的准备。克拉拉后来回忆说，自己之所以会答应和保罗约会，并不是看上了保罗的容貌，而是因为他和他的朋友们可以使用一辆轿车，而这是当时约她的其他人做不到的。

用现在的话来说，保罗和克拉拉属于闪婚，因为两个人在仅认识10天后，也就是1946年3月，就结婚了。与此同时，保罗也赢得了和队员们的赌博。这种闪婚的现象在当时是非常普遍的，因为经历了战争的人们，都渴望拥有安定而温馨的生活。

结婚后的保罗和克拉拉尽管经济条件并不富裕，但是过得也还不错。他们先在威斯康星州和保罗的父母一起住了几年，然后搬到了印第安纳州。在那里他们的生活条件得到明显的改善，因为保罗的个人爱好是维修汽车，这帮他赚了不少钱。他们本可以在那里平静地过一辈子的，但是相对于印第安纳州来说，克拉拉更喜欢繁华的旧金山，于是她说服丈夫于1952年搬回了旧金山。他们利用保罗维修汽车赚来的钱在日落区购买了一套环境相当不错的公寓，开始迎接新生活的到来。

安顿下来后，保罗开始找工作。他先在斯拜克特费兹克斯公司工作，负责开发了条形码扫描系统，这一系统现在还在超市中广泛应用。后来，他应聘到一家名为CIT的信贷公司做强制执行人员，也就是"回收人"，他的主要工作是向用户索要汽车贷款的欠款。如果欠款人拒不还贷，保罗就要撬开车锁，对车子进行重新处置，比如拍卖。由于保罗看上去身高体胖，又参过军，所以他做这类工作还算顺利。有时候，保罗也会买下这样的车，修好后卖出。

刚到旧金山的时候，保罗一家的日子过得比较窘迫，但是随着保罗事业的发展，很快他们就过上了小康生活。经济条件的改善，更让他们体会到了没有孩子的缺憾。保罗夫妇一直想要一个孩子，但是克拉拉因为一次宫外孕丧失了生育能力。在他们结婚 9 年后，也就是 1955 年，他们决定收养一个孩子。他们收养的第一个孩子是个男孩，他们叫他史蒂夫·乔布斯。两年后，他们又收养了一个女儿，为她取名为帕蒂。

两个孩子的到来让保罗夫妇忙得不可开交，却也温馨甜蜜，日子就这样向前推移。

转眼，乔布斯 5 岁了。这时，保罗的公司将他调到了帕罗奥图的办事处。他们负担不起帕罗奥图的生活费用，于是举家搬到了帕罗奥图南边的山景城居住。和现在繁荣的山景城不同，当时的山景城还是一片荒凉，属于郊区，生活费用相对比较便宜。

保罗一家的房子位于迪亚布洛大道 286 号，这是一幢建于 1950~1974 年间的普通房子，在加州这样的房子大约有 11000 多座。它们有一个共同的开发建造商约瑟夫·埃奇勒。埃奇勒融合实用性和简洁性，致力于打造质优价廉的房子，他的目标是让美国的普通百姓都能够负担得起。无疑，他做到了。乔布斯后来回忆说："埃奇勒做得非常好，他让收入不高的人群也能享受到艺术性和实用性并存的房子。同时他充分考虑了低收入人群的需要，设计了一些很实用的特色。例如，为了便于这类房子的住户取暖，他在地板下面安装了热辐射供暖设施。我记得小时候，只要铺上地毯，就会温暖而舒适。"受埃奇勒的影响，乔布斯后来总致力于打造物美价廉的电脑，他说："我希望苹果公司的产品既有完美的设计，简便的使用方法，同时又不太贵。这是苹果公司最初的设想，我们这种设想最早尝试于麦金塔电脑上，并在 iPod 上得以实现。"

尽管保罗一家当时的生活还不错，但是为了让孩子们有更好的生活条件，保罗决定换个薪酬更高的工作。当时乔布斯家的对面住着一个成功的房地产经纪人，他看上去不是很聪明，但好像赚了很多钱，保罗想既然他能干这一行，那自己也应该可以。于是他拼命上夜校通过执照考试，进入了房地产行业。结果，保罗运气非常不好，他刚进入房地产业没多久，这个市场就崩溃了，于是保罗一家的生活陷入了拮据之中。克拉拉不得不出去工作补贴家用。还好，当时很多公司对于员工的要求并不是很高，她很快在一家名叫瓦里安的公司当起了记账员。此时，他们家最值钱的财产——房子也不得不办理了第二份抵押贷款。这样的情况持续了差不多一年。当时乔布斯在上小学四年级，家庭的变故让他不能理解。有一次，老师问同学们，他们对于这个世界有什么不明白的。小小的乔布斯疑惑地回答说，他不明白自己的父亲为什么一下子就破产了。这件事让保罗意识到了自己事业的失败给儿子造成了多大的影响，他对此非常自责。于是，他很快就重新振作起来，找了一份机械师的工作。

尽管父亲的事业曾经一败涂地，但是乔布斯仍然尊敬并爱戴父亲，因为他总是坚持自己做人的底线和原则，绝不会为了做成某单生意而卑躬屈膝、阿谀逢迎，更不要说耍诈骗人了。"做房产经济人，有时候需要违心地奉承别人，爸爸对此不在行，也没有兴趣这样做。这让我很佩服。"乔布斯说。

乔布斯养父母对于他的厚爱不仅体现在努力为他创造好的物质生活上，也体现在对于他意志的尊重上。当乔布斯大喊着"如果不换学校，我就不上学了"时，他们毫不犹豫地选择了搬家，让乔布斯进入更好的学校；当乔布斯任性地非要进入昂贵的里德学院时，他们又一次尊重了儿子的选择，尽管那笔学费他们筹措起来可能会很困难。这其中可能存在遵守承诺的成分（因为保罗夫妇答应了乔布斯的生母一定会让他上大学），但更多的是父母对于儿子的一种无私的爱。

乔布斯对于自己的养父母充满了感激，他说："他们百分之一千是我的父母。他们都很宠我，当意识到我很聪明后就有了强烈的责任感，竭尽所能地满足我的要求，送我去好学校，让我学更多的东西。"这让乔布斯始终认为自己是与众不同的，他认为，世界上的某些人，如爱因斯坦、甘地等是特别的，是被上帝选中并受到启示的，当然，他认为自己也是其中之一，这也形成了他独特而自我的个性。

硅谷热土

"在那里（硅谷）成长，让我受到了独特历史的启发，这让我很想成为其中的一员。"

——对于硅谷，乔布斯如是说

第二次世界大战后，美苏对峙的世界格局形成，为了在对峙中不落于下风，在世界范围内形成足够的影响力，美国加大了对于国防事业的投资，而从中直接受益的就是乔布斯所在的山景城。

美国国家航空航天局埃姆斯研究中心（NASA Ames Research Center）就位于山景城，乔布斯第一次看见计算机就是在这个研究中心，他说：

"是爸爸带我去的埃姆斯研究中心，在那里我第一次见到计算机终端，并第一眼就爱上了它。"随着国防工业的发展，20世纪50年代，其他一系列国防工程项目也相继在此处落户。这其中包括了1956年搬到NASA中心隔壁的洛克希德公司导弹与空间部门（The Lockheed Missiles and Space Division），它主要生产潜射弹道导弹。这家公司的到来比保罗一家早了四年，当保罗一家搬到这里时，这家公司的规模已经达到了拥有20000名员工。这个地区另外一家著名的公司是西屋电气公司，它距离洛克希德公司仅有几百米，在产品上也和洛克希德公司有联系，主要负责为其生产电子管和变压器。

军事工业的发展，刺激了以科技为基础的经济发展。这次经济发展开始于1938年两个人的"同居"。这两个人一个是戴维·帕卡德，另一个是他的朋友比尔·休利特。当时，戴维·帕卡德和他的新婚妻子先来到帕洛奥图，并购买了一座公寓，接着休利特也入住这幢公寓。这两位朋友的"同居"，促成了一个伟大公司的诞生，它就是惠普。而他们所住房子的车库，则成了一个传奇的诞生地，正是在那间车库中，他们研发出了第一台音频振荡器。当20世纪50年代各大军事工业入驻时，惠普已经具备了高速成长的能力，公司规模正在迅速扩大。

恰在此时，斯坦福大学的工程系主任弗雷德里克·特曼（Frederick Terman）有了一个想法，他发现学校中有些学生的创意非常有商业价值，可是没有资金实现，于是，他从学校拥有的土地上划出了一块约700亩的土地，建立了一个工业园区（硅谷就是在此基础上发展起来的），专门提供给可以将学生的创意商业化的公司。入驻这个工业园区的第一家公司就是乔布斯养母所在的瓦里安联合公司。很快，惠普也入驻斯坦福工业园区。园区优异的成长环境，让惠普发展迅速，到乔布斯10岁的时候，它的雇员已经达到了9000多名了，并且成长态势良好，是所有工程师梦寐以求的工作场所。没有特曼，就不会有之后的硅谷，对于特曼的计划，乔布斯评价说："他（特曼）极大地促进了科学技术产业在当地的发展壮大。"

在硅谷的发展过程中，半导体产业的发展起着举足轻重的作用。晶体管最早是在1929年由美国工程师利莲费尔德发明，但由于当时技术条件的限制没能制造出来。1947年12月，晶体管由美国贝尔实验室的威廉·肖克利（William Shockley）、约翰·巴丁（John Barden）和沃尔特·布拉顿（Walter Brattain）组成的研究小组研制成功。就在乔布斯出生后不久，诺贝尔物理学奖就颁给了肖克利、巴丁和布拉顿，以奖励他们发明了晶体管。晶体管的问世让人们可以用一个小巧的、消耗功率低的电子器件来代替体积大、功率消耗大的电子管，这就为后来集成电路的诞生吹响了号角。

1955 年，晶体管的发明人之一——肖克利搬到了山景城，并在 1956 年创办了肖克利半导体实验室，研究用硅来代替当时普遍使用的昂贵的锗制造晶体管的可行性。但后来肖克利脾气越来越乖戾，甚至放弃了对硅晶体管项目的研究，于是跟随他的 8 名工程师都离开了他。离开他的 8 名工程师中就有罗伯特·诺伊斯（Robert Noyce）和戈登·摩尔（Gordon Moore），他们离开肖克利后一起创办了仙童半导体公司（Fairchild Semiconductor）。仙童公司一度发展到了拥有 12000 人，但到 1968 年，诺伊斯在一场争夺 CEO 的争斗中失败了，于是他带领戈登·摩尔离开仙童公司，创办了集成电路公司（Integrated Electronics Corporation），简称为"英特尔"（Intel）。除了这几家公司外，短短几年间，山景城地区生产半导体的公司就如同雨后春笋般纷纷涌现，达到了 50 多家。

半导体产业的迅猛发展与英特尔的创始人之一戈登·摩尔有密切关系。他在 1965 年，通过一张图表发现，在价格不变时，集成电路上可容纳的晶体管数目，约每隔 18 个月便会增加一倍，性能也将提升一倍，也就是说，每一美元所能买到的电脑性能将每隔 18 个月就翻两倍以上，这就是著名的摩尔定律。这一定律揭示了信息技术进步的速度，对于产品性价比的预测基本准确，这在后来帮助了以史蒂夫·乔布斯和比尔·盖茨为代表的年轻企业家预测产品的成本。

蓬勃发展的芯片产业为山景城及其附近的帕罗奥图市、森尼韦尔市和圣何塞市赢得了一个共同的名字——美国硅谷。这个名字最早出现在 1971 年 1 月的《电子新闻》上，专栏作家唐·赫夫勒（Don Hoefler）以"美国硅谷"的名字做了一个专栏报道，硅谷之称由此而来。硅谷南起南旧金山，北至圣何塞，横穿帕罗奥图，涵盖了绵延 40 英里的圣克拉拉谷，美国著名的国王大道贯穿整个硅谷。现在，这里每年都会吸引到美国约三分之一的风险投资，是一个创造财富和神话的地方。

1960 年，当保罗一家搬到山景城时，那里还有很多地方都覆盖着杏树和李子树，当然了，也还没有人将它称为硅谷。

但是乔布斯家的周围却居住了很多工程师，这让乔布斯陷入了浓郁的科技氛围中。他曾经回忆说："我周围住的都是些和高科技打交道的人，这让我对这些东西也充满了好奇，总会拉着他们问东问西，他们也都很乐意给我讲解这些东西。"

在乔布斯的邻居中，有一个人和乔布斯的关系最为密切，他就是和乔布斯家隔了七户的拉里·朗（Larry Lang），他是惠普的工程师。乔布斯说："无线电和电子产品就是他生活的全部，他最早在我心中建立起了惠普工程师的形象。"朗很喜欢和小孩子们在一起玩，他经常带着乔布斯和一帮小孩子到家里，给他们讲解电路原理，教孩子们用电脑。有一次他用一个碳晶话筒、一块蓄电池和一个扬声器做成了一个简易喇叭，让乔布斯对着话筒喊话，声音通过扬声器放大之后传了很远，乔布斯觉得好玩极了。他兴奋地跑回家告诉父亲说，并不是所有的话筒都要有电子放大器才能工作。保罗·乔布斯坚持认为肯定需要放大器，于是他们来到了拉里·朗家里，看他制造出来的扬声器。看过之后，保罗说："我赶紧撤吧，省得丢人现眼了。"

这件事让乔布斯第一次意识到了父亲不是"无所不知先生"，同时也让他发现了自己比父亲还要聪明，这让一直将父亲当作偶像来崇拜的乔布斯有些不安。"他初中都没有毕业，但却很聪明，几乎什么都能做，尤其是在机械方面，更是这样。发觉我比父亲聪明的那个时刻是我生命中最重要的时刻之一，它带给我的孤立感甚至比知道自己是领养的这个事实更加强烈。我永远忘不了那种感觉。"他后来回忆说。这是一种偶像破灭后的恐慌和无助，这种体验让乔布斯更加的独立，也更加相信自己的力量，这对于他性格中现实扭曲力场的形成起到了一定的推动作用。

当地浓郁的科技氛围让小乔布斯兴奋不已，他后来回忆说："当时拥有尖端科技的军事公司都集中在那里（硅谷），在那里居住真是太高科技，太酷了。在那里成长，让我受到了独特历史的启发，这让我很想成为其中的一员。"这种耳濡目染，也奠定了乔布斯以后的职业生涯。

问题少年

"在刚开始上学的那几年我觉得特别无聊，因为那些东西我都会了，所以我就不断地惹麻烦。"

——对于自己调皮捣蛋的童年，乔布斯如是说和很多天才一样，乔布斯的童年也有着光辉的"战绩"，当然了，他的战绩，都是由恶作剧谱就的。

乔布斯的战绩可以从三岁算起。他通常在凌晨4点的时候就会醒来，然后开始进行各种骚扰活动。为了让乔布斯可以稍稍安静一点，保罗夫妇给他买了录音机和磁带，让他戴上耳机自己听音乐。后来，保罗夫妇又把乔布斯的注意力转移到了电视上，希望电视可以让他安静一会儿。他们家的电视机几乎从早开到晚，这让乔布斯后来认定电视是历史上最糟糕的发明，他说："电视绝对是历史上最糟糕的发明，因为它会让人的思维处于停滞状态。大量的研究表明，电视对人的精神和心智是有害的，它会在消耗人们大量时间的同时，让大脑变得迟钝。不信的话你可以去跟那些长时间看电视的人聊天看看，他们反应非常迟钝。"当然了，他对于自己发明的电脑，却赞誉有加："只有人们打开电脑的时候，大脑才开始运转。"

乔布斯是一个好奇心旺盛的人，这从他小时候就可以看出来。他因为好奇塑料燃烧的气味，就把妈妈带有金属片的发夹塞到了电源插孔中，结果触电，烧伤了手，吓得父母赶紧送他去了医院；他很好奇杀虫剂到底是什么味道，就喝了一瓶灭蚁剂，结果不得不去医院洗胃……乔布斯顶着好奇心的帽子进行的此类探险可谓不胜枚举。

他会在邻居家的摄像机前做鬼脸，他会骑在三轮车上大喊大叫打扰邻居休息，他甚至看了一些不健康的电视节目，总之他就是一个让父母头疼的问题小孩。

终于熬到了乔布斯上小学的年纪，本以为有了老师的管制，乔布斯会收敛一些，谁知保罗夫妇想错了，等待他们的是一次次被老师送回家的乔布斯。

乔布斯小学时就读于距家四条街区的蒙塔·洛马小学。在四年级之前，乔布斯坚持"三不"政策：不听讲、不服从管理、不做作业。他认为做作业纯粹是浪费时间，他总在课堂上和老师唱反调，还多次因为不服从管理而被老师赶出了教室。

"在刚开始上学的那几年我觉得特别无聊，因为那些东西我都会了，所以我就不断地惹麻烦。"乔布斯后来面带微笑，极为自豪地回忆起自己小学的光辉事迹。乔布斯说那些东西他都会是真的，因为在乔布斯进入学校之前，克拉拉就已经教过他了。乔布斯之所以不好好学习的另一方面原因是因为他蔑视权威，总想反抗权威，这种反抗精神也贯穿了乔布斯的一生。当时，小乔布斯面临的最大权威无疑就是学校和老师了。"他们对我来说，意味着另一种形式的权威。我讨厌他们。他们几乎把我天性中所有的好奇心都掐灭了。"乔布斯曾经这样评价自己的学校和老师。

有了反抗权威作为动力，乔布斯将自己身上的叛逆精神和恶作剧天赋发挥到了极致。调皮捣蛋的人从来都不会只有一个，和乔布斯一起搞破坏的是一个叫里克·费伦蒂诺（Rick Ferrentino）的小家伙。他们最疯狂的一次是一起制作了一张海报，上面写着"带宠物上学日"，结果很多同学真的带着宠物到了学校，弄得教室里鸡飞狗跳，热闹非凡，老师们气得都跳起来了。还有一次，乔布斯和费伦蒂诺骗别人告诉了他们自己自行车锁的密码，然后乔布斯和费伦蒂诺就把所有人的车锁都调换了位置。放学后，所有人都发现自己的车子打不开了，这件事一直弄到很晚才解决掉。在乔布斯做过的恶作剧中，最危险的一次是他们在自己老师瑟曼夫人（Mrs.Thurman）的椅子下面点燃了炸药，"那个老师吓得腿都软了。"乔布斯说起这件事的时候，语气充满歉意。

这种种行为让乔布斯在三年级还未读完就被送回了家三次。幸好，当时保罗夫妇已经将乔布斯当作了特殊的孩子来对待，否则乔布斯不知道要吃多少次竹笋炒肉（打屁股）呢。在又一次被遣送回家后，保罗带着乔布斯来到了学校说："没有失败的学生，只有失败的学校和老师。我认为调动孩子的学习兴趣是你们的责任，如果你们不能履行这个责任，而责怪我的孩子，那是不对的。"对于父母的态度，乔布斯很是感动，他说："印象中，他们从来没有因为我调皮捣蛋而惩罚过我。我父亲从来没有打过我一巴掌。"

在乔布斯调皮捣蛋的同时，还有敏感而脆弱的一面。他曾经参加过一个游泳队，这也是他为数不多参加过的体育运动队。据跟他一起训练的一位同学描述，比赛失败后，乔布斯就会跑到一边哭泣，那个同学说："他是一个孤单而相当爱哭的男孩子。"爱哭的个性也伴随了乔布斯一生。

就这样，戴着"问题学生"的帽子，乔布斯升入了四年级，这一年改变了他的一生。这一年他面临的第一个变化是，和他一起恶作剧的费伦蒂诺被分配到了其他班级，当然，这是学校的策略，他们认为分开了乔布斯和费伦蒂诺，学校就会安宁一些。乔布斯面临的第二个变化是，他遇到了一个好老师。这位老师名叫伊莫金·希尔（Imogene Hill），是一位干劲十足的女老师，因为她圆乎乎的很可爱，所以人们昵称她为"泰迪"。这个泰迪成了改变乔布斯人生轨迹的人之一。

知己知彼，百战不殆。泰迪在收服乔布斯之前，认真地观察了他好几周，她得出了结论，这是个聪明的小家伙，只是把聪明用错了地方，于是她决定"收买"他。乔布斯后来回忆整个"收买"过程是这样的：有一天放学后，乔布斯正要回家。泰迪拿着一个练习本走到他面前说："你回家把这上面的数学题都做出来。"乔布斯暗想，这个老师是不是疯了，我怎么可能会做。泰迪好像是看出了乔布斯的想法，就从身后拿出了一根超大的棒棒糖说："尽力做吧，如果大多数都做对了，这根棒棒糖就归你了，而且我还会再给你 5 美元零花钱。"在当时的乔布斯看来，整个地球也就那个棒棒糖那么大了。于是，乔布斯为了一根棒棒糖极其认真地用了两天时间把习题做完了。这样的奖励持续了几个月时间，然后乔布斯就自己提出不要奖励了，他说："相对于奖励来说，我更想让她高兴。"

除了习题之外，泰迪还会帮他找来一些小工具，让他自己做些小东西，培养他的成就感，无疑她做到了。乔布斯回忆说："那是我自上学以来，收获最多的一年。正是因为有她，才有了现在的我。否则的话，我可能早早地就进监狱了。她在我身上看到了别人看不到的东西，所以她把所有注意力都给了我。"乔布斯觉得泰迪只关注他一个人，这可能是乔布斯的个人感受，但是泰迪确实对乔布斯印象深刻，而乔布斯认为泰迪从他身上看到的东西，泰迪认为一方面是智慧，另一方面则是他身上日后被称为"现实扭曲力场"的那部分能力。泰迪很喜欢向人们展示当年班级在"夏威夷日"拍的一张照片。那天乔布斯没有按照规定穿夏威夷衫，但是在照相时，他成功说服另一个孩子把自己的衣服脱给了他，所以照片上的乔布斯是穿了夏威夷衫的。

美好的时光总是过得很快，乔布斯巴不得四年级永远不要过去，可是他还是处在了四年级的尾巴上。这时，泰迪给乔布斯做了一项测试，结果显示，乔布斯的知识水平已经达到初中二年级了。这让保罗夫妇之外的其他人也意识到了乔布斯智力上的超常，于是他们决定让乔布斯连跳两级，直接进入七年级，他们认为这对于乔布斯来说是一个挑战自我和奖励自我的好方法。

　　但是乔布斯的父母决定让乔布斯只跳一级，于是乔布斯进入了距离蒙塔·洛马小学八条街的克里滕登中学。跳级本来是对于智力超群的学生的一种优待政策，但是乔布斯进入的这所学校对于优等生却没有任何特别的安排，而只是把他和那些年纪大一点的学生放在了一起。同时尽管蒙塔·洛马小学和克里滕登中学距离很近，但是学习环境却有天壤之别。在这所学校中，几乎每天都有打架事件发生，高年级学生在厕所中敲诈低年级学生的事更是司空见惯。硅谷记者迈克尔·S. 马隆（Michael S.Malone）曾经这样形容过这所学校："这所学校的学生们用一种特殊的方式来显示自己的男子气概，那就是带刀到学校中。"乔布斯到达这所学校后，人们热议的话题有两个：一，本校学生某某某、某某某、某某某刚因为轮奸而被关押；二，隔壁学校的校车被克里滕登中学的学生砸毁了，因为他们在摔跤比赛中胜过了克里滕登中学。乔布斯面临的就是这样的学习环境，同时因为跳级，乔布斯比自己周围的同学都小，这就让他的处境更恶劣了。他在学校中经常被欺负。他在那所学校坚持了一个半学期，到七年级上到一半的时候，他跑回家跟父母说："我坚决要换学校，如果不换学校，我就不上学了。"这对于乔布斯的父母来说是一个巨大的挑战，因为他们家当时的经济状况也就是勉强能维持收支平衡而已。但是，出于对儿子的爱，他们接受了。他们经过调查发现，那一带最好的中学是库比蒂诺中学，于是 1967 年，乔布斯夫妇倾尽仅有的 21000 美元，在那个地区买下了一座房子。

　　这座房子位于南洛斯阿尔托斯，距离搬迁前的家仅 3 英里，但是和原来的那所舒服的房子不同，这所房子没有任何特色。它位于克里斯特路 1161 号，但在 1983 年时，门牌号改成了 2066 号。这所房子没有任何特色，但是却有非常重大的纪念意义，因为后来苹果公司就诞生在这所房子的车库中。那是一个最普通不过的车库了，有着常见的带卷闸门，如果非要说优点的话就是设备还算齐全。就是在这个车库中，两个年轻人改变了电脑产业的进程和方向。保罗夫妇之所以选择这所房子，主要是因为它位于硅谷最安全也最好的学区库比蒂诺 - 森尼韦尔学区内。这次搬家对于乔布斯来说最重要的意义在于，他遇到了生命中另一个非常重要的人物——沃兹，这是后话，暂且不提。

　　有一个很玄妙的词叫作"偶然间的注定"，乔布斯无疑遭遇了这样的注定。乔布斯家的邻居是一名有机作物园丁，他在无聊的时候会教乔布斯如何种植有机作物。这偶然间的相逢，对乔布斯产生了深远的影响，这让他形成了一个终身未变的习惯——只吃素食。这个邻居对于乔布斯的另外一个重要影响是对于完美主义的追求。乔布斯曾说："他（有机作物园丁）不论种什么都要做到完美。他种出来的食物是我吃过的所有食物中最好吃的。也是受他影响，我开始只吃有机水果和蔬菜。"

这就是少年时期的乔布斯，一个调皮而聪明的问题学生。

从父亲那里学到的

"他（保罗·乔布斯）追求完美，这甚至蔓延到了别人看不到的地方。"

——在父亲对自己的影响上，乔布斯如是说

尽管乔布斯很早的时候就知道了自己是领养的，但是这丝毫没有影响到他和父母之间的感情，尤其是他和父亲保罗·乔布斯的感情更加深厚。

在 8 岁那年，乔布斯偶然间找到了一张保罗年轻时在海岸警卫队的照片，他盯着照片兴奋异常，好像发现了什么惊天大秘密一样。他后来这样向人们描述看到照片的感受："我看到了年轻时的他（保罗·乔布斯），真的很像詹姆斯·迪恩。他当时正坐在轮机舱里，上身没有穿衣服，看上去性感极了。这种感觉对我来说奇妙极了，不禁想感叹一句'原来我爸爸也曾经是个年轻人啊，真帅！'"

只要是跟父亲在一起，乔布斯经常觉得做什么都好。有一年夏天，乔布斯跟父亲参观祖父的奶牛场时，被一幅情景深深地震撼了。当时，奶牛场刚添了一头小牛犊。这头小牛犊刚出生几分钟就挣扎着站了起来，开始走路。乔布斯后来回忆说："这件事让我意识到了有些技能是天生的，不需后天习得。这是很了不起的，虽然有人不这么觉得。"他后来将这种技能引申到了电脑领域，说："拥有这种技能的动物就像是一款已经设计好了一切的机器，在出生后立刻开始协调作用，而不用再去学习。"

乔布斯一直都很崇拜自己的父亲，觉得父亲似乎是无所不能的，所以当他发现自己比父亲还聪明的时候才会那么的不安。他说："我爸爸尽管没有上过大学，但是几乎什么都会设计。家里缺什么了，他都能做出来。有时，他还会让我加入其中。有一次家里的栅栏坏了，他给我一把锤子说：'来，咱们一起把栅栏修好吧。'就这样，我跟他一起修好了栅栏。"这样父子共同完成一件事的感觉，让乔布斯觉得很奇妙。

在搬到南洛斯阿尔托斯后的很长一段时间里，乔布斯都像是父亲的跟屁虫。

保罗对于自己家有了一个设备齐全的车库非常兴奋。有了资源不利用，显然不是保罗的作风，于是他顺理成章地继续在工作之余做着二手车的买卖工作。除了不浪费资源之外，还有其他几个原因促使保罗从事这项工作，原因一，保罗喜欢这项工作；原因二，乔布斯家当时的生活条件不是很好，需要保罗从事这项工作补贴家用；原因三，保罗得攒钱让乔布斯上大学，这是他答应了乔布斯生母的。

乔布斯曾经回忆说："你知道我上大学的钱是怎么来的吗？50美元买入一辆坏掉的车，然后花几个星期的时间修好它，再以250美元的价格卖掉。我爸爸就这样为我攒够了上大学的钱。"接着，他又带着略显顽皮的笑容说："而且他不会去报税。"修理旧汽车，促成了父子俩每周一次的废品收购站"寻宝之旅"，这对于乔布斯来说是一个有趣的过程。他们会在废品站里寻找保罗在修理汽车时可能会用到的零部件，比如发电机、化油器等。在找到需要的零件后，保罗就会跟老板砍价，乔布斯对于父亲的这一项才能钦佩不已："砍价是他的拿手好戏，因为他比那些卖家还清楚这些零件的合理价格。"

车库就像是保罗的个人工作站，他像个追星族那样，在车库中贴满了自己喜欢的车子照片。他还会指着照片向儿子介绍各种车子的特色，例如这款车子线条非常流畅，那款车子排气孔容易出问题等。他希望可以把自己对于机械和汽车的热爱传递给儿子。他甚至在车库的桌子上划出一块地方说："史蒂夫，从现在开始，这就是你的工作台了。"每天下班后，保罗就会穿上工作服，在车库中摆弄汽车，而乔布斯就会在旁边给父亲打下手。保罗说："我本意是要传授他（史蒂夫·乔布斯）一些汽车修理方面的技能的，但是事实证明，那根本不可行，因为他讨厌把手弄得脏兮兮的。"更让他挫败的是，他发现自己的儿子根本就不喜欢机械方面的东西。对于和父亲一起窝在车库中的举动，乔布斯解释说："我对修汽车没什么兴趣，但是我喜欢和爸爸待在一起。"

乔布斯从自己父亲身上学到了很多终身受益的东西，追求完美就是其中的一项。

乔布斯曾和父亲一起制作了一个柜子。在制作柜子的过程中，保罗坚持柜子的背面也要做得完美，乔布斯不解，保罗说："真正好的木匠会把柜子的背面做得和正面一样好。"于是，这句话成了乔布斯的座右铭。在苹果公司，乔布斯多次地用这句话来回答、教育员工。也正是这种苛刻地追求完美的精神最后成就了乔布斯。

乔布斯一家搬到南洛斯阿尔托斯后，保罗找了一份在光谱物理公司做机械师的工作，这个公司主要负责为电子设备和医疗产品生产激光器件，而乔布斯父亲的工作则是为工程师们设计的产品制作样机。

乔布斯曾经看到过父亲的工作过程，那是一种从无到有的创造过程，他被父亲工作过程中那种对于完美的追求所深深打动。因为激光仪器要求极其精准的调校，所以工程师们会对保罗·乔布斯说："模具的金属板必须一体成型，只有这样膨胀系数才能保持一致，你能做到吗？"保罗会说："当然了。"然后保罗就会努力按照他们的要求利用各种工具，从零开始制作出他们需要的模具。乔布斯非常敬佩父亲这种专注工作的态度，但是也一直遗憾没能进入过父亲的车间，他说："我对车床的使用更感兴趣，遗憾的是，我从未进去过车间，因为电子对我的吸引力更大。"

乔布斯的第一辆汽车是父亲保罗送的。

那年乔布斯刚满15岁，保罗利用自己改造汽车的本领送了儿子人生第一辆汽车。那是一辆配备有英国MG公司生产的发动机的纳什大都会轿车。收到这辆车时，乔布斯并不高兴，他不喜欢它，但是没敢告诉父亲，因为他可不想错过拥有一辆自己汽车的机会。很多年后，乔布斯回忆起父亲送给自己的第一辆车时说："纳什大都会是多酷的车啊，可是我当时就是不喜欢。但是它还是带给了我拥有第一辆车时的兴奋。"对于那辆车的讨厌，刺激了乔布斯利用各种机会赚钱，从而攒钱换车。他在攒够了钱后，立刻就让父亲带自己去换车。他看上了一辆阿巴斯发动机的红色菲亚特850轿跑车。保罗帮他买车并检查了车况，然后乔布斯拥有了靠自己能力买来的第一辆汽车。乔布斯后来回忆起第一次自己赚钱买车的感受时说："为了一样东西奋力拼搏，最终取得成功的感觉真是太好了。"也正是在这辆车上，保罗发现了大麻，知道了乔布斯吸食大麻的事情，这引起了父子相处过程中为数不多的几次争吵之一。乔布斯后来回忆说："那是我唯一一次真的和爸爸发生冲突。"但是保罗还是选择了尊重乔布斯。乔布斯后来回忆说："我伤了他的心。他要求我以后远离大麻，但是那时年少气盛的我却没有满足他的要求。"

迷恋电子和音乐

"我一直都在寻找那些真正让我感兴趣，真正能让我全身心投入的事情，无疑电子设备就是。"

——说到自己对于电子的痴迷，乔布斯如是说

乔布斯在各个方面都多多少少地受到了父亲保罗·乔布斯的影响。他受父亲影响的其中一个方面后来成了他终身的追求，那就是对于电子设备的喜欢。

乔布斯第一次接触到电子设备，是在保罗·乔布斯摆弄的汽车上。乔布斯后来回忆说："父亲会为我讲解电子设备的基本原理，这很有趣，也最早让我对电子设备产生了兴趣。"

乔布斯自从在父亲摆弄的汽车上见识过电子设备后，就开始关注与电子设备相关的各种东西。

当乔布斯一家还在山景城居住的时候，那里有一家名叫海尔蒂克的商店。这家商店里经常有很多废弃不用的电子元件，而这些元件中大多数还都能用。因为物以稀为贵，相反地，东西多了就不被人珍惜了，在硅谷这样一个到处都是电子元件的世界里，人们甚至可以以颜料涂得不均匀就扔掉一个元件。去这家商店寻找可以用的元件就成了乔布斯非常喜欢干的一件事。乔布斯在上中学的时候，经常在周末想办法来这里做零工。

乔布斯进入库比蒂诺中学后，加入了学校的电子学兴趣班，和一帮电子迷们学到了不少的电子学基础知识，同时还跟着老师做了许多电路实验，这都为他后来的创业打下了基础。

他在库比蒂诺中学还认识了一位律师的儿子——比尔·费尔南德斯。费尔南德斯和乔布斯一样都是瘦瘦小小的，但是他们都极富个性，这让别人觉得他们很有距离感，所以两个被孤立的人走到了一起。除此之外，两个人成为好朋友还有一个原因，那就是两个人都是电子迷，他们都会长时间地沉浸在电子的世界中，而丝毫不理会周围发生了什么。那时，两个人经常躲在学校附近的生产车间里鼓捣电子器件，一玩就是几个小

时。尽管在其他同学眼中，他们非常古怪，但是两人毫不在乎，而是完全沉浸在了科学技术的氛围中。对于电子的痴迷，为他们赢得了"电子迷"的称号，这个称号和"书呆子"完全不同，它可是非常酷的。

费尔南德斯成为了介绍苹果两位创始人认识的"媒人"。因为苹果公司的另一位创始人沃兹是费尔南德斯的邻居。沃兹的父亲是一位电子工程师，费尔南德斯就经常跑到沃兹家向沃兹的父亲请教各种电子问题，有时，比费尔南德斯大 5 岁的沃兹也会参与到费尔南德斯的科学比赛小游戏中。

布鲁斯·考特尔是乔布斯中学时的朋友，他自高中起就被认为是最有希望成功的学生，他也果然成功了，目前他是硅谷一家高级律师事务所的合伙人。在谈到乔布斯时，他说："我对史蒂夫·乔布斯印象非常深刻。我们一般人都习惯于不紧不慢地处理自己的工作，但乔布斯不一样，他通常会通过精确的估计，用别人一半的时间就把整件工作做得非常成功。"

乔布斯曾经设计过一个频率计数器，这个装置可以用来跟踪电路中的固定电子频率。有一天，他在做实验时缺少了一个元件，就想既然惠普是最好的电子产品制造商，那惠普的老板一定能帮自己解决这个小小的问题，于是他翻开公共电话本，从上面查出惠普创始人兼总裁威廉·休利特的电话号码就拨了过去。没想到，休利特真的接了电话，当他知道电话那头是个向他寻求帮助的小小电子迷时，感到很有趣，就答应了乔布斯的请求，同时非常耐心地跟乔布斯聊了将近 20 分钟，要知道这 20 分钟对于乔布斯来说可能就是一个炫耀的资本，"看，惠普的创始人还和我聊天了呢"，而对于休利特来说，这 20 分钟却是非常珍贵的，用现在的话说，当时休利特的时间都是按秒计算的，每秒钟的价值都不菲。这个电话不仅让休利特同意了给乔布斯提供他需要的零件，还让乔布斯得到了一个暑假去惠普实习的机会。说是实习，其实也就是在装配线上负责拧个螺丝帽，但这仍让乔布斯喜出望外。

乔布斯在惠普实习时，有些工友对于这位爱出风头的孩子有些不满，因为他是走后门进来的。但是他跟惠普的工程师们却相得非常融洽，每天早上 10 点，工程师那里会供应甜甜圈和咖啡，乔布斯就会跑到工程师中间，和他们混在一起。

"惠普的创始人让我去惠普工作，我真是高兴坏了。那年夏天，我在惠普学到了很多。"乔布斯后来回忆说。在惠普的这一次实习经历后来也成为他应聘雅达利公司成功的原因之一。

后来，每当乔布斯提起这件事的时候，他都会表露出对休利特的尊敬，尽管后来他创立的苹果公司在成就上超过了惠普，但是他始终以惠普为目标，想要将苹果打造成像惠普那样的传世公司。

伴随着乔布斯的成长，他慢慢意识到生活中除了电子学还有其他一些东西。他回忆说："有一天，我从惠普公司装配线上工作回来，就兴高采烈地向我的学校监管克里斯讲我有多么喜欢电子学，我还问他最喜欢什么事情，他看了我一眼说：'我喜欢鬼混，我喜欢鬼混。'那个夏天我开始了解到世界上除了电子学，还有很多其他的事情。"

在库比蒂诺中学上完中学后，1968 年 9 月，13 岁的乔布斯进入了霍姆斯泰德高中，和他一起进入这所学校的还有他的好朋友比尔·费尔南德斯。霍姆斯泰德高中虽然是一所不怎么起眼的学校，但是学习气息非常浓厚，而且它还是加利福尼亚州的特色学校之一。巧合的是，就在乔布斯进入霍姆斯泰德高中的那一年，乔布斯后来的好友和合作伙伴史蒂夫·沃兹刚从这所学校毕业。

尽管这所学校学习气息非常浓厚，但是乔布斯和费尔南德斯发现他们体验不到在家里时那种浓郁的科学氛围了。

乔布斯根据自己的爱好，选修了约翰·麦科勒姆（John McCollum）教授的电子学，这门学科后来和其他部分一起成就了硅谷传奇。麦科勒姆和乔布斯的父亲保罗一样，也参过军，不过他参加的是空军。他是一个特立独行的老师，从不一板一眼地讲授课本知识，而是经常通过各种有趣的小实验激起学生的学习兴趣，比如他会在做实验时，让线圈产生炫目的电火花，吸引学生的注意。他还有一个对于学生们来说类似藏宝库的储藏室，里面堆放的是学生们做实验会用到的各种零部件。他会把储藏室的钥匙借给表现良好的学生作为奖励，这种方法极大地激励了学生们。

他讲课深入浅出，非常容易理解，同时他会把理论和实际联系起来，例如，在讲解怎样将电阻和电容串联和并联时，他会用这些知识制作扩音器之类的小玩意。

麦科勒姆当时所用的是学校边缘一间类似厂房的教室，出身于军队的麦科勒姆将军事化的作风和对权威的尊重带到了教学中，而乔布斯则一向蔑视权威，反抗权威，同时他已经不再隐藏对于权威的厌恶了，于是麦科勒姆和乔布斯之间有了不可调和的矛盾。

　　麦科勒姆后来回忆起乔布斯时说："他是孤僻的，总占据教室的一角忙自己的事情，根本就懒得和我及班上其他同学交流，好像那是在浪费他的时间。"如此一来，乔布斯当然也就很少有机会可以进入麦科勒姆的藏宝室了。但是乔布斯曾经做过一件事，让麦科勒姆印象深刻。那时，乔布斯在做一个实验，需要用到一个市面上找不到的零件，于是他就像曾经给惠普公司的创始人打电话那样，毫不犹豫地给制造那种零件的公司——底特律的伯勒斯公司打了电话，而且是对方付费的。他告诉对方说，自己现在正在设计一个新产品，想要测试一下那个部件，但是现在自己没有那个零件，希望对方可以给自己提供那个零件。几天后，伯勒斯公司真的把那个部件空运了过来。当麦科勒姆见到乔布斯手中的零件后，问他是从哪里弄来的，乔布斯脸不红心不跳，甚至略带骄傲地把自己撒谎骗伯勒斯公司的事情讲了出来，这让麦科勒姆很是生气，麦科勒姆回忆说："当时我很生气，我不希望自己的学生骗人。"而乔布斯则说："这有什么呀，我没钱，而那家公司很有钱，帮助我一下又不会对他们造成很大的损失。"

　　这样的性格冲突注定了两个人是不能长期相处的，于是，在上了仅一年之后，乔布斯就结束了麦科勒姆本来是三年的课程。乔布斯在这一年期间曾经制造出了一台带有光感器的装置，在遇到光后就会开启电路。他对于激光非常感兴趣，就和几个朋友一起通过安装在扬声器上的镜面反射激光，制造出了用于各种派对的音乐灯光表演装置。

　　在高中二年级结束时，14岁的乔布斯好像对电子失去兴趣了，因为他加入了一个游泳俱乐部，俱乐部的训练占去了他很多时间，他还参加了水球训练。但是他很快就对这些东西失去了兴趣，他发现自己并不适合在这些方面发展，于是他重新开始研究电子。

　　乔布斯在痴迷电子的同时，还有另外两项爱好，一个是文学，另一个是音乐。

　　乔布斯喜欢文学和音乐都是从高中的最后两年开始的。当时乔布斯的心智进入了快速发展期。他开始听很多音乐，也开始阅读科技以外的书籍。就是在那一时期，乔布斯阅读了莎士比亚、柏拉图、迪兰·托马斯等作家的作品。他非常喜欢莎士比亚的《李尔王》、赫尔曼·麦尔维尔的《白鲸》和迪兰·托马斯的诗作，他甚至还上了文学创作课。

　　乔布斯曾经说："小时候，我本来打算学文学的，但后来我发现跟电子设备打交道更有趣。后来我看到了我喜欢的宝丽来创始人埃德温·兰德说的一段话，他说同时擅长人文和科学的人对这个社会是非常重要的，于是我的目标便成了成为那样的人。"自高中起，乔布斯始终在努力地向着自己的目标前进。

乔布斯在前进的过程中，也曾走过弯路。乔布斯15岁那年，也就是上高中3年级的时候，他开始吸食大麻，这成了他诸多对于生命意义的探求中走过的最大的一次弯路。对于这一经历，乔布斯从未隐瞒，但是后来在禅宗的影响下，乔布斯慢慢地戒掉了毒瘾。

苹果双雄初会

电子天才沃兹

"很多不可能的任务，只有沃兹才能完成。"

——在提到沃兹的时候，乔布斯如是说

如果说乔布斯在电子上的特长是后天习得的，那么他的合作伙伴兼好友沃兹在电子上的特长就是天生的。

沃兹，全名史蒂夫·沃兹尼亚克（Stephen Wozniak），出生于1950年8月11日，比乔布斯大了将近五岁。所以1968年当乔布斯进入霍姆斯泰德高中时，沃兹刚好从那所学校毕业。沃兹出生于加利福尼亚的圣何塞，祖籍是波兰。

沃兹的父亲弗朗西斯·沃兹尼亚克，人称"杰里"，毕业于加州理工学院工程系，是一名优秀的工程师。对于工程学的爱好，让他认为从事商业销售的人是不值得尊重的。这在后来当乔布斯和沃兹合伙开公司时也有体现。

在沃兹的心目中，杰里从事的是非常神秘的工作，他在洛克希德公司（成立于1912年，是美国一家非常重要的航空航天公司）工作，负责高度机密的军事项目。他的工作性质要求他不能把自己的工作透露给任何人，包括家人。这是一个很难的要求，但是杰里做到了。他曾经告诉儿子沃兹说："一个人一定要信守承诺。绝对不能撒谎，撒谎就等同于谋杀。"父亲身上的这种品质后来在沃兹身上也有体现。沃兹就曾在自己的自传中说："我敢说，一直到现在，除了无伤大雅的恶作剧外，我从来没有撒过谎。"

尽管杰里的保密工作做得很好，但是还是没能瞒过儿子沃兹，也就是在这件事上，沃兹第一次展现出了自己的聪明劲。沃兹通过自己的侦查发现父亲从事的工作和著名的"北极星"潜射弹道导弹有关。这让童年的沃兹心里非常自豪，这种自豪感也间接地让沃兹更深地受到了父亲的影响。他从父亲身上学到了两种东西：一，忠诚、守信；二，对于工

24

程技术的热爱。正是对于技术工程的热爱，让后来的沃兹对于权力和金钱从来都没有野心，这一点和乔布斯有明显的不同。乔布斯很少考虑金钱，但是他在乎权力，总想掌控一切。2010 年，沃兹和乔布斯这对老朋友和老搭档认识 40 年了，在一场苹果公司的产品发布会上，沃兹回顾了他们之间的差异，他说："受父亲的影响，我始终坚持中庸的做人原则。像史蒂夫那样成为高层领导从来都不是我追求的。相比于高层领导来说，我更乐意成为一名工程师。"关于自己的父亲，沃兹说："有些人知道他是因为他很能喝酒，尤其喜欢喝马蒂尼酒，但是更多的人知道他是因为他曾经拯救过洛克希德公司，当时那家公司的研究项目陷入僵局，是他提出了可行的解决方案。"

杰里认为，世界上最重要的科学就是工程学，是工程学推动着社会的进步。他这种对工程学的热爱，深深地影响了儿子。沃兹曾回忆说，自己最早的记忆之一就是关于电子零件的。当时父亲把他带到了自己工作的地方，然后把他放在了一边的桌子上，让他随意地拿电子元件玩。沃兹回忆说："我记得他（杰里）的工作是检验自己设计的一款电路是否能正常工作。他努力地让显示器上的一条波形保持平直。在那一刻我就意识到他的工作是非常重要的，而且他棒极了。"跟父亲在一起时，沃兹会随便地拿起一个东西问各种各样的问题，而杰里就会耐心地回答儿子的问题，他会从最小的原子和电子开始讲起，阐述各种道理。因此，当沃兹上小学二年级时，已经知道电流、电阻、电压之类的基本知识了。沃兹在 10 岁时，就自己设计并组装了一台晶体管收音机；11 岁时，自己组装了一台业余无线电台和计算器；13 岁时，已经掌握了电子计算机的大部分原理，并自己设计出了一台电子游戏机。对于他的才能，连他的父亲杰里都表示："沃兹是电子科学技术领域的天才。"沃兹曾经颇为自豪地说，一项智商测试显示，自己的智商高达 200+ ！

当沃兹升入小学四年级时，因为总是沉迷于电子设备，而不喜欢运动，所以形成了他日后的典型形象：矮矮胖胖的，还有点驼背。他为自己和像自己这样喜欢电子的孩子们起了个称号"电子小孩"。他给电子小孩的定义是，认为盯着一只晶体管比和一个女孩子眉来眼去有意思的人。

当乔布斯还在和父亲争执话筒是不是一定要有扬声器时，沃兹已经在自己搭建晶体管对讲系统了。

那时沃兹上小学四年级，他从父母那里收到了一份圣诞礼物——一套业余电子爱好者的工具和电子元件套装。他利用工具，把放大器、继电器、蜂鸣器等连接在一起后，自己设计线路、搭接电线、调试信号，在自己和邻居小朋友的房屋中间搭建起了"远程"通讯装置。通讯装置搭建好的当天，他们激动得睡不着，半夜还在拿着话筒对话：

"喂，我还没睡觉，你能听见我说话吗？"

"嗯，我听到你说话了，我也没睡呢？你在干吗呢？"

"我在……"

……

沃兹带领着一帮小朋友利用这套通讯装置，经常在半夜的时候相约翻窗户溜出去玩。后来，沃兹通过把这套装置上的蜂鸣器换成灯泡，让这套装置演变成了他们和家长玩捉迷藏的工具。沃兹还组装过世界上最先进的无线电制造商哈利克拉夫特的发射器和接收器，并因此获得了业余无线电执照。

在试验之外，沃兹还阅读了大量父亲的电子学期刊。沃兹对于知识强大的消化吸收能力，让他在接触到布尔代数之后，认为计算机系统一点也不难，而是非常简单。

沃兹在八年级的时候，在二进制理论的基础上用100只晶体管、200只二极管、200只电阻和10块电路板，研发出了一台计算器参加当地一项由空军举办的比赛。结果沃兹获得了最高奖项，而当时和沃兹一起竞技是十二年级的学生。美国空军代表表示："沃兹的设计是所有参赛选手中最棒的。"

沃兹在就读霍姆斯泰德高中时，也曾经选修过麦科勒姆老师的电子课。和让麦科勒姆头疼的乔布斯不同，沃兹可是麦科勒姆的得意门生。麦科勒姆非常喜欢沃兹，当然了，沃兹也多次拿到了麦科勒姆藏宝室的钥匙，他甚至因为在班上表现杰出而成为全校的传奇人物。

高中四年级时，沃兹第一次获得了在计算机前工作的机会，这个机会是由喜万年（Sylvania）公司提供的，它当时招聘学生兼职，优秀的沃兹无疑成了首选。沃兹逮住机会，首先自学了FORTRAN语言，并阅读了当时大多数电子系统的使用说明，然后开始结合最新微芯片的规格设计自己的计算机。他发现自己使用的计算机设计太复杂了，于是他的目标是用尽可能少的元件设计出最先进的计算机。他后来回忆说："从那时开始，一直到四年级结束的时候，我每天晚上都把自己关在房间里设计计算机，我要求自己每天都要进步。最后实现所有功能后，我的计算机比市面上的计算机足足少用了一半的芯片。可惜，那个设计仅停留在了图纸上。"对于这款计算机的研究让沃兹成了这方面的专家。

这种沉迷于电子世界的行为，很快就让沃兹和社会及同龄人脱了节。当他回过神来的时候，忽然发现，自己被周围的人孤立了。他曾经回忆当时的感觉说："我记得之前玩得很好的朋友，突然之间生分了，甚至没有一个人愿意跟我说话。"这种被孤立的感觉让沃兹很是恐慌，于是，他想到了一个融入群体的好办法，那就是恶作剧。

在霍姆斯泰德高中读四年级时，沃兹曾经发明过一个可以用来打拍子的电子节拍器，这本来是一件好事。可是沃兹觉得这个节拍器打拍子时发出的声音很像是定时炸弹发出的声音，于是他灵机一动，找来大块电池，撕掉标签后，绑在一起，并在外面缠上了几根花花绿绿的导线做成炸弹的样子，放进了学校的储物柜。他还为这个装置设定好了程序，一旦柜门被打开，"滴答"的频率就会变高。这个炸弹被发现后，当时霍姆斯泰德高中的校长布吕德先生一下子抱住"炸弹"，英勇地冲出学生储物室来到了开阔的操场上，并打电话让警察过来判别"炸弹"的真假。沃兹在暗处看到这种情况，笑得乐不可支。当天，沃兹就被校长叫到了办公室，他还以为学校又要给自己发奖呢，就高高兴兴地去了，结果他见到的是黑着脸的警察。当天他就被送到了青少年拘留中心，在那里度过了人生中难忘的一个晚上。

即使是在拘留中心里，沃兹也没有闲着，他教狱友们把通到天花板上风扇的电线接到了铁窗上，这样一来，谁一碰到铁窗，就会被电到。

这次恶作剧事件让沃兹一下子在学校里成了名人，同学们把他议论了一个晚上，第二天沃兹从拘留中心里返回学校时，同学们都站起来大声地为沃兹欢呼。这件事也成为霍姆斯泰德高中的传奇故事之一。

1968年，沃兹进入科罗拉多大学。和乔布斯进入大学一样，沃兹进入这所学校也是自己强烈要求的结果。沃兹为了进入这所学校和父母达成了一个协议：第一年在这所学校，第二年就必须转到离家较近的迪安扎社区学院就读。

进入大学后的沃兹，仍然喜欢恶作剧。他经常把学校弄得鸡飞狗跳的。他曾经印发过大量书写着"×你妈的尼克松"的传单，这导致他某些课程挂科了，并被处以留校察看的惩罚。他还里用自己高超的程序编写技能，编写了一个程序,让学校的计算机不停地计算斐波那契数列,结果耗费了学校大量的资源,于是学校威胁要他承担费用。有一次,他甚至对学校的管理部门搞起了恶作剧。当时,学校广播本来在播出一段关于美国大选的怀旧音乐,突然就传出了一些相当不敬的声音。还有一次,沃兹自制了一个可以干扰闭路电视的遥控器在教师讲课的时候进行干扰,这导致闭路电视的画面总是不清楚,老师以为是电视信号的问题,于是就去调试电视机。每当老师抬起一条腿或一只胳膊时,信号就会恢复正常。那位敬业的老师,竟然真的就那样辛苦地抬着一条腿,上完了一节课。

为了不让父母知道这些事,沃兹只有在第二年的时候转到了迪安扎社区学院。

尽管沃兹很爱搞恶作剧,但除此之外,他就显得非常呆了,沃兹的妈妈就总称沃兹为"呆木头",因为他从来就不注意女同学,也不注意自己的形象,而只是沉迷于电子的世界中。

沃兹对于感兴趣的事情注意力会高度集中,他妈妈说,当沃兹沉迷于一件事时,你怎么叫他他都充耳不闻,你要想转移他的注意力,就得用铅笔戳一下他的脑袋。除了电子及与电子相关的学科外,沃兹对于其他学科,比如文学和社会学几乎连看都不看,他高中毕业的时候,英语和历史甚至都是不及格的。

第一次会面

"他是我见过的第一个比我还懂电子的人!"

——在谈到沃兹给自己的第一印象时,乔布斯如是说

苹果双雄乔布斯和沃兹的会面和一台电脑的产生有密切的关系,这台电脑叫"奶油苏打水电脑"。

奶油苏打水电脑的产生可以追溯到1969年,当时在科罗拉多大学上了一年大学的沃兹按照和父母的约定来到了迪安扎社区学院。当时他主要的兴趣都集中在了设计和研发电脑上。为了研发自己的电脑,他深入地研究了通用数据(Data General)公司推出的Nova小型机,然后开始尝试组建克隆机。为了拥有第一手的资料,他甚至给通用公司写了一封求助信,要到了一份内容详实的内部文件。在迪安扎社区学院的这一年对于沃兹来说是充实而愉快的一年。

　　到暑假的时候，沃兹决定休学去赚钱。很快他就在一家名为坦勒特（Tenet）的电脑公司找到了一份程式设计师的工作，这个公司主要负责为交通部门生产计算机。沃兹对这个工作动心的另一个原因在于，这个公司的主管愿意把公司中多余的芯片免费送给他。

　　沃兹之所以需要这些芯片是因为，当年他和好友艾伦·鲍姆曾经耗时一个月为一个机械装置制作了各种图表和说明书。后来鲍姆去了麻省理工学院上学，沃兹就决定自己完成这项任务。尽管有公司主管的免费馈赠，沃兹还是决定要尽可能少的使用芯片以挑战自我。

　　鉴于任务量太大，沃兹找来了自己的电子迷邻居，当时正在霍姆斯泰德高中读书的比尔·费尔南德斯帮忙。费尔南德斯加入之后，他们就将组装地点从沃兹的卧室搬到了费尔南德斯家的车库，因为那里有一个适合操作的工作台。沃兹后来这样描述自己制造这个装置时的构想："我在研发的时候就告诉自己这个装置必须能达成某个目标。就好像是电视机的遥控那样。"最后沃兹确实实现了这样的功能。在制造这个装置的时候，沃兹和费尔南德斯喝了很多克雷格蒙特奶油苏打水，所以他们为这个装置起名为"奶油苏打水电脑"。这是一台可以做乘法的计算器，当通过一系列的开关将数字输入后，结果就会用小灯表示的二进制呈现出来。

　　1970年秋，这台凝聚着沃兹心血的计算机终于制造完成了，为了炫耀自己的成果，沃兹通过自己妈妈的关系，向当地的《圣何塞信使报》进行了展示。在展示的过程中，那位记者表示出了浓厚的兴趣，但遗憾的是，展示刚开始没多久，就因为那位记者不小心踩到电源线，让电源线着火而中断了。尽管如此，那个记者对于沃兹的杰作，仍然毫不吝惜赞美之辞，他在第二天的报纸上，用巨大的篇幅报道了沃兹的奶油苏打水计算机，夸奖说沃兹是一名技术天才，还刊登了沃兹的大幅照片。

　　这台计算器比后来的 Apple I 更加原始，受内存和计算能力的限制，它只能进行简单的数学计算，但是这丝毫不能掩盖它是一台真正的可以工作的电脑的事实，它比后来市场上出现的同样功能的计算机早了5年诞生。它的先进之处还在于，当几乎其他所有电脑都在使用磁芯内存的时候，它却采用了比较便于安装的随机存取内存芯片，而且和当时的其他电脑相比，它采用了更少的芯片，这就让它更小巧而精致。

　　这台电脑诞生后的某一天，费尔南德斯告诉沃兹说："我们学校也有一个叫史蒂夫的人，他跟你一样喜欢恶作剧和电子学，你们应该认识一下。"

于是，1971年的某一天，在"媒人"费尔南德斯的安排下，苹果的两位创始人乔布斯和沃兹在费尔南德斯家的车库里有了第一次见面。32年前，休利特走进帕卡德家的车库，惠普的传奇开始书写；32年后，乔布斯和沃兹在费尔南德斯家的车库会面，苹果公司的传奇拉开帷幕——硅谷似乎和车库有着不解之缘。

据沃兹后来回忆说，他们见面的当天是非常普通的一天，费尔南德斯把他们叫到了自己家，在参观完奶油苏打水电脑后，两个史蒂夫就坐在费尔南德斯家门口的人行道边聊了很久，他们聊的主要内容都是关于两个人是如何调皮捣蛋的，当然了，也聊到了电子电路之类的问题。

据沃兹回忆说，通过聊天，他发现乔布斯和自己有很多相同点，他们都喜欢恶作剧，也都喜欢电子设备。但是沃兹也发现了两个人之间的不同，他发现乔布斯身上有一些自己不具备的能力，比如，自己能够制造出一个复杂的电路，但是却很难把自己的设计明明白白地讲解给别人听，也很难给别人讲清楚这个东西到底哪里好。而乔布斯则似乎天生就是一个销售家，只要搞懂了原理，他就能深入浅出地把这个设计的所有特性说出来，而且第一时间发现它的商业价值。沃兹还说："一般情况下，我不喜欢向别人介绍自己的设计，因为太困难了，他们总不能理解，但是史蒂夫不同。只要我一讲，他就能明白。他简直就是我的知音，我喜欢他。尽管他看起来干干瘦瘦的，但是充满了活力。"

乔布斯和沃兹之间的这种区别，很大一部分来自于尽管他们都受到了自己父亲的影响，但是乔布斯更多地是从父亲讨价还价的过程中学到了如何赚取可观的利润，而沃兹则更多地是从父亲那里学到了对于工程学的痴迷和专注。他们之间的这种不同，也直接决定两个人后来在苹果公司的不同分工。

本次会面的另一位参与人——乔布斯在进行这次会面之前，其实已经听说过了很多关于沃兹的事迹，当然了最著名的还是他制造的假炸弹事件，所以乔布斯对于这次见面很是期待。乔布斯后来这样回忆沃兹给自己的第一印象："在认识沃兹之前，我一直认为自己是最懂电子学的，沃兹是我见过的第一个比我还懂电子的人！"这句话也成了关于两个人见面流传很广的一句话，但是据沃兹说，当时的乔布斯并不是很懂电子学。除了承认沃兹比自己还懂电子外，乔布斯也意识到了两个人的区别："我比我的实际年龄显得成熟，而他则与我正相反，他很聪明，但是从情商上看，他更像是我这个年纪的人，我们刚好调换了一下。他看上去很天真，像个小孩子。我几乎立刻就喜欢上了他。"沃兹这种情商低于年龄的情况，是可以预见的。试想如果一个人整天除了研究电路板，搞个无伤大雅恶作剧外，对其他东西都毫不关心，他的情商会高到那里去呢？但是这并不妨碍乔布斯对于沃兹设计和组装电子元件能力的佩服。如果说乔布斯在见到沃兹之前，还觉得自己简直就是天下第一，自己称第二没人敢称第一的话，那么在见过沃兹之后，他体味到了一句话——"强中更有强中手"，因为和沃兹亲手组建的计算器相比，乔布斯曾经做过的东西，都成了拿不出手的小儿科。

除了电子和恶作剧之外，两个人发现他们还有一个共同之处，那就是都喜欢音乐。乔布斯后来回忆说："我们刚好处于音乐最辉煌的时候，现在想想，那时就好像贝多芬和莫扎特从未去世那样。沃兹和我深陷其中，不能自拔。"沃兹向乔布斯推荐自己非常喜欢的一位歌手——鲍姆·迪伦（Bob Dylan），他后来也成了乔布斯的偶像之一。

16岁的乔布斯和21岁的沃兹就这样成为了朋友。乔布斯后来回忆说："当时有一个名叫斯蒂芬·皮克林（Stephen Pickering）的人经常会有关于迪伦的小道消息，我们就经常跟着他，询问迪伦的最新动向。迪伦有一个习惯：他会录下自己所有的演唱会，尽管他从不会外传，但是他身边的工作人员会因为不小心泄露，于是市面上就会有很多盗版磁带。"乔布斯和沃兹经常到处搜集这种盗版磁带。沃兹回忆说："当时市面上有人专门销售印有迪伦歌词的小册子，我们会买来进行深入解读。那是一场有趣的体验，他的歌词经常激发我们的创造性思维。"他们对于迪伦的热爱是疯狂的。乔布斯自己收藏有迪伦超过100个小时的磁带，其中他最喜欢的是迪伦1965和1966年巡回演出的磁带，每一场演出的磁带他都有。尽管在那些演唱会上，迪伦尝试电子音乐时遭到了很多人的反对，但是乔布斯和沃兹依旧喜欢他。当时为了听歌，乔布斯和沃兹每人都斥巨资购买了一台当时最先进的TEAC牌双卷盘录音设备。沃兹说："为了便于收听，我曾经把迪伦好几场演唱会的录音利用录音机录制到了一盘带子上。"乔布斯说："相对于一群人一起听歌来说，我更喜欢自己一个人细细地品味，所以我买了一副很好的耳机，经常什么也不干，就静静地躺在床上听歌，几个小时很快就过去了。"

　　在和乔布斯认识之后，沃兹逐渐地就融入了乔布斯的生活圈子，沃兹的好友艾伦·鲍姆也加入了其中。当时他们在一起除了听音乐外，干的最多就是恶作剧。

　　1971 年的暑假即将到来的时候，为了欢送即将离校的高四学生，乔布斯、沃兹和鲍姆来到鲍姆家的后院，在一张被染成学校校旗的床单上画了一只巨大的竖起中指的手。甚至鲍姆的母亲也加入其中，帮他们搞定了色彩的渐变和阴影，这让整个画面看上去更加真实，她慧黠地说："我知道这是什么意思。"为了表明所有权，他们还从三人的名字中各取几个字母，组成了单词"SWABJOB"，意思是"沃兹尼亚克－鲍姆－乔布斯联合出品"，画在了床单上。他们利用滑轮和绳子控制床单的升降，当毕业生走到他们选定的阳台时，床单缓缓落下。这场恶作剧在学校广为流传，但也让乔布斯再次遭到了停学处分。40 年后，乔布斯曾再次回到校园，他看着周围追逐打闹的学生们，指着其中一个阳台说："沃兹和我就是在那里，奠定了坚实的友谊。"

　　乔布斯和沃兹进行的最有趣的一次恶作剧使用上了沃兹上大学时制造的一个可以干扰无线电视信号的装置。

　　他们会先侦察一个众人都看电视的房间，然后像串门那样走进去，接着按下干扰器，电视屏幕就会变得不清楚。当有人敲打电视机，妄图使它恢复清晰时，沃兹就会解除干扰，让电视机恢复正常。有时，他们会提高难度，让观众始终保持一个姿势，电视才会清楚。这个姿势可能是单脚着地，也可能是把手按在电视机的顶部等各种奇奇怪怪的动作。这件事让乔布斯印象深刻，即使很多年后，仍然记忆犹新。他在一次主题演讲上也遭遇了图像不清的情况，于是就脱离演讲，讲起了这件年轻时的趣事，还在台上做了几个很滑稽的动作，逗得现场一片笑声，最后他说："通常人们坚持不了 5 分钟，就会被气得面部扭曲，就像我这样。"说着，他做了一个扭曲的表情。

　　历史上两个人合伙成立公司的情况并不少见，比如惠普公司是威廉·休利特和戴维·帕卡德联合创办的，谷歌公司是拉里·佩奇和谢尔盖·布林两个人联合创办的，微软公司是比尔·盖茨与保罗·艾伦联合创办的，但是很少有一个公司的两个创始人像乔布斯和沃兹这样性格迥异。他们性格完全相反，却又相互欣赏。乔布斯在认识沃兹之前，是一个典型的嬉皮士，他留着披肩长发，胡子很久都不刮一次，而且他喜欢开快车，甚至还吸大麻。他对于自己有兴趣的事情讲起来会滔滔不绝，且有很强的蛊惑性。他的一位朋友曾这样评价他："和史蒂夫·乔布斯谈话就好像从灭火的水龙头里接水那样。"但是对于兴趣之外的事情，乔布斯则非常冷漠，有时人们能看到他微笑，但是那种发自内心的笑则少之又少。而沃兹则敦厚老实，壮硕可爱，他腼腆而内向，连酒都很少喝，更别说沾染毒品了。但是其实沃兹是一个非常随和的人，他平时非常喜欢开玩笑，他后来还曾经专门办了一个免费的服务活动，叫作"乐一天"，人们只要拨打一个电话号码，就可以收听一个笑话。即使现在，他也经常向一个好朋友发送小笑话和卡通图片。

史蒂夫和沃兹一个像坏小孩，一个像乖宝宝，但对于电子的热爱将他们紧紧地联系在了一起。

盗打电话的坏小子

"我非常确定如果不是因为蓝盒子，就不会有后来的苹果公司。"

——在谈到蓝盒子时，乔布斯如是说

沃兹和乔布斯这两大电子迷进行的最惊险的一次恶作剧是他们利用沃兹制造的蓝盒子盗打电话。

那是1971年9月的一个周末，21岁的沃兹在利用暑假挣够学费后，决定要在第二天出发去伯克利大学上大学三年级。也就是说，到那时为止，沃兹为了读大学已经换了三所学校了，他的大学一年级是在科罗拉多大学读的，二年级是在迪安扎社区学院读的，三年级将要在伯克利大学读。传奇的是，大三结束之后，沃兹没有立即读大四，而是去了惠普公司上班，一直到很多年后的1981年，已经身价不菲的沃兹才又化名为洛基·克拉克（Rocky Raccoon Clark）在伯克利大学读完了大学。当然了，这些都是后话。

即将要离家去伯克利的沃兹无意间看到了妈妈留在厨房桌子上的《时尚先生》（Esquire），就拿着翻了起来，他在看到了一篇文章后激动得几乎跳了起来。那篇文章的作者是一个名为罗恩·罗森鲍姆（Ron Rosenbaum）的记者，文章的名字为《蓝盒子的秘密》。在这篇报道中，罗森鲍讲了一个叫"咔嚓船长"的电话飞客通过模拟AT&T公司（美国电话电报公司）的特定音频而免费拨打长途电话的故事。他在这篇文章中披露电话网络中用以传输呼叫的开关发出的音频是 2600 赫兹，同时他还在文章中说，关于这件事人们可以从《贝尔系统技术期刊》中找到更详细的资料，不过在 AT&T 公司的强烈要求下，各地图书馆都已经将这本期刊下架了。沃兹刚读了这篇文章的一半，就按捺不住兴奋之情给乔布斯打了电话，并把这篇文章的一部分内容读给他听。沃兹后来回忆说："凭直觉，我知道那篇文章说的是真的。以我对史蒂夫的了解，我知道他一定会非常兴奋的。"果然，电话那头的乔布斯激动地说："我们必须马上找到那本技术期刊。"几分钟后，沃兹开车来到了乔布斯家，然后他们立刻赶到了斯坦福大学线性加速器中心的图书馆，希望在这里那本技术期刊能成为漏网之鱼，还没有下架。他们赶到图书馆的时候刚好是周末，图书馆关门了，幸运的是，他们知道一扇小门从不上锁，于是就从小门进入了图书馆。乔布斯后来回忆说："为了找到那本杂志，我们进去之后把书架上的书弄得到处都是，终于功夫不负有心人，沃兹找到了那本书，我们打开一看，上面真的记载有全部的信息，音调、频率等。我们当时感觉好像是自己从地摊上随意淘到的藏宝图忽然变成了真的，太震惊了。"

他们从图书馆出来后，直接冲去了森尼韦尔电子商店，最终赶在商店关门之前买到了需要的零部件。他们搭建了基本的音频电路后，开始寻找电话号码和不同频率声音之间的对应关系，乔布斯曾经在惠普探索者俱乐部的时候制造过一个频率计数器，他们就用这个计数器来调校需要的声音。号码只要一拨号，他们就能复制并录下文章中制定的声音。最终他们发现号码"1"是 700 赫兹与 900 赫兹两个音调的组合，号码"2"是 700 赫兹与 1100 赫兹的组合，号码"3"是 700 赫兹和 1300 赫兹的组合，等等。两个人忙到半夜终于调试好了，准备测试，结果两人遗憾地发现，自己失败了，因为由于振荡器不够稳定，没能骗过系统。沃兹后来回忆说："问题出现在了振荡器，它太不稳定了。可惜的是我们知道问题在哪儿，却没有办法立刻解决。而我第二天就要去伯克利大学读书了，没有时间慢慢调试了，所以只有暂时作罢。我决定到学校之后，自己动手做一个数字版的。"

没有人知道数字版的蓝盒子应该是什么样的，但是沃兹就是有本事让一个事物从无到有。他利用二极管和晶体管制作出了一个蓝盒子，并在拥有完美音准的室友帮助下完成了调试。沃兹真的是个天才，一项从无到有的创造，他仅用了两个多月的时间，感恩节前夕，蓝盒子已经彻底完工。它只有两副扑克牌那么大，非常精巧。在很多年以后，沃兹仍然自豪地说："我真的为自己感到自豪，我到现在都不敢相信我竟然做出了那么简洁的电路板。"

感恩节期间，沃兹开车从伯克利来到了乔布斯家中测试蓝盒子。他想给在洛杉矶的叔叔打电话，但是拨错了号码，他们毫不知情地大声对着电话嚷嚷着："嗨，你好。我们正在免费给你打电话，免费打啊！"电话那头的人可能以为自己碰到了神经病于是一直没有说话，乔布斯接着说："我们是从加利福尼亚打来的，你听到了吗？我们是从加利福尼亚打来的！"这就让电话那头的人更确定自己遇到了神经病，因为沃兹拨错了电话，他们当时就是在给加利福尼亚的另外一个人打电话，根本就没有超出一州的范围。

他们利用这只蓝盒子进行了很多恶作剧，最离谱的一次是他们打到了梵蒂冈，沃兹假装成了当时美国的国务卿亨利·基辛格，捏着嗓子，对电话说："你好，我是国务卿基辛格。我正在莫斯科参加峰会，请让教皇接电话。"对方竟然真的信了，他告诉沃兹说："国务卿先生，您好。我们这里的当地时间是早上五点半，教皇还在睡觉，暂时不能接电话。"过了一会儿，沃兹又打了过去要求跟教皇通话，这次接电话的是一名充当翻译的主教，他意识到了沃兹是假的，所以没有让教皇接电话。

对于这种盗打电话的行为，乔布斯后来回忆说："当时，我们都没有把这种行为看作偷盗，因为在这个过程中，只有电话公司受到了一点小小的损失，而那点损失对它们来说太微不足道了。"

为了向人们显摆自己的高超技能，沃兹和乔布斯甚至千方百计地联系上了制造蓝盒子的前辈"咔嚓船长"，他本名约翰·德拉浦，是 IT 历史上十大超级老牌黑客之一。沃兹和乔布斯向他展示了自己制造的蓝盒子。"咔嚓船长"对于沃兹制造的蓝盒子赞叹不已，因为它不用开关，当有人拨打长途电话时，会自动被激活。

那天，在和"咔嚓船长"分别后，因为沃兹的车停在了乔布斯家，所以乔布斯载沃兹来自己家。结果在高速公路上，乔布斯的车子出了问题，发动机动力全无，乔布斯非常冷静地凭借高超的车技，硬是在车子完全停下来之前将车子停在了路边的安全地带。他们两人走到路边的加油站里想用加油站里的付费电话向朋友求救，乔布斯突然想到了蓝盒子，于是就试着用蓝盒子给朋友打电话，结果两次都没有成功。正在这时，突然有一位警察出现在了他们面前，盯着乔布斯手中的蓝盒子问："这是什么东西？"乔布斯急中生智地说："音乐合成器。"说着，他还按动盒子上的按钮，蓝盒子就发出了几个不同频率的声音。警察看着这个奇怪的音乐合成器说："那这个橙色的按钮是干什么用的？"那个按钮正是蓝盒子的关键，它可以控制蓝盒子发出 2600 赫兹的声音，沃兹犹豫着不知道怎么解释时，乔布斯急忙回答道："校音用的。"这时，又来了一个警察，他拿过乔布斯手中的蓝盒子说："你说这是音乐合成器，它是怎么工作的？"乔布斯回答说："电脑控制。""电脑控制？电脑在哪里？"那个警察继续问道。"电脑在盒子里面。"乔布斯回答道，他尽量地保持平静，可是他已经吓得不行了，如果被警察知道他们盗打电话，那可就严重了，那可是违法啊。幸好，那两个警察没有再问什么，就走了。

受到惊吓的两个人赶紧给朋友打了求救电话，当乔布斯和沃兹被朋友送回乔布斯家的时候，已经是午夜了，但是沃兹坚持要开车回到伯克利。结果半路上，沃兹竟然困得趴在方向盘上睡着了。当他清醒过来的时候，汽车已经失控地冲向了路边。沃兹拼命地打方向盘，车子在路面上打了好几个转，幸好有安全带，沃兹才幸免于难。这次车祸，只毁掉了车子，而沃兹则毫发无伤，这不能不说是个奇迹。

刚开始的时候，蓝盒子只是乔布斯和沃兹两个人恶作剧的工具，后来，从父亲那里学习到生意经的乔布斯就发现了其中的商机，他想：既然我和沃兹对蓝盒子这么喜欢，那么其他人肯定也会喜欢的，为什么我们不多制造一些卖给其他人呢？乔布斯回忆说："有了这个想法后，我就把剩下的元件，比如说盒子、电源和数字键盘等都集中了起来，然后想出了定价方式。"乔布斯将所有零部件的价格加起来得出蓝盒子的成本价约为 40 美元，所以他将售价定为了 150 美元。

在确定售价后，沃兹和乔布斯像"咔嚓船长"一样给自己起了个别称，沃兹称自己为"伯克利蓝"，乔布斯则称自己为"奥拉夫·图巴克"，他们会挨个敲响各个宿舍的门，向人们兜售蓝盒子。如果看到某人对蓝盒子有兴趣，他们还会进行现场演示，比如用蓝盒子打电话给伦敦的利兹酒店或者是拨打澳大利亚的"打电话听笑话"服务电话。这是一种非常有效的销售方式，他们制造的 100 个蓝盒子很快就全部卖完了。蓝盒子的售价也随着市场行情的渐长，增加到了 300 美元，当然了，这个价格只对那些负担得起这个价格人实行，而对于学生们，蓝盒子的售价仍为 150 美元。同时，他们还承诺，如果销售出去的蓝盒子出了故障，可以免费维修。

他们合作的第一次生意一直持续了一年，到 1972 年时，有两件事让乔布斯和沃兹放弃销售蓝盒子。第一件事是他们遇到了自己人生中的第一次抢劫。那是在森尼韦尔的一家比萨店，乔布斯和沃兹带着新做好的一台蓝盒子正准备一会儿开车去伯克利。因为乔布斯急着用钱，所以他极力向邻桌的那个人推销，很快那个人就对蓝盒子产生了浓厚的兴趣了。于是乔布斯就拿起蓝盒子来到电话亭向他展示蓝盒子的用法，看完后，那个人说要到车里拿钱，乔布斯和沃兹就跟着他走向那个人的车子。乔布斯后来这么回忆自己人生中第一次遭到抢劫的场面："那时我手里拿着蓝盒子，跟着那个人走向他的车子，结果他打开车门，从车座下拿出一把枪抵着我的肚子说：'把它拿过来，老兄。'我的心怦怦地急速跳动着。天啊，那可是我第一次那么靠近一把枪，我真是被吓坏了。尽管很紧张，但我还是进行了一番思考，我在想用车门磕他的腿然后逃跑的可能性，但是鉴于他手中有枪，我乖乖地放弃了这个计划，然后听话地奉上了蓝盒子。那个人拿到蓝盒子后并没有立刻就走，而是给了我一个电话号码；他说如果蓝盒子真的能用的话，他以后会想办法把钱给我的。我当时就纳闷说这真是一次奇怪的抢劫。后来我试过打那个电话，竟然真的打通了，而且那个人还真的接了电话，但是他说他不会用蓝盒子。所以我就约他在一个公共场所见面，我们教他蓝盒子怎么用，同时他把钱给我们。但是我们很害怕就没有去，而且我们决定以后就算可以拿回那 150 美元，也不再跟那个男人联系了。"

另外一件事是他们两个人曾经见过的"咔嚓船长"东窗事发，以线路欺诈罪被警察逮捕了，这让他们很不安，于是他们决定放弃蓝盒子的生意。

这次生意结束后，乔布斯进入了里德学院上大一，而沃兹则继续在伯克利大学上大三，两个人暂时地分开了一段时间。当他们再次聚在一起的时候，乔布斯已经进入了雅达利公司上班，而沃兹则进入了惠普公司上班，他们的再次聚首也就是另一个传奇故事了。

这次恶作剧对于乔布斯和沃兹来说意义重大，它奠定了两个人后来的合作模式：沃兹负责技术发明，而乔布斯则负责将这项技术进行包装，推向市场。乔布斯后来回忆说："我非常确定如果不是因为蓝盒子，就不会有后来的苹果公司。通过蓝盒子我和沃兹学会了怎样合作，也获得了充足的信心，它让我们相信我们可以自己解决技术问题并把一些发明投入生产。"这次经历也让沃兹对自己信心倍增，他说："我们仅有 40 美元的东西就控制了价值数十亿美元的基础设施，你不知道这给了我们多少信心。出售蓝盒子也许并不是一个好主意，但是他让我认识到了自己的工程技术和他的远见卓识结合起来会做出一番怎样的事业。"

2012 年 5 月 28 日，国外媒体盘点了全球十大著名黑客，乔布斯和沃兹凭借蓝盒子而榜上有名。

何处安放躁动之心

非里德学院不读

"我现在想起来真的觉得很羞愧。我当时太不懂事了，伤害了他们的感情，我应该表现得更好的。"

——在谈到自己非要上里德学院且不让父母送自己进校时，乔布斯如是说

1972 年，17 岁的乔布斯自霍姆斯泰德高中毕业了。毕业后，乔布斯就不想读书了，他后来回忆说："当时我不想读书，而更想去闯荡纽约。"

但是乔布斯的养父母劝阻了他的这个决定，因为他们曾经答应过乔布斯的生母一定会让他上大学。迫于无奈，乔布斯答应了父母的这个要求。但是他提出了自己的要求，他要自己决定上哪所学校，保罗和克拉拉毫不犹豫就答应了。因为他们一直都设有一笔专款用于乔布斯上大学，尽管这笔钱不是很多，但是让他上一个州立大学却是绰绰有余的。

在高中时期，乔布斯就经常一个人开车从硅谷到自己好友沃兹上大学的伯克利城，因为他喜欢那里浓厚的嬉皮士氛围。他经常在湾区散步，思考各种梦想实现的可能性。

在决定要上大学后，乔布斯就一个人对自己周围的学校进行了一番考察，他想找一个就像伯克利城那样嬉皮士氛围浓厚的学校以符合自己的气质，同时他还希望这个学校离家远一点，这样他就可以更自由一些。他转了一圈之后，认为伯克利大学虽然有巨大的阶梯教室，但却是个批量生产学位的地方；他也不想去斯坦福大学和加州大学在伯克利的分校，因为他觉得这两所学校离家太近了，同时他觉得去斯坦福读书的人都已经明确地知道自己想要什么了，而他却不知道自己想要什么。另外，他认为斯坦福大学一点艺术性都没有，他想找一所更有趣、更有艺术性的学校。最终，他找到了符合自己要求的学校，位于俄勒冈州波特兰市的里德学院。

听到儿子的选择后，保罗和克拉拉大吃一惊，这一方面是因为它离家非常远，他们不能经常看望儿子，另一方面是因为里德学院是一所私立大学，学费非常昂贵，它是全美学费最昂贵的学校之一，学费根本不是一般的蓝领家庭可以承担的。尽管他们为儿子准备有上学基金，但是那笔钱用来上里德学院是远远不够的。于是，他们跟乔布斯商量能不能换个学校，比如离家很近的斯坦福大学，它甚至还可以给乔布斯提供奖学金。但是乔布斯一口回绝了父母的提议，他就像当初让父母同意他转学那样，决绝地说："如果不让我去里德学院上学，我就不上大学了。"保罗和克拉拉无奈之下同意了儿子的无理要求。

里德学院到底是一所什么样的学校呢，竟让乔布斯有了非它不可的想法？

里德学院成立于1908年，是一所私立文理学院，它以崇尚自由和培养优秀的人才而著称，当然了，昂贵的学费也是它著名的原因之一。校内建筑多为都铎——哥特式风格，这所学校最吸引乔布斯的地方在于这所学校是当时各种流行思想和叛逆行为的集散地，这非常对乔布斯这个嬉皮士的胃口。它当时的在校人数只有1000人左右，规模甚至不到乔布斯上高中的霍姆斯泰德的一半，它在20世纪70年代的退学率一度超过了1/3。它自由的氛围曾经吸引了众多精神领袖的到来。迷幻启蒙运动的发起人之一蒂莫西·利里就曾经来此举行"精神探索联盟"高校之旅，还在它的草地上喊出了"打开心扉、自问心源、脱离尘世（Turnon，Tunein，Dropout）"的伟大口号。即使在5年后，乔布斯来到里德学院的时候，还有很多人把这三句话奉为座右铭。这就是乔布斯即将踏入的学校。

尽管百般不愿，1972年9月，保罗和克拉拉还是开车将儿子送到了里德学院门口，他们本来想送儿子进学校的，但是乔布斯拒绝了，他拿着行李连头都没回就走进了里德学院，甚至连"再见"和"谢谢"也没有跟父母说。后来，每当回忆起这件事的时候，乔布斯都很愧疚，他说："我现在想起来真的觉得很羞愧。我当时太不懂事了，伤害了他们的感情，我应该表现得更好的。他们为给我凑学费拼尽了全力，而我却不想让他们待在我身边。我当时甚至想让人们认为我是个孤儿，就像那些搭着火车四处流浪的人一样。我希望自己可以像浮萍一样，没有背景，没有根，也没有过去，就是孤零零的一个人，与任何人都没有联系。"这是当时正在探求人生意义的乔布斯的真实写照。

乔布斯上大学的那个年代，美国刚经历了思想大解放的洗礼，嬉皮士、垮掉的一代、先锋艺术等各种思潮正在大碰撞、大融合。随之，美国的校园生活也发生了根本性的转变。美国对越南战争的结束，让随之而来的征兵热潮逐渐平息，校园中政治激进主义的倾向逐渐消退，人们逐渐把目光投向了对于个人自我价值的实现上，而东方哲学则无疑给人们指明了道路。在里德学院，蒂莫西·利里、理查德·阿尔珀特、加里·斯奈德等在东方哲学上比较有见解的专家都受到了学生们的追捧。乔布斯也深受这种时代精神的影响，他看了很多关于精神和启蒙的书籍，其中对他影响最大的是一本介绍冥想及致幻剂美妙之处的书籍，名为《此时此地》(Be Here Now)。

在里德学院，乔布斯也想取得好成绩，但不是在学习方面，而是在个人能力方面，因此他在学校中用在学习上的时间要远少于用在其他方面的时间。

在里德学院，乔布斯身上的嬉皮士精神好像找到了生长的沃土，他像其他嬉皮士一样，听鲍姆·迪伦的民谣和披头士的摇滚，读"垮掉的诗人"艾伦·金斯堡的号叫主义诗篇，以嬉皮士教父蒂莫西·利里的名言为座右铭，他在学校里穿着满是破洞的衣服四处乱逛，结交些趣味相投的朋友，和男孩子们一起泡妞、酗酒……

1999 年，有一部名为《硅谷传奇》(Pirates of Silicon Valley) 的电影讲述了乔布斯和盖茨创业的历程。在这部电影的一开头，就是正在上中学的"乔布斯"和正在伯克利大学读书的"沃兹"在大学校园里亲历了学生们的示威游行和警察的干预与抓捕，乔布斯和沃兹两个人在混乱的人群中一边躲避拥挤的人群，一边兴奋地跑边叫。尽管这部电影中有很多艺术加工的成分，但是它确实再现了当时的时代氛围。主人公之一的沃兹看过电影之后，评价说："尽管里面的人物、时间、地点经常出错，但人物性格却很准确。当电影开头出现催泪瓦斯和混乱场面时，我不由惊叹：'天啊，就是这样。'"

乔布斯和其他的嬉皮士们甚至找到了一处名为"苹果农场（Apple Orchard）"的地方，并将它建成了嬉皮士们的乐园。

弗里德兰

> "看着一个朋友从精神至上变成彻底的金钱至上，真是五味杂陈，既痛心，又好笑，还很奇怪。"
>
> ——在谈到弗里德兰的时候，乔布斯如是说

在里德学院，乔布斯遇到了一个对于他个性中"现实扭曲力场"的形成有重要影响的人，他就是罗伯特·弗里德兰。

弗里德兰是一位非常富有传奇色彩的人物。他父亲是第二次世界大战中有"死亡工厂"之称的奥斯维辛集中营7650名幸存者中的一个，后来在芝加哥成为了一名成功的建筑师。弗里德兰比乔布斯大4岁，但是当乔布斯来到里德学院的时候，他才刚读大二。这是因为本来是在缅因州的鲍登文理学院读书的他，在大二的时候，因被警察搜出携带价值125000美元的24000片迷幻药，而进了监狱。当报纸为这则丑闻拍摄照片时，他丝毫不觉得羞耻，还冲着镜头微笑，这在当地引起轰动。携带迷幻药让他在弗吉尼亚州的一座联邦监狱里度过了两年。1972年，当乔布斯进入里德学院时，刚获得假释的他也进入了这所学校继续大学学业。从携带迷幻药事件就可以看出弗里德兰不是一个甘于平凡的人，他进入里德学院做的第一件事更证明了这一点。当时刚获得假释的弗里德兰，一进入里德学院，就决定要竞选学生会主席，而且本来应该是生命中污点的两年监狱生活，却成为他竞选的优势，他宣称说自己竞选学生会主席就是要洗刷"司法不公"带给自己的耻辱，结果竟然有很多人支持他，于是他轻松当选。由此可见，弗里德兰是一位多么有魅力或者说蛊惑力的人。

乔布斯和弗里德兰的相识非常具有戏剧性。当时急需用钱的乔布斯决定卖掉自己的IBM电动打字机，而买家就是弗里德兰。那天，乔布斯走进要买打字机的弗里德兰的学生宿舍时，发现弗里德兰正在和女朋友云雨，于是很不好意思掉头就要离开。结果弗里德兰非常镇定地请乔布斯稍等一下。乔布斯后来回忆说："我当时想：'天啊，最离谱也不过如此了吧！'"乔布斯和弗里德兰就这样认识了。

弗里德兰的叔叔马塞尔·穆勒是一位百万富翁，他常年居住在瑞士，但是在波特兰西南40公里的地方却有一个约为220英亩的苹果园。穆勒知道弗里德兰在波特兰的里德学院上学后，就将苹果园交给了他管理。

接手苹果园的管理后，痴迷东方宗教的弗里德兰很快就将果园改造成了公社，起名为团结农场（All One Farm）。乔布斯认识了弗里德兰之后，就经常和其他一些志同道合的朋友到这里来过周末。苹果园里当时主要种植的是格拉文施泰因苹果（一种带有红纹的黄色大苹果）树，乔布斯和农场里的另一位成员负责给果树剪枝。弗里德兰回忆说："我们当时负责生产有机苹果汁销售，而史蒂夫主要负责给苹果树剪枝，然后打扫果园。"

和乔布斯一样，弗里德兰也是一位禅宗爱好者，他曾经为了听《此时此地》一书的作者拉姆·达斯导师的一场演讲而专门跑到波士顿。他还在1973年的夏天，一个人去印度拜访了拉姆·达斯口中的精神导师——尼姆·卡罗里大师，他还有一个更为人所熟知的名字——马哈拉杰－吉（Maharaj-ji）。当年秋天，从印度回来之后，弗里德兰的形象更加独特了——一身印度长袍配凉鞋，他还向所有朋友声明："从今天起，我新生了，请你们叫我……"说着，他说了一个长长的印度名字。为了便于禅修，他在校外租了一个位于车库顶上的房间，乔布斯经常去那里找他讨论禅宗的问题。弗里德兰追求自我启蒙的状态，并认为自己通过努力一定可以达到，这让乔布斯也受到了影响。乔布斯说："他提升了我的觉悟，让我进入了一个新的层次。"

星期天的晚上，乔布斯经常和其他一些痴迷禅宗的人一起步行十几公里到波特兰西边的哈雷·克里希纳寺（Hara Krishna），享用美味的免费素食。丹尼尔·科特基是乔布斯大学时期认识的好友，他们都痴迷禅宗，两个人后来还一起进行了印度之旅，他说："我们去那里主要是为了那里免费的美食。我们只要在那里待上一会儿，和他们一起唱唱歌，跳跳舞，就可以享用免费的美食。那感觉真是太棒了。"在那里他们会用尽一切力气唱歌跳舞。乔布斯大学时期的另一位好友伊丽莎白·霍姆斯说："罗伯特会彻底地放纵自己，但是史蒂夫会相对平静一些，他似乎拒绝彻底放松，因为那让他觉得尴尬。"

弗兰德里对禅宗的痴迷，让团结农场非常欢迎其他禅宗爱好者的到来。每当团结农场里香气四溢的时候，就是因为它迎来了哈雷·克里希纳寺的僧侣和信徒们，他们会来为人们准备一顿丰盛的素食。霍姆斯说："史蒂夫有一个很奇怪的习惯。他经常会在大吃特吃之后强迫自己吐出来，在团结农场的时候更是这样。这让我在很长一段时间都怀疑他有贪食症。我们辛辛苦苦做好的食物，他刚吃进去就吐了出来，这让我们很郁闷。"

43

与弗里德兰的相识，褪去了乔布斯身上内向而羞涩的成分。科特基说："我最初认识的史蒂夫，身上更多地显露出羞涩和谦逊，是一个内向的年轻人。我觉得他认识罗伯特后，从罗伯特身上学到了推销的技巧，与人交往的方法，同时学会了展示自我个性及掌控全局。"

很多人和乔布斯相处的时候都会陷入他制造的现实扭曲力场中，但是罗伯特却是少数几个能够蛊惑乔布斯的人之一，而且乔布斯的现实扭曲力场还有一部分是从罗伯特身上学到的，甚至一度乔布斯把弗里德兰当作了自己的精神导师，直到后来他将弗里德兰看作了吹牛皮大王和诈骗高手，这一想法才改变。

科特基说："罗伯特是一个极富个人魅力的人。他聪明自信，却也有一点独断专行。只要一走进一个房间，他立刻就能让别人注意到他。他拥有超强的意志力，可以让别人服从他，这一点史蒂夫非常佩服。史蒂夫刚来到里德学院的时候，和罗伯特几乎是刚好相反的。但和罗伯特相处一段时间之后，史蒂夫身上的羞涩就逐渐褪去，取而代之的是像罗伯特那样的魅力。应该说是罗伯特教会了史蒂夫他身上后来被称为现实扭曲力场的东西。"

在乔布斯深受弗里德兰影响的同时，弗里德兰也觉得乔布斯是一个非常有魅力的人。他后来回忆说："我对他最初的印象是总喜欢光着脚走路。最让我印象深刻的是他对于某些事情的热情和执着。当谈论起这些东西的时候，他的热情就会超越理性，达到疯狂的极致状态。这集中地体现在他说服人的时候。他会采用紧迫盯人的战术，让你盯着他的眼睛给出答案，那对于被说服的人来说，真是一种精神折磨。"

乔布斯一直都是一个厌恶权威、反抗权威的人，这后来导致了他和弗里德兰之间的矛盾，因为他厌恶弗里德兰那种宗教首领般的行事风格。科特基说："乔布斯越来越清楚地看到了弗里德兰的本质，所以他很快就开始厌恶弗里德兰。"团结农场最初吸引人的地方在于它让人们暂时地避开了物质主义的侵蚀，但是后来弗里德兰将它过多地商业化了，这让人们开始厌恶它。乔布斯后来回忆说，有一天他正在厨房的桌子下面睡觉，结果看过很多人不停地进出厨房，从冰箱里偷拿别人的食物，这让他感到很恶心，也充分地认识到团结农场再也不是那个世外桃源了。他说："只有付出却没有回报，没有人能够长久地干下去，所以大家接二连三地离开了。"

弗里德兰从里德学院毕业后，去了印度学习梵文和佛教。后来他偶然间在加拿大的沃伊西湾发现了镍矿，就开始从事矿藏开采业，并成为了亿万富翁。有一次，弗里德兰公司经营的一处金矿在美国科罗拉多州的萨米特城造成了严重的环境污染，20多公里的河流被氰化物污染，这让他陷入了麻烦。而当时乔布斯在科技界的地位已经举足轻重，于是他向乔布斯打电话求救，希望他可以在当时担任美国总统的比尔·克林顿面前帮自己美言几句，但乔布斯没有理他。乔布斯提到这件事的时候，曾说："一个宣扬精神至上的人，一旦越过了魅力的界限，就会成为欺骗，而罗伯特显然就是这样。"他接着说，"看着一个朋友从精神至上变成彻底的金钱至上，真是五味杂陈，既痛心，又好笑，还很奇怪。"

退学不离校

"退学是我做过的最正确的决定之一。我真正的大学教育是从退学后开始的。"

——在谈到退学时，乔布斯如是说

1972年，坚持非里德学院不上的乔布斯终于进入了里德学院，然而，仅一个学期，乔布斯就发现，这不是他想要的大学生活。他发现尽管里德学院里面有浓郁的嬉皮士氛围，但是却也有严格的课程要求，学生们必须按照大纲要求完成学业，必须读很多学校规定的书籍，必须修够一定的学分，这让乔布斯不胜其烦。有一次沃兹来拜访的时候，乔布斯挥舞着自己的课程表抱怨道："天呀，这些课程真是太烦人了。"沃兹说："是的，每个大学都会给学生们指定一些课程。"沃兹也不喜欢学校选定的课程，但是他选择了忍受："我从不会逃必修课，因为我知道那是必须学的。"但是乔布斯则不是这样，他拒绝去上学校规定的必修课，而只上那些自己感兴趣的课程。正如沃兹所说："这就是我们之间的差别。"

对于必修课的厌恶与高昂的学费，让乔布斯做出了一个大胆的决定：退学！他后来应邀在斯坦福大学毕业典礼上演讲时说："里德学院的学费那么昂贵，父母为了这笔学费省吃俭用，而我却不知道自己上大学的目的是什么，也没有发现大学可以帮我搞清楚这个问题，所以我决定退学。"确定退学后的乔布斯甚至还从学校里要回了下半年的学费。

尽管决定要退学，但是乔布斯并不是真的讨厌里德学院，他只是不想上某些课程而已，所以退学后的乔布斯仍然待在了里德学院。而此时，里德学院也显出了它自由而博大的胸怀，校方容忍了乔布斯退学但是不离校的行为，在乔布斯停止交学费之后，学校还允许他旁听课程，并继续待在宿舍里和朋友们在一起。乔布斯甚至还和里德学院的教导主任杰克·达德曼成为了忘年交，达德曼这样评价乔布斯："他是一个求知欲很强的孩子，从来都不会不加思考地接受任何事实，我很欣赏这一点。"

乔布斯后来说："当决定要退学的时候，我很忐忑，不知道未来的路会怎样，但是现在想起来，那是我做过的最正确的决定之一。我真正的大学教育是从退学后开始的。"退学让乔布斯拥有了充分的自由，他可以按照自己的喜好选择课程。而在他选修的所有课程中，书法课更是让他获益匪浅。他后来回忆起选修书法课的原因时说："我发现学校里的海报都做得非常漂亮，所以就选修了书法课。我从书法课上学到了风格各异的字体，学会了调整字间距，以及如何设计完美的版面。这其中蕴含的美感、历史韵味和艺术的精妙之处是科学无法捕捉的，这让我深深地陶醉。"

乔布斯在无意间捡到宝了，因为当时里德学院教授的书法教育课程是全美国最好的。尽管当时乔布斯纯粹是从喜欢和欣赏的角度选修的书法，没有任何特殊的目的，但是这却让他后来在麦金塔电脑上预置了众多好看而好玩的字体，让平常人也得以体味字体的美妙之处，同时这门课程也提高了乔布斯的审美，让他后来一眼就可以看出产品上的不足。乔布斯对于这一点非常自豪，他曾经说："幸好我上大学的时候选修了书法课，否则的话麦金塔电脑上就不会预置那么多漂亮的字体了。既然是Windows抄袭了Mac，那么按此推论，很有可能所有个人电脑上也不会有这些。"

尽管学校允许乔布斯在学校免费住宿和听课，但是乔布斯仍然过得很窘迫。他会捡汽水瓶卖钱，有时也会到心理学系的实验室里维护那些用于进行动物实验的电子设备。为了改善生活，他仍然会在周末的时候走十几公里的路去哈雷·克里希纳寺吃一顿免费的素食。但是乔布斯在回忆起那段生活的时候，一点都不觉得苦，他说："当时，好奇心和直觉是我生活中仅有的两个向导，但事实证明，它们真是不错的向导，因为我在那段时间学到的后来都被证明是无价之宝。那才是我喜欢的生活。"

乔布斯自从退学后，彻底成了里德学院的边缘人员。他大多数时间里都光着脚走路，只有在下雪天的时候才会穿着凉鞋。后来，为了方便禅修，乔布斯从宿舍搬了出来，在校外以每月 20 美元的价格租下了一个没有供暖的车库房间。霍姆斯有时会来为他做饭，但是他挑剔的饮食习惯，经常会惹得霍姆斯非常生气。偶尔，乔布斯中学时的女朋友克里斯安·布伦南也会来乔布斯家做客，他们的关系时好时坏，但是乔布斯还是将主要精力都放了在对于心灵及个人觉悟的追求上。

是不是所有的天才都喜欢退学呢？乔布斯是退学生，比尔·盖茨是退学生，连后来和乔布斯一起创办了苹果的沃兹，也是退学生。答案是，与其说所有的天才都喜欢退学，不如说所有的天才都更知道自己想要什么。1973 年，当乔布斯在里德学院边参禅边学习的时候，沃兹在伯克利大学读完大三后，也决定退学。但是，他退学并不是因为受不了学校的制度，而是因为找到了他真正想干的工作——惠普的工程师。他负责为惠普公司设计计算器。惠普为沃兹提供了理想的工作环境：优美的办公环境、志同道合的同事、最酷的电子设备和最好的计算机，这让沃兹毫不犹豫地就选择了退学。

当乔布斯在学校里过着嬉皮士的生活时，沃兹已经成为标准的惠普工程师。他从来没有碰过毒品，甚至在 30 岁之前，都没有喝醉过。沃兹对嬉皮士从来都不感冒，但是，他却和一个嬉皮士成为了朋友，并且在 3 年后，和这个嬉皮士成立了一家公司。

乔布斯后来这样评价自己上大学时的那个时代："那是一个只能用'神奇'形容的时代，年轻人依靠虚幻的禅宗和堕落的迷幻药提升觉悟。吸食迷幻药对于我意义非凡，是不可磨灭的一段记忆。迷幻药刺激我看到了事物的另外一面。可能当药效退去之后，我会忘记自己具体看到了什么，但是我知道自己看到过。它让我更清醒地意识到了，金钱从来都不是我的目标，我的目标是创造伟大的发明，改变世界。我所应该做的是把我的人生放在历史和人类思想的长河中。"

加盟雅达利

"不得到一份工作，我是不会离开的。"

——去雅达利公司应聘时，乔布斯如是说

自退学后，乔布斯在里德学院游荡了 18 个月。1974 年 2 月，乔布斯决定回到父母居住的洛斯阿尔托斯，并找份工作。当时，经过第三次科技革命，科技公司遍地开花，对于科技人才的需求非常大。这从 20 世纪 70 年代，《圣何塞水星报》的分类广告版面上，科技类的招工广告最多的时候曾达到了 60 页，可见一斑。所以当时的乔布斯想要找一份工作并不是什么难事。但是乔布斯不喜欢那些古板而正统的公司，然后一家"个性"的公司进入了乔布斯的视野。

说这家公司个性，主要是因为在众多呆板而枯燥的招聘广告中，它的广告却做得新颖而活泼，一下子吸引了乔布斯的注意，它的广告语是这样的："在享乐中赚钱！"这家公司就是雅达利（Atari）。

雅达利可以说是当时众多科技公司中杀出的一匹黑马，它创立于 1972 年，创立时的资本只有 250 美元，但是它推出的《乒乓》游戏，却开辟出了一个每年 50 亿美元的电视游戏产业，也为 PC 革命奠定了基础，这让它在当时的知名度甚至超过了惠普和英特尔。如果说威利·黑格波特海姆和拉尔·拜尔是"电子游戏之父"，那么雅达利公司的创始人诺兰·布什内尔就是真正将电子游戏带入大众生活的人。他出生于 1943 年 2 月 5 日，是一个高大健壮的大块头，他和乔布斯大学时的同学弗里德兰一样充满魅力而能说会道，也能通过人格魅力让别人屈从自己的意志，后来，乔布斯将他们两个人身上的特性糅合在一起，形成了自己的魅力——现实扭曲力场。布什内尔有很多和乔布斯相似的地方，他们都蔑视权威，行事出人意料，他经常会在浴缸里给员工们开会议，很喜欢开着自己的劳斯莱斯到处溜达。

布什内尔的成功离不开一个人的支持，他就是雅达利的首席工程师——阿尔·奥尔康。奥尔康是一个乐观而理性的人，他要负责帮布什内尔把关，确定什么样的事情可以做，什么样的事情不可以做。《乒乓》游戏就是由奥尔康研发的。其实在《乒乓》之前，雅达利公司还开发过一个游戏叫《电脑空间》，这是世界上第一台业务用投币式游戏机，它填补了电子游戏在商业市场的空白，但是因为这款游戏操作复杂，以失败而告终。意识到问题所在后，他们很快开发出了新游戏《乒乓》。《乒乓》操作起来非常简单，只要用屏幕上两根移动的光标充当球拍拦截充当乒乓球的小光点即可，在市场上大获成功。雅达利公司的第一台《乒乓》游戏机放了森尼韦尔国王大道的一家酒吧里。几天之后，布什内尔接到电话说机器坏了。他派奥尔康去查看，发现原来是游戏机被硬币塞满了，由此可见这个游戏有多么受欢迎。

　　看到这么合自己口味的一家公司要招人，一身嬉皮士打扮的乔布斯就直接冲到了这个公司的大厅，对着前台人员说："我是来应聘的，不得到一份工作，我是不会离开的。"这种类似威胁的应聘方式让接待人员很吃惊。他告诉乔布斯可以留下简历，如果合适的话会通知他过来参加面试。可是乔布斯坚持说："不，我不要这样，我今天就要得到这份工作，得不到的话，我坚决不离开。"乔布斯不达目的誓不罢休的个性在此时展示得淋漓尽致。接待人员无奈之下，只好向奥尔康报告了这件事。奥尔康后来这样描述当时的情景："我正在自己的办公室里，前台接待人员跑过来告诉我说，大厅里有一个嬉皮士一样的年轻人，坚持要得到我们公司的一份工作，如果得不到的话就不离开。他问我他是应该打电话报警还是应该让他进来。当时我很好奇，到底是什么样的一个人，竟然会做出这么不合常理的事情。于是，我告诉接待人员说，让他进来，我要见见他。"就这样，乔布斯成功地获得了人生第一份正式工作，成为了雅达利公司最初的50名员工之一，他的职位是技术员，主要负责游戏机的调试和维修工作，时薪是5美元。尽管乔布斯没有接受过正规的电子学教育，但是小时候的耳濡目染再加上聪明的头脑，他竟然成功地胜任了这份工作。后来，布什内尔听说了这件事后，还专门抽空见了一下乔布斯，他非常喜欢乔布斯："他非常具有哲学气质，这是他和其他人的不同之处。关于哲学，我们秉承不同的观点，我赞同宿命论，而他坚持自由意志论。我认为事情都是命中注定的，每个人都在按照既定计划前进，而乔布斯和我的观点刚好相反，他认为意志的力量可以改变现实。"乔布斯的这种观点，为他终生不懈的拼搏做出了注释，也奠定了他身上现实扭曲力场的基础。

　　奥尔康后来回忆说："现在想想真是疯狂，天啊，我竟然雇用了一个大学仅上了一个学期的退学生。要知道，我们当时的招聘要求是要有在大公司工作过的经验。而据我所知，他根本不符合这个条件，他唯一的经验就是在惠普做过暑假工，但是他告诉我说，他曾参与惠普公司的计算器研发，那语气就好像他正在惠普工作一样。"但是接着奥尔康说出了他录用乔布斯的原因，"我录用他不是一时冲动，我在他身上看到了某些特质，他非常聪明，对科技充满了热情，还有超强的想象力，这些很重要。"

　　乔布斯刚开始的工作伙伴是一个名叫唐·朗的工程师，他思想非常保守，这就让乔布斯和他之间充满了矛盾。两个人刚合作了一天，朗就向奥尔康抱怨说："乔布斯有体臭，我没有办法和他一起工作。"朗不是在无理取闹，乔布斯当时坚持只吃素食，他认为这样的话，自己就不会有体味，所以很少洗澡，也从不用香体剂，这让他身上总有一股怪味。他身上总有怪味这个问题后来在乔布斯创办苹果公司后也一直让和他一起工作的人非常困扰。

雅达利公司中没有人愿意和乔布斯一起工作，无奈之下，布什内尔决定让乔布斯上夜班，这样他就不用和同事们相处了。布什内尔说："他的体味和嬉皮士的行为举止对我来说都不是问题，因为我本身也是个很乖张的人。他是有很多问题，但是我喜欢他。所以在别人都想赶他走的时候，我决定让他留下来上夜班。"就这样，乔布斯开始了别人上班他休息，别人休息他上班的"猫头鹰"式的生活。

在雅达利公司，乔布斯第一次展示出了他性格中类似恶魔的一面。他上夜班时，很少会需要和人交流，但是在偶尔需要和别人交流时，他会毫无顾忌地称别人为"笨蛋""蠢货""白痴"，这让他在雅达利公司成为了以粗暴而闻名的"名人"。乔布斯后来在回忆这段生活时说："他们之所以讨厌我，是因为他们太差劲了，因此不能容忍我比他们优秀。"

乔布斯也并不是对所有的人都那么粗暴，他和公司的绘图员罗恩·韦恩成了好朋友，这个人后来还成为了苹果公司最早的三个创始人之一。韦恩有一个秘密从来没有告诉过公司里的任何人，但是他选择了告诉乔布斯。那是一个周末，乔布斯到韦恩的公寓讨论哲学问题。韦恩突然对乔布斯说有些事想告诉他。乔布斯说："如果我没猜错的话，你想告诉我你喜欢男人。"韦恩点了点头。乔布斯后来回忆说："那是我第一次跟同性恋做朋友。我从他那里树立了关于同性恋的正确观点。"乔布斯对同性恋很好奇，就问韦恩："你喜欢男人，那漂亮女人对于你来说像什么？"韦恩说："她们对于我来说就好像一匹漂亮的马，我会欣赏它的美，但不会想和它上床。"后来说起为什么会把自己的性取向告诉乔布斯，韦恩说："性取向是我的一个秘密，我很少告诉身边的人，但是史蒂夫给我的感觉是，告诉他，我们仍然会是好朋友，它不会影响我们之间的关系。"可能这句话也解释了为什么后来的苹果公司可以笼络住那么多的人才，因为乔布斯身上有一种包容的力量，当然这种包容也是有选择性的，对于工作上的不完美，乔布斯是丝毫也不会包容的。

乔布斯非常佩服韦恩，他说："罗恩有丰富的人生经历，非常棒，他开过一个卖老虎机的公司，但是失败了。他是我生命中遇到的第一个跌倒了又爬起来的人。"乔布斯知道韦恩的经历后，向韦恩提议说他们可以合伙开公司，乔布斯甚至保证说自己可以借来50000美元，但是韦恩拒绝了，他说："如果你想用最快的方法失去50000美元，那是最好的方法。但是我很佩服他，他事业心很强，迫切地想要成功。"

在雅达利公司，乔布斯收获良多。他开始注重产品的简洁性，韦恩说："史蒂夫从雅达利公司的游戏中意识到了简洁性的重要性，他在产品设计的过程中一直坚持了这条原则。"他还从布什内尔身上学到了如何将魅力转化为说服力，奥尔康说："诺兰是一个以自我为中心的人，他不能容忍别人否定自己的决定，史蒂夫从诺兰身上学到了这一点。不过，史蒂夫的性格让他有时会失控地辱骂别人，而诺兰则从不这样。他们的共同之处是都有一种积极向上的力量，这种力量强大到了让人害怕的程度，但它却让他们获得了成功。从这个角度来说，诺兰担得起'史蒂夫的导师'的称号。"另外，乔布斯还从雅达利公司学到了不拘一格降人才的招聘方法，以及如何把产品设计得更有趣而人性化，这些无意间的积淀后来都成了苹果公司成功的秘诀。

痴迷禅与素食

"它改变了我和我的很多朋友！"

——在谈到禅宗时，乔布斯如是说

在乔布斯小时候，保罗夫妇为了让他受一点宗教教育，差不多每个星期天都会带他去路德教堂。乔布斯对于这一活动也并不排斥，但是13岁那年，他经历的一件事情彻底改变了他对于基督教的看法。

那是1968年的一天，乔布斯在自家订的《生活》杂志封面上看到了一张照片，照片上是比亚法拉（Republic of Biafra，尼日利亚东南部一个由分离主义者建立的短命国家，它自1967年5月30日成立，至1970年1月15日灭亡）一对饥饿的儿童，他非常震惊，就拿着那本杂志跑到了教堂，问牧师说："在我举起一根手指之前上帝就知道我要举哪根手指吗？"牧师回答说："是的，上帝无所不知。"于是，乔布斯拿出那本杂志，指着封面上的那张照片说："那上帝知道这个国家发生的事吗？

他知道那里的孩子快要饿死了吗？"牧师有些愕然，但是仍然说："是的。史蒂夫，我知道你不能理解这些，但是上帝的确知道这些。"听到这样的答案，乔布斯当场就宣布："我再也不崇敬这样一位上帝了。他什么都知道，但是什么都不做。"于是，从那之后，他再也不愿意去教堂。对于儿子的这一行为，保罗夫妇选择了尊重，因为他们本身也不是非常狂热的宗教支持者。

尽管对基督教中不能帮助别人的上帝非常失望，但是乔布斯对于追求自我存在意义及价值的禅宗却非常痴迷。

乔布斯进入大学时，人们开始把注意力投向自我价值的实现，而东方哲学无疑给人们指明了道路。乔布斯进入大学后读的第一本书就是被称为20世纪最受推崇的心灵导师拉姆·达斯的《此时此地》。乔布斯曾经回忆说："这本书指导意义非常重大，它深刻地影响了我和我的很多朋友，重新塑造了我们的世界观和人生观。"在大学期间，乔布斯花了很多时间研究并践行禅宗教义。乔布斯喜欢禅宗的另一个原因在于，他认为禅宗更注重精神体验，而不是一味地遵守教条。他曾经这样评价基督教和禅宗的区别："基督教的精髓就在于以耶稣的方式生活或者从耶稣的角度看世界，当基督教为了让更多的人信仰，而放弃这些的时候，它就开始走上形式主义的道路了。"乔布斯对于宗教有自己的见解，他曾这样作比喻："宗教最神秘的地方在于，不同的宗教尽管在某些方面会有不同，但是它们就好像是通往同一所房子的不同门，殊途同归。可是那个房子有时候我觉得它存在，有时候我又觉得它不存在。"

对于禅宗的喜欢，让乔布斯在大学期间交到了很多志同道合的朋友，其中和他关系最密切的是丹尼尔·科特基。科特基来自于纽约的一个富人区，他非常聪明，但是和乔布斯暴躁的脾气不同，他非常温和。和乔布斯一样，他也喜欢禅宗、迷幻药和迪伦。科特基非常喜欢乔布斯的录音机。他说："史蒂夫有一台 TEAC 牌录音机，还有迪伦几乎全部的磁带，这真是太酷了。"

乔布斯通过科特基认识了伊丽莎白·霍姆斯。她是他们的同学，同时也是科特基当时的女友，她也很痴迷禅宗。乔布斯第一次见到霍姆斯的时候，就表现出了性格中恶魔的一面，他羞辱霍姆斯说："要多少钱你才愿意跟另一个男人上床？"尽管这样，霍姆斯并没有生气，依然和乔布斯成为了朋友。作为穷学生的他们，经常会搭乘别人的便车出去玩，或者一起探讨生命的意义，周末的时候为了吃顿好的，他们还会去哈雷·克里希纳寺品尝免费的素食。科特基后来回忆说："这些活动对我们非常有意义，我们对于禅宗是非常认真的。"

自里德学院退学后，乔布斯有了大量的自由时间，他除了听自己感兴趣的课程和与朋友们相处外，其他时间都泡在了图书馆里看书，这期间他读的大多数书籍都是禅宗方面的。也就是在这段时间，他看了铃木俊隆的《禅者的初心》，帕拉宏撒·尤迦南达的《一个瑜伽行者的自传》，理查德·莫里斯·比克的《宇宙的意识》，以及丘扬创巴的《突破精神唯物主义》等。在这些书籍中，《禅者的初心》一书对于乔布斯的影响最大，它的作者铃木俊隆是禅宗南五家之一的曹洞宗在日本的传人。他在1959年到达美国，立志在美国宣扬佛法，教美国人修习禅道，《禅者的初心》就是他为美国人写的禅宗的入门书籍。

霍姆斯当时没有住校，而是在外面租了一个房子，为了追寻禅宗之道，乔布斯他们就将霍姆斯房间的阁楼中改造成了冥想室，尽管房间很小，但是他们却尽可能地布置出了冥想需要的氛围，印度花布、一块手纺纱棉毯、蜡烛、熏香和冥想坐垫等应有尽有。乔布斯后来回忆说："更多的时候，我们都是在里面冥想。"

1973年，乔布斯为了追寻禅宗之道，进行了一次印度精神之旅。但是他在印度并没有找到自己的精神导师，而是领悟到了体验的重要性。他回到洛斯阿尔托斯的家，开始通过各种途径追求精神启蒙。早上和晚上的时候，他会进行冥想和禅修，其他时间则去斯坦福大学旁听物理或者工程学的课程。

这样的日子过了一个多月后，乔布斯来到了雅达利公司上班。他偶然间发现《禅者的初心》的作者——铃木俊隆在旧金山有一个禅宗中心，并会在每周三晚上去那里开讲座，和一群禅宗爱好者一起冥想，于是乔布斯加入了他们。但是很快，乔布斯和其他的禅宗爱好者都觉得一周一次这样的活动根本满足不了他们对于禅宗的爱好，于是，铃木俊隆就让自己的助手乙川弘文开办了一家全天开放的禅宗中心。乔布斯和他当时的女友克里斯安·布伦南、科特基及霍姆斯等都经常去那家禅宗中心冥想和禅修。偶尔，乔布斯还会一个人去乙川弘文的另一处教学点塔萨加拉禅宗中心禅修。

科特基说："跟乙川弘文禅修是一件非常有趣的事。他的英语口语很差，语速很慢，尾音拖得很长，因此，听他说话就好像在听吟诵，非常富有启发性。很多时候，我们都听不懂他在说什么，但这不重要，重要的是我们当时的状态很好。"霍姆斯则完全投入到了冥想的状态中："在乙川弘文的禅宗中心里禅修是一件非常奇妙的事，我们学会了如何摒除外界的打扰。我记得有一次，我们正在冥想，外面下起了大雨，乙川弘文就教导我们借助外界环境集中注意力的方法。"

科特基回忆说："当乔布斯进入禅修状态的时候就会非常严肃，目空一切，非常难以相处。"乔布斯和乙川弘文的见面频率非常高，几乎每天都见面，他说："和乙川弘文相处对我来说非常重要，我会争取尽可能多的时间和他在一起，这甚至影响了他的生活。他的妻子是斯坦福的护士，有时她下晚班回家了，我还待在他们家里没走，她就会轰我出门。有一段时间，我向乙川弘文询问，我是否应该放弃工作，完全投入到对于精神的追求中，但是他反对我这么做，他认为工作和修行并不冲突，我可以边工作边修行。"如果没有乙川弘文，可能世界上会多一个与世无争的禅师，但是却将少一个改变世界的乔布斯。

乔布斯经常跟乙川弘文交流禅宗或生活中的各种困惑，乙川弘文自此成为了乔布斯的精神导师。1991年，乔布斯结婚的时候，他邀请乙川弘文担任了主婚人。他们之间这种亦师亦友的关系一直持续到2002年乙川弘文去世——2002年7月26日，在瑞士海滨，乙川弘文5岁的女儿不慎落水，乙川弘文为救她，溺水身亡。

乔布斯为了追寻自我意识，曾经花费1000美元在一个叫"俄勒冈感觉中心"的地方参加过一个为期12周的原始尖叫疗法。这种疗法由洛杉矶的精神治疗师亚瑟·亚诺夫发明，他认为人的心理问题都是由童年时受到冷落或伤害造成的，受这种问题干扰的成年人可以通过再次经历那些痛苦时大声尖叫、打枕头或者往墙上打球等行为发泄那种痛苦，从而从那种痛苦中解脱出来。乔布斯认为这种疗法比谈话疗法要好，因为它让人直接抒发了感受和情感，而不仅仅是接受理性的分析。他说："这种疗法更注重体验，而不是思考，所以你只要闭上眼睛，完全投入就可以了，它会激发人们获得更深刻的见解。"但是他认为这种方法并没有什么效果，"那是一种陈旧的解决方法，没有任何创新，太肤浅了，不能促使人们进行更深刻的自我省悟。"但是霍姆斯认为，原始尖叫疗法让乔布斯更自信了："原始尖叫疗法部分地增强了乔布斯的自信心，削弱了他的自卑感，这让他在那段时间看上去很平静，而不再像原来那样粗暴。"

原始尖叫疗法后来也成为了乔布斯现实扭曲力场的一部分，它让乔布斯相信只要自己想，就可以让别人完成不可能的事。霍姆斯对于禅宗的完全痴迷，让她在与科特基分手后，曾经加入了一个邪教组织，这个组织要求成员断绝和所有朋友的联系。乔布斯对于这条禁令置若罔闻，有一天，他直接开车来到邪教的大本营拉着霍姆斯就走，要求霍姆斯和他一起去弗里德兰的团结农场，同时还要求霍姆斯也得开一段路程的车，可是霍姆斯根本不会开手动挡的车。霍姆斯后来回忆说："我告诉他说，我不会开手动挡的车，他根本就不予理会。他将车开到大路上之后，就强迫我开车，刚开始的时候，他帮我换挡，后来时速达到 55 英里后，他就放着迪伦的《路上的血迹》（Bloodon the Tracks），把头枕在我的膝盖上就睡着了。对于他来说，他要你会什么，你就得会什么。他完全信任我，这让我做到了我以前从来没做到过的事情。"霍姆斯接着说，"史蒂夫是有魔力的。如果他认为你可以，那么你就可以。当他希望一件事情发生时，他就会千方百计地让这件事发生，这就是史蒂夫。"

乔布斯对于禅宗的信奉并不是一时的心血来潮和赶时髦，而是一种精神上的寄托，他终身都在追寻东方精神、佛教禅宗及个人启蒙，并且终生都遵循着禅宗的基本戒律，比如他非常重视经由集中精神而直观体验到的灵感和体悟。在很多年后的 2011 年，55 岁的乔布斯发布了 iPad2，他在自己的 iPad2 上下载了好几部电影，但是只下载了一部书，那就是他在里德学院时读过的《一个瑜伽行者的自传》。由此可见，乔布斯对于禅宗是多么痴迷。科特基说："史蒂夫是禅宗的忠实拥护者，禅宗深刻地影响了乔布斯，正是禅宗促成了他极简主义的美学追求。"乔布斯也认为佛教对自己影响非常大："是佛教让我意识到，有时候，直觉比理性思考更重要而有意义。"但是佛教只是在乔布斯身上留下了印记，却没有完全改变乔布斯，佛教讲究放下，讲究随缘而不执着于一点，但乔布斯始终没有做到这些。但也正是这种对于自我的坚持，让乔布斯独一无二，成为了不可复制的。

乔布斯童年时，受一位栽培有机作物的邻居影响，喜欢上了有机食物和蔬菜。上大学后，有一本书更深刻地改变了他的饮食习惯，这本书就是弗朗西斯·摩尔·拉佩编著的《一座小行星的新饮食方式》，这本书高度颂扬了素食主义，指出素食主义对于个人及人类居住的地球都有不可估量的好处，向人们提倡素食主义的生活方式，这种观点让乔布斯深信不疑，他后来回忆说："那本书让我决定，为了自己也为了地球，再也不吃肉类了。"素食主义本无可厚非，但是这本书却将乔布斯引导到了一些极端的饮食习惯上，比如乔布斯会催吐、禁食或者是连续几个星期只吃同一种食物，这让周围的朋友们不能忍受。

乔布斯这种极端的饮食习惯自大一就开始了，受乔布斯影响，科特基也看了这本书，和乔布斯一样，在看过这本书后，他也成为了严格的素食主义者，但是，科特基这样评价乔布斯对于素食主义的态度："他执行得特别彻底，有时候仅靠燕麦片维持生存。每隔一段时间，我们都会去农民合作社采购，他会一下子买上足够吃一星期的燕麦片，然后搭配点其他的散装食品，比如椰枣或者杏仁，以及胡萝卜。乔布斯对于胡萝卜的喜爱，源于他有一个冠军牌榨汁机，可以把胡萝卜榨成汁或做成沙拉。朋友们中间有个传闻说，史蒂夫因为吃了太多胡萝卜，皮肤呈现橘黄色，这可不是空穴来风的。"乔布斯对于胡萝卜汁的喜爱后来延伸到了苹果公司，公司提供免费的胡萝卜汁。乔布斯一生的对手兼好友比尔·盖茨就曾经开玩笑说："我这一生喝过最贵的饮料是苹果公司的胡萝卜汁。"

如果说《一座小行星的新饮食方式》只是让乔布斯的饮食习惯变得极端，那么德国营养学狂热者阿诺德·埃雷特所著的《非黏液饮食治疗学》则让乔布斯的饮食习惯变得怪异。

埃雷特认为饮食中应该只有水果和不含淀粉的蔬菜，否则的话身体就会产生有害的黏液，他还认为人们应该定期地进行长时间的绝食从而清理身体。乔布斯看了这本书后，开始进行尝试。刚开始的时候，他尝试着只吃苹果，坚持了一个星期。然后，他开始试着绝食。从两天到一个星期，甚至更久，最后通过喝大量的水，进食少量的蔬菜而结束绝食。乔布斯后来回忆说："当时我疯狂地迷恋那种饮食方法。那真的是一种很奇妙的体验。在坚持绝食一周后，因为身体不用消化食物了，人就会获得更多活力。我当时觉得自己步行到旧金山去都没有问题。"

这种苛刻的饮食习惯也给乔布斯带来了一些问题，在弗里德兰的团结农场，乔布斯就曾经因为刚吃完就吐出去，而让很多人认为他有贪食症。后来，乔布斯罹患癌症后，这种苛刻的饮食习惯更成了他术后恢复的最大障碍。

印度之行

"我第一次意识到也许托马斯·爱迪生对世界的贡献比卡尔·马克思和尼姆·卡洛里·巴巴加起来还大。"

——谈起印度之行给自己的影响时，乔布斯如是说

1974年时，乔布斯之所以急切地想要进入雅达利公司是因为他想要攒钱进行一趟印度朝圣之旅。他的大学同学罗伯特·弗里德兰曾在1973年的夏天进行过一次这样的旅行，弗里德兰回来后兴高采烈地向乔布斯和科特基讲述了这次旅行的各种际遇，这让乔布斯和科特基心驰神往，他们决定也去印度进行一趟朝拜之旅，弗里德兰就给他们提供了一位高僧的联系方式和住宿地址。但是乔布斯和科特基没能立刻开始这趟旅行，因为他们没钱。

在雅达利工作了一段时间之后，乔布斯攒够了旅行所需的费用。他来到奥尔康的办公室，没有任何铺垫地说："我要辞职去印度寻找精神导师。"奥尔康后来回忆说："他来到我的办公室，眼睛直视着我，突然宣布说：'我要辞职去印度寻找我的精神导师了。'我以为他在开玩笑，就说：'好的，代我向你的导师问好！'接着，他说，他希望我可以承担他来回的车费，我这才意识到他是说真的，他要辞职去印度，我说：'做梦，不可能，我不会承担路费的。'"不过后来奥尔康想到公司里有一批零件需要运往慕尼黑，在那里组装完毕后由都灵（意大利的一个城市）的批发商负责配送出去。但是因为美国市场上的游戏是每秒60帧，而欧洲市场上的游戏是每秒50帧，所以在使用时需要进行一些调整。于是奥尔康把乔布斯叫来向他讲明了情况，希望他可以去押送这批货物到欧洲，并把这个问题解决，然后从那里去印度，因为从那里去印度要便宜一些。乔布斯毫不犹豫地答应了。乔布斯离开奥尔康办公室的时候，奥尔康开玩笑似的说："记得在两个小时内解决问题。"乔布斯到达慕尼黑后，真的在两个小时内解决了所有问题。

尽管只有短短两个小时的相处时间，乔布斯还是让德国那一群穿着西装的经理很不舒服。他们向奥尔康抱怨说："他真的是你们公司的技术员吗？他看起来就像个流浪汉，身上的味道也和流浪汉差不多，而且行为粗鲁。"奥尔康对这样的抱怨充耳不闻，他问："他帮你们解决问题了

吗?"对方回答是的。他说:"那不就行了,下次你们再有什么问题,可以尽管给我打电话,我这里有很多他这样的人。"他们说:"不用了,下次我们宁愿自己解决,也不再和他那样的人打交道了。"奥尔康听后心里窃喜,没想到派乔布斯去还起到了这样独特的作用。在德国经理向奥尔康抱怨的同时,乔布斯也向奥尔康抱怨说:"他们只给我提供土豆和肉,他们甚至都不知道'素食'这个词,真是太糟糕了。"

但是接下来的都灵之旅就让乔布斯感觉好多了,他对于意大利人的热情和好吃的意大利面印象深刻。他说:"都灵是一座生机勃勃的工业城市,我在那儿的几周真是美妙极了。都灵的那个批发商是个很好的人,他为了照顾我的口味,每天都带我去一个饭店吃饭。那家饭店最好的一个地方就在于它没有菜单,你想吃什么直接告诉他们,他们就能给你做出来。那个地方真是太棒了,意大利最有名的菲亚特汽车制造公司的董事长有时会去那里吃饭。那里只有八张桌子,却有一张是专门为他预留的。"

在解决了都灵批发商的问题之后,乔布斯去瑞士的卢加诺拜见了弗里德兰的叔叔,也就是团结农场的真正主人,然后就从瑞士直接搭飞机去了印度。

1974 年初,一身嬉皮士打扮的乔布斯到达了印度,他穿着破破烂烂的衣服,光着脚走出了新德里机场。他出机场后直接乘车来到了弗里德兰给他推荐的酒店,但是那家酒店客满了,他只有去了出租车司机极力推荐的另一家酒店。乔布斯每当回忆起这件事的时候,都会这样说:"那个人肯定拿了酒店的回扣,因为他带我去的那个酒店真是糟糕透顶,甚至水都没有过滤,可是老板骗我说过滤了,我就直接喝了。傻傻的我很快就因为饮用不卫生的水而患上了痢疾,高烧不退,身边也没一个人照顾,于是体重一个星期内就从 160 磅(约 72.5 千克)减到了 120 磅(约 54.4 千克),真是可怜极了。"

一个多星期后,乔布斯终于好了一点,他决定立刻离开新德里这个倒霉地。他去了印度北部城市赫尔德瓦尔,它是一个面积和帕洛奥图差不多大小的城市,靠近恒河的源头,乔布斯之所以选择这里,是因为它每三年就会举行一次盛大的宗教集会。而 1974 年恰逢每 12 年举行一次的最大规模的集会,称为"大壶节"(Kumbha Mela)。一下子这个当地居民不到 10 万的城市涌进了超过 1000 万人。乔布斯后来这样回忆大壶节的情形:"满眼看到的都是教徒,随便一个帐篷里都住着一个甚至几个导师级的人物。还有人骑着大象巡游，非常热闹，但是那不是我想追寻的，所以在那里呆了几天后，我决定离开。"

乔布斯决定去拜访弗里德兰曾经拜访过的尼姆·卡罗里大师。他先乘火车又转乘汽车来到了大师所在的村庄，结果遗憾地发现，尼姆·卡罗里大师已经去世了。没有了目标的乔布斯，在一户人家里租了个房间安顿下来。这户人家给他提供素食，并帮助他恢复了健康，乔布斯后来在提到这户人家的时候总是充满了感激。在这里他再次重读了《一个瑜伽行者的自传》，它是之前的一位旅行者落下的。乔布斯将这本书读了好几遍，因为在那里真的太无聊了。但是在那里他也交到了一个一辈子的好朋友——拉里·布里连特。他是一名流行病学家，当时在印度以根除天花为己任，后来主要负责帮助谷歌运营慈善机构，并负责管理斯科尔基金会。

正在无聊之时，乔布斯听到了一个消息，有位印度教的圣人要在一名富商位于喜马拉雅山脉的住处举办信徒聚会，乔布斯就赶了过去。在那里乔布斯经历的一件事，让他坚信自己是与众不同的。乔布斯回忆起当时参加那次聚会的目的时说："我去印度的目的就是找到一位有灵性的人，而那里无疑给我提供了机会。同时，我好久都没有吃顿好的了，我想那里也许会有好吃的，所以我就赶了过去。事实证明，我猜对了，我刚走进房子的时候就闻到了食物的香味。"当乔布斯正在享用美食时，乔布斯希望遇到的那位圣人，突然就从人群中选中了他，拉着他疯了一样开始大笑。乔布斯说："当时我正在吃东西，他突然穿过人群，来到我面前，拉着我说：'你纯净得就像个孩子。'"然后那位圣人拉着乔布斯逃离人群，来到了一个小山丘上，那里有一口井和一个小池塘。他拉着乔布斯坐下，拿出一把剃刀和一块肥皂，并开始把肥皂打在乔布斯头发上，然后用剃刀把乔布斯的头发剃光了。乔布斯说："他拿出剃刀的时候，吓了我一跳，我还以为他是个疯子。他边给我剃头边说这是在拯救我的健康。事实证明，他的剃头技术相当不错。"这个传奇经历，让乔布斯坚信自己是与众不同的，他认为世界上的有些人在来到这个世界之前是受到了上帝启示的，比如爱因斯坦、甘地等，而他自己也是其中之一，这种心理暗示对他独特人格的形成有重要的影响。

这件事之后没多久，乔布斯的好友科特基也来到了印度，乔布斯就返回新德里去见他。两人会合后，开始坐着公共汽车到处溜达。此时的乔布斯已经彻底地放弃了对于精神导师的寻找，而更多地转向了通过苦行体验、感官剥离和返璞归真寻求启蒙。

乔布斯和科特基后来晃荡到了靠近中国西藏的马纳里镇，在这里，科特基的睡袋连同旅行支票一起被偷走了。于是他们不得不返回新德里取消旅行支票，兑换现金。但是银行拒绝给他们兑换现金。这时，乔布斯的签证马上就要过期了，而科特基的签证则是延期的，而且机票是四个月往返，所以乔布斯就把自己所剩的总共150多美元都给了科特基，以便他可以在印度待到八月底。科特基回忆说："他不但担负起了我的住宿和饮食开销，还把自己仅剩的钱都给了我。"

此时的乔布斯，对于印度已经没有什么眷恋了，他决定启程回家。在印度游荡了7个月后，1974年的秋天，乔布斯踏上了归程，在回家的途中，他又在伦敦逗留了几天，拜访了一位本来约在印度见面的朋友，然后就乘坐最便宜的一班飞机回到了奥克兰。在奥克兰机场，他打电话给自己的父母让他们来接他。保罗和克拉拉接到电话还犹豫了一下，电话那头真的是自己的儿子吗？他自从去印度后，只给自己写过几封简短的信，他真的回来了吗？保罗夫妇惊喜异常，他们立刻开车从洛斯阿尔托斯来到了奥克兰机场。乔布斯后来回忆起当时与父母见面时的情景时，总会不自禁地笑出声来："当时我的头发被剃光了，身上穿着印度棉袍子，皮肤被晒得又黑又红，他们从我身边来来回回走了差不多5次，妈妈才终于走到我身边试探性地叫：'史蒂夫？'我抬起头说：'嗨，妈妈。'"

这次印度之行，尽管没能让乔布斯找到自己的精神导师，但是仍然给乔布斯留下了深刻的印象。

很多年后，乔布斯曾经这样总结印度之行对自己的影响："从印度一下子到美国给我的文化冲击特别大。印度人做很多事都完全凭直觉，而我们则更多的时候依靠理性思维，所以印度人的直觉要比我们发达得多。我不知道别人怎么想，但是对我来说，直觉有时更重要，它对我的工作有很大的影响。理性思维是西方人后天习得的，它是西方文明的一项伟大成就。但是在印度，人们从来都不学习理性思维，他们学习直观和经验智慧，这些东西是和理性思维同样重要的。

自印度回到美国后，以一个局外人的身份，我更清醒地意识到了西方世界的喧嚣和理性思维的不足。如果你平心静气地审查自己的内心，就会发现它是多么浮躁。此时你越是想平静下来，就越是浮躁。要让心真正平静下来，需要很长一段时间，如果耐得住性子，等心真正平静下来了，你的直觉就会开始灵敏，会聆听到很多美妙的东西，会更清楚地看到事情的本质，也更真实地感受周围的现实环境。总之，当心静下来的时候，人的视界就会得到极大地延伸，也就能看到更深层的东西了。这是一种更高层次的修行，只有不断地练习，才能有所收获。"

　　这次印度之行，除了让乔布斯感受到东西方看待问题的不同角度外，还让他意识到了科技的重要性，他说："看到印度当地原始的耕作工具，我第一次意识到也许托马斯·爱迪生对世界的贡献比卡尔·马克思和尼姆·卡洛里·巴巴加起来还大。"正是这个认识，让乔布斯在参禅和创造让人惊艳的产品中找到了平衡，迈开了他一边参禅一边改变世界的步伐。

创立苹果公司

热浪滚滚的时代

"那时，有些奇妙的事情正在发生……"

——在回忆 20 世纪 70 年代的时候，乔布斯如是说

20 世纪 70 年代是一个迷茫的年代。在这个时代中，美国经历了文化飓风的侵袭，传统的观念受到了猛烈冲击。首先，时任总统的理查德·米尔豪斯·尼克松忽然成为了奸邪之徒，被讽刺漫画家多次画漫画进行嘲讽、调侃；接着对越南的战争陷入僵局，人们对于这次战争的必要性产生怀疑；然后航天事业也出现问题，本打算载人登陆月球的阿波罗 13 号 4 个发动机中有 3 个都出现了故障，3 个氧气库中有 2 个失灵。

20 世纪 70 年代也是一个自由的年代，60 年代为人们所推崇的偶像忽然都消失了。1971 年 4 月 10 日，披头士乐队宣布解散，接着 9 月 18 日，把吉他玩得出神入化吉米·亨德里克斯去世了，随后 10 月 4 日，史上最伟大的白人摇滚女歌手贾尼斯·乔普林也离开了人世……偶像的消失，让人们陷入了恐慌和不安中，但是这样的恐慌和不安，也让人们有机会从传统的思维中跳出来，让思想重获自由。而这样自由的氛围充分地促进了科技产业的发展。

尽管 1971 年的时候，《电子新闻》上已经使用了"硅谷"这个名字，但是到 1975 年时，仍然只有少数报纸杂志将圣克拉拉谷称为"硅谷"，然而这丝毫也不影响电子产业在当地如火如荼地发展。经过二十多年发展，电子公司、微芯片制造商和计算机公司在硅谷已经遍地都是，产业集聚已经初步形成。这种产业集聚让这里的科技氛围非常浓厚，可以说，在那里你随便走进一户人家里，那家的主人都能给你讲一通电子原理。这种浓郁的科技氛围，也吸引了电子黑客的集聚。那是一个技术黑客的黄金时代，来自不同行业、不同年龄的黑客，都聚集在硅谷讨论各种问题，交流经验，他们有的是特立独行的工程师，有的是资深的游戏玩家，有的是电话飞客，有的是业余电子爱好者……他们组成了各种各样的小团体。

在所有的团体中，有一个专门研究迷幻药的准学术性团体非常引人注目。

　　一个准学术性团体专门研究迷幻药的效果？法律会允许这样的团体存在吗？是的，在现在这是不可想象的，但是在那时却是很正常的，毕竟那是一个迷茫而自由的时代，人们在迷幻中寻找着精神上的启蒙。这个团体中可谓卧虎藏龙，它的成员有来自帕罗奥图增强研究中心的道格·恩格尔巴特。他是电脑界的一位奇才，也是人机交互方面的大师。他一生都在研究计算机，出版了30多本书，获得了20多项专利，现在计算机所拥有的基本功能，例如视窗、文字处理系统、在线呼叫集成系统、共享屏幕的远程会议等都是他发明的，但是他被世人记住却是因为他所有发明中最微不足道的一项——鼠标。他在1968年就发明了鼠标，只是一直都躺在研究中心里，没能够普及，一直到1984年乔布斯推出麦金塔电脑后，鼠标这一称谓才世界闻名，而他也才名扬天下。它的成员还有肯·凯西，他曾在斯坦福大学学习写作，当时学校的附属医院精神病研究所在搞一项关于迷幻药的实验，参加实验的人员每天可以获得75美元的报酬，于是凯西就加入了这个实验，并对这个实验着了迷。学校的实验结束后，他开始自己实验致幻剂LSD（麦角酰二乙胺，一种强致幻剂，能使听觉、视觉出现错乱，产生逼真幻觉、时空扭曲等生理反应，这种药在当时还不是违禁品）的致幻效果。他的第一批实验人员就是"感恩而死"乐队的前身"巫师"乐队的成员，他这种将音乐和致幻剂结合的做法成就了后来的迷幻摇滚。他后来还以自己吸食迷幻药后走进精神病患者内心世界的经历，写成了那本著名的小说《飞越疯人院》。

　　那是一个各种文化交锋的年代，湾区的嬉皮士运动、伯克利的言论自由运动，都在如火如荼地进行。这两种运动，刺激着人们追求自我实现和心灵的启迪，于是禅宗和印度教、冥想和瑜伽、原始尖叫和感觉剥夺、伊莎兰治疗法和电击休克治疗法等各种有助于自我启蒙的方法纷纷涌现。

　　刚开始的时候，嬉皮士和电脑并没有多少交集，他们甚至认为电脑是奥威尔式的专制统治工具，是五角大楼和统治阶级才会使用的工具。历史学家刘易斯·芒福德就曾在《机器神话》一书中说："电脑正在蚕食我们的自由，损害正确的人生价值观。"

　　但是到20世纪70年代初期，人们对于电脑的看法开始发生改观。约翰·马尔科夫是《时代》杂志的撰稿人，主要负责撰写科技类的文章，他一直都非常关注科技对于世界的影响，他撰写有一本关于非主流文化与电脑产业的书《睡鼠说了什么》，在书中，他写道："计算机的身份已经逐渐从被当作官僚机构的控制工具转变为了展示个人表达与自由解放的工具，人们对于它的态度也从最初的不屑一顾变为欣然接受。"美国当代最畅销诗人理查德·布劳提根 1967 年创作了一首关于计算机的诗，他在诗中描述了这样的场景，当蒂莫西·利里（1920 年 10 月 22 日~1996 年 5 月 31 日，美国著名心理学家、作家，以其晚年对迷幻药的研究而知名）大声地告诉世界，个人电脑已经替代迷幻药控制了人脑，并将他那句著名言论改写成"开机，启动，接入"（turn on，boot up，jack in）时，电脑致幻便已经得到证实。后来和乔布斯成为朋友的 U2 乐队主唱波诺这样解释为什么是来自湾区的非主流人士拉开了个人电脑产业的序幕："之所以那些跟着摇滚摇头晃脑，吸着大麻、衣衫不整的嬉皮士们开创了 21 世纪，是因为他们看待问题的角度和常人不同，能看到事物的另外一面。而在美国或世界的其他地方都没有这种思维方式生活的土壤，或早早地将这种思维扼杀在了摇篮里。但迷茫而自由的六七十年代，则刚好将人们从原来的思维模式中解放了出来，为想象未来插上了翅膀。"

处于这种环境中的乔布斯，有着一颗躁动不安的心，他总觉得在这样的环境中，自己不应该是毫无作为的，他内心始终涌动着一股热情，一股改变世界的热情，只是他还没有找到改变这个世界的途径。当时的他会在早晨的时候冥想，白天的时候去斯坦福大学旁听，晚上的时候去雅达利工作，同时梦想着创办自己的事业。他曾经这样回忆自己当时所处的那个时代："那是一个神奇的时代。它孕育了最好的音乐，例如感恩而死、杰弗逊飞船乐队、琼·贝兹、詹尼斯·乔普林等；它哺育了改变世界的集成电路；它滋生了著名的反主流文化杂志《全球概览》。"

计算机俱乐部

"我们都被那家俱乐部吸引了，它很酷。"

——在回忆起家酿计算机俱乐部时，乔布斯如是说

在计算机发展的进程中，有一个人是值得铭记的，正是他促成了非主流文化人群和黑客的联合，他就是《全球概览》杂志的创办人斯图尔

特·布兰德。

布兰德是一个非常活跃的人，他也曾经加入那个研究迷幻药的准学术性团体。为了赞扬迷幻药给人们带来的灵感和美妙体验，他曾和肯·凯西一起创办了一个"旅行节"，并在这个旅行节上邀请了"感恩而死"乐队的前身"巫师乐队"表演，引起巨大的轰动；他和团队中的另一位成员道格·恩格尔巴特一起开创了利用声光演示新技术的方法，被称为"演示之母"；因为参与兴奋剂的实验，他还曾经被新新闻体的开创人汤姆·伍尔夫写进了《令人振奋的兴奋剂实验》一书中。

他是一个梦想家，曾经经营一个名为"全球卡车商店"的商店。正如店铺名字所示，他的店铺就是一辆四处游荡的卡车，主要出售各种在当时看来很酷的玩意儿和教育用具。1968 年，为了扩大这个商店的影响，布兰德决定创办一本名为《全球概览》的杂志。这是一本美国反主流文化目录，它创刊号的封面是一张从太空拍摄的地球照片，副标题是"通往工具之路"，它想告诉人们，科技和人类也可以成为朋友。布兰德后来回忆说："真理往往掌握在少数人手中。当我们大多数人还将电脑视为统治阶级控制人们的工具时，有一小部分人，也就是后来所说的黑客，已经开始接受电脑并利用它解放自己。事实证明，他们才真正找到了通向未来的正确道路。"布兰德在创刊号的第一页上写道："一个和个人力量密切相关的领域正在崛起，它让人可以实现自我提升，捕捉灵感，改变生活的环境，并自由地与别人分享经历。而《全球概览》的目标就是搜寻到这种工具，并向人们推广它。"为此，布兰德还邀请了融建筑设计师、工程师、发明家、思想家和诗人于一体，人称"无害怪物"的巴克敏斯特·富勒为刊物写了一首诗刊登在创刊号上。在诗中，富勒写道："从那些值得信任的工具和设备中，我仿佛见到了上帝……"

尽管从 1968 年开始发行到 1971 年停刊，《全球概览》仅存在了短短的四年时间，但是它受到很多人的喜爱，乔布斯就是其中之一。

他尤其喜欢 1971 年的停刊号，当时乔布斯正在读高中，他就带着这本杂志去了学校，上大学之后，他又带去了里德学院和团结农场。在 30 年后的 2005 年，与死神擦肩而过的乔布斯应邀在斯坦福大学毕业典礼上为学生们做演讲时，又提到了这本书："在我年轻的时候，有本神奇的杂志叫《全球概览》，它是一本充满新奇工具的书，可惜的是它在 1971 年的时候停刊了。我特别喜欢它停刊号的封底。那是一张早晨乡间小路的照片，照片下方印有'求知若饥，虚心若愚'的字样。"这两句话后来一直激励着乔布斯，让他在创新的路上不断前进。乔布斯对于这本杂志评价非常高，他认为这本杂志是互联网概念的先驱，他说："那时个人电脑还没有出现，它所有的内容都是用打字机、剪刀和照片做出来的，杂志内容有点像印在纸上的 Google，但是它的出现比 Google 早了 35 年。"《全球概览》杂志的创办者布兰德对于本书受到乔布斯喜爱一事非常自豪，他说："史蒂夫就处于反主流文化与科技的交汇处，他看到了工具为人所用的本质。"这本杂志在 1972 年获得了美国国家图书奖（National Book Award），这是美国首次将这一奖项颁发给目录类杂志。

《全球概览》这种以推广科技为目的的定位让布兰德在创立这本杂志的过程中得到了波托拉协会的帮助。波托拉协会是一个致力于计算机教育这个新兴领域的基金会，它在帮助布兰德创办《全球概览》的同时，也帮助另外一个以"向人民传输计算机的力量"为己任的组织成立了人民电脑公司。人民电脑公司尽管冠有"公司"之名，但它并不是一家公司，而是一个以出版通讯为主的组织。这个组织偶尔会在周三晚上举行聚会，戈登·弗伦奇和弗雷德·摩尔是这个聚会中的常客。他们觉得目前的人民电脑公司太松散了，于是决定要成立一家更正规的俱乐部，让大家可以在这里分享成果，交流经验。

而此时，《大众电子学》上刊登的一篇文章给了他们契机。那是《大众电子学》1975 年的第 1 期，它的技术编辑所罗门花费大量笔墨向人们描述了世界上第一台个人电脑 Altair，这极大地调起了人们的好奇心。但是，由于当时 Altair 的发明人埃德·罗伯茨仅制造了一台样机，而样机又在罗伯茨邮寄给所罗门的过程中不翼而飞，所以当时除了罗伯茨和所罗门之外，根本就没有人见过 Altair 电脑。但这丝毫不影响人们对于这台电脑的热烈追捧。Altair 说是一台个人电脑，其实只不过是一堆价值 397 美元的零件，它只有被焊接到一块电路板上才能执行非常少的任务，但是它向人们灌输了这样一个信念：电脑是一种人人都能够买得起的小体积实用工具，而不是一个华而不实的玩具。这种观念为电脑的普及打下了基础，而为人们打造一种人人都可以买得起的小体积实用工具也成了乔布斯等一批电脑研发者终身追求的目标。同时它采用了二进制编码，而在此之前，人们都采用费时的手工编码，并且需要经过多道操作转换程序才能把信息输入计算机存储器中，这表明二进制的编程方式获得了重大突破，为计算机的发展开辟了道路。

Altair 电脑的问世让弗伦奇和摩尔意识到他们可以把 Altair 作为俱乐部的第一期议题，于是两个人开始为俱乐部做宣传工作，他们印发了大量的传单，并在传单上写了如下话语："不论你是想搭建自己的计算机、电视机还是终端机，都来加入与你志趣相投的人的聚会吧！"沃兹的好友鲍姆在惠普的公告栏上看到了这张传单，于是打电话邀请沃兹一起参加。

1975 年 3 月 5 日，家酿计算机俱乐部（the Homebrew Computer Club）在弗伦奇位于门洛帕克的车库正式成立，来自四面八方的 30 多人参加了它的第一次聚会。在聚会上，大家依次进行了自我介绍。摩尔负责这次会议记录，在记录中，关于沃兹的爱好有如下记录："视频游戏、酒店里的付费电影、科学计算器设计和电视机设计。"沃兹后来回忆说："我生命中最重要的夜晚不多，但那是其中之一，当时我非常紧张。"

会上，弗伦奇向人们展示了 Altair 电脑，从这台电脑上，沃兹第一次见识到了微处理器，而这次展示让另外两个人意识到软件的重要性，他们就是比尔·盖茨和保罗·艾伦。他们见过 Altair 电脑之后就开始编写适用于这台电脑的 BASIC 语言版本，艾伦还凭借这个成为了 Altair 电脑所属的微型仪器遥测系统公司（MITS）的软件经理。但是后来因为市场运作和公司内部因素，Altair 电脑没能取得成功，盖茨和艾伦也就离开这家公司，自己创立了微软公司。

家酿计算机俱乐部凭借 Altair 电脑的展示，一下子打出了名气，人员很快就从最初的 30 多人增加到了 100 多人。乔布斯在沃兹的介绍下很快也加入了这个俱乐部，并被这家俱乐部浓郁的科技氛围吸引，之后他们就经常参加俱乐部的活动。乔布斯后来回忆起家酿计算机俱乐部时说："我们都被那家俱乐部吸引了，它很酷。"

但与沃兹相比，乔布斯除了和人们分享成果、交流经验外，他更关注一项新技术的发明会对人们的生活产生怎样的影响，这也为沃兹和乔布斯后来创立苹果后的分工奠定了基础。沃兹后来正是从家酿计算机俱乐部中获得灵感，研制了苹果一代电脑，所以从某个角度来说，是家酿计算机俱乐部促成了苹果公司的诞生，也促成了个人电脑产业的第一次大发展。

苹果一代的诞生

"我们做出了一个非同寻常的东西。"

——在沃兹成功研制出 Apple Ⅰ 时，乔布斯如是说

自从在家酿计算机俱乐部上第一次见到微处理器，沃兹就产生了一种想法，即利用微处理器设计一台带有键盘和显示器的终端机，使其成为一台独立的小型台式机。

其实，在此之前，沃兹就曾想过将键盘、屏幕与电路板整合在一套个人装置中，只是苦于没有必需的元件，所以此计划一直未能得到实施，直到在家酿计算机俱乐部中看到那个带有一整块中央处理单元的微处理器时，他的这种想法才有了付诸实施的可能。

沃兹和乔布斯一样，都属于那种想到就做的人。因此，沃兹在回到家后就立即开始了研制工作，并在当天晚上就设计出了后来成为 Apple Ⅰ 计算机的草图。当然了，计算机的研制并非一朝一夕就能完成的。比方说选择微处理器、设计电路板，或是调试控制电路、编写程序语言等，无论哪一项对于沃兹来说都是一个不小的挑战。

在刚开始的时候，沃兹曾想使用英特尔 8080 微处理器。但由于该款芯片的成本太高，沃兹只得放弃了，并开始寻找其他替代品。后来，他通过一位在惠普工作的朋友，以 40 美元的价格购到一块摩托罗拉 6800 微处理器。不过，这对于沃兹来说，成本仍然有些高。再后来，他又经过多方努力，找到了 MOS 科技公司（MOS Technologies）生产制造的一款芯片，其性能不仅与摩托罗拉 6800 基本一样，而且价格也很便宜，每块芯片只需 20 美元。如此一来，Apple Ⅰ 的制造成本再度降低了不少。不过，在英特尔生产的芯片成为行业标准之后，苹果电脑因为与之不兼容的事实，而使苹果公司遭受了不小的损失。

在研制 Apple Ⅰ 的时候，沃兹每天除了吃饭睡觉之外，几乎所有的时间都用在了研制之上了。经过几个月的努力，他终于在 1975 年 6 月 29 日这一天成功试制出了第一台拥有实时输入、输出功能的个人电脑，而这一天对于个人电脑的发展也有着里程碑式的意义。尤其是沃兹在键盘上键入一个字符后，那个字符便立即显示在电脑屏幕上时，不但沃兹兴奋不已，就连在一旁观看的乔布斯也是满脸的震惊。

当乔布斯从震惊中恢复过来后，立刻兴奋地对沃兹说道："我们做出了一个非同寻常的东西。"随后，他又兴奋地接连问了沃兹好几个问题，如这台电脑可以联网吗，它是否能够配备一块磁盘作为存储器等。接着，他又帮沃兹找来不少零件升级这台电脑，如乔布斯托人找来的 DRAM（动态随机存取存储芯片），以及他从英特尔公司那里免费得到的几块英特尔 8080 微处理器等，为这台电脑性能的改善做出了不小的努力。当时，这台尚在设计开发中的电脑并没有名字，直到乔布斯和沃兹在半年之后创办苹果公司，并开始销售这种电脑时，乔布斯才正式将其命名为 Apple I。

在完成 Apple I 的初步设计后，乔布斯便建议沃兹参加家酿计算机俱乐部的会议，向各位爱好者展示自己的设计成果。但前进的路从来都不会是一帆风顺的，超越于时代的设计理念和 Altair8800 的冲击，让沃兹第一次在俱乐部内展示 Apple I 时，并没有引起多少人的关注。前来聚会的人，也只是说了些场面话，说他的设计很前卫，除此之外，别无其他。至于沃兹颇为自豪的"新式人机交互方式"（即利用键盘输入、输出的方式），那些 Altair 8800 爱好者们也很不以为然，甚至还有不少人觉得，键盘输入、输出的方式，还不如由 0 和 1 组成的机器语言奇妙。

但是，乔布斯和沃兹并未气馁，在接下来的几次聚会中，他们都会向别人展示 Apple I 的操作与功能。慢慢地，便有不少人为 Apple I 那简便的操作方式，及直观的显示方式产生了兴趣，后来还受到了俱乐部内100 多名电脑狂热爱好的追捧。由于人多地狭，他们聚会的地点也由弗伦奇的车库改迁到了斯坦福大学线性加速器中心的大礼堂。早在四年前，乔布斯曾与沃兹在这里找到了那本帮助他们设计出蓝盒子，并让他们赚了不少钱的科技期刊，现如今他们又在这里聚集到一群能够读懂他们理念的支持者，这是一种巧合，还是在暗示着什么？

在向各位爱好者展示的过程中，沃兹还从中发现了不少新的问题。随后，他又亲自为这台电脑编写了一个 BASIC 语言解释器。到了当年 10 月份时，Apple I 便已具备了 Altair 8800 的所有功能，而且与 Altair 8800 相比，Apple I 不但体积更小，成本也要低很多，尤其是操作更为简便。可以说 Apple I 的问世，对于个人电脑的发展有着划时代的意义。

Apple I 并不是世界上第一台个人电脑，因为在它之前，就已经有其他电脑存在了，比如 1975 年 MITS 公司推出的 Altair 8800。但是 Apple I

的出现却具有划时代的伟大的意义，因为它极大地简化了个人电脑的操作。

当时，电脑的操作是非常麻烦的。就以人们当时热烈追捧的 Altair 8800 来说，它采用的还是传统的二进制和机器语言，如果操作者不懂这些知识，就没法使用。而且 Altair 8800 本身既没有键盘，也没有显示器，所有程序的输入与输出全都得靠前面板上的开关和指示灯的明暗实现。

比如说，在 Altair 8800 机箱的前面板上的每个开关都代表一个二进制位，将开关拨到上面指示灯亮起时，代表 1，反之则代表 0。若是需要输入一段程序时，就得用手连续拨动开关，操作极为不便。因为，即便是输入一组最为简单的算数程序，也要拨动几十次开关才行。若是遇到复杂的统计计算，那就不是一般人能够操作得了的。

当然了，在 Apple I 问世之前，也曾有人想办法将此问题简化。如为 Altair 8800 配上了纸带阅读器、磁带机或是电传打字机等设备，运算时只需将运行结果直接打印到纸上便可。但这种便利都是有代价的，在当时，每台 Altair 8800 的售价仅为 600 美元左右，而一台电传打字机的售价则在 1500 美元左右，这根本就不是一般人能够消费得起的！

正是因为 Altair 8800 操作的复杂性，才使得众多电脑爱好者意识到了 Apple I 的强大与简便，并以 Apple I 为榜样，迅速掀起了一场电脑革新的风暴。其实，个人电脑在历史上的每一次发展与革新，在很大程度上都是为了方便用户操作，正如 iPad 摒弃传统的键盘和鼠标，将人们的手指解放出来一样，Apple I 把人们从那复杂的前面板、指示灯以及开关中解放了出来，实现了个人电脑技术的革新。

在苹果公司成立后，乔布斯虽然主张只以主板的形式出售 Apple I，至于键盘、显示器等需要用户自己准备，但是他们依然获得了不错的业绩。因为，他们在那块主板里已经装置好了控制键盘输入以及屏幕输出的芯片，用户在将 Apple I 买回家后，只需接上键盘和显示器就能使用了，再也不必像以前那样为那些二进制开关和红色指示灯的操作而烦恼了。对此，我们可以毫不夸张地说，正是由于 Apple I 的问世，才有了现代个人电脑的人机交互方式，这对于个人电脑的发展与革新都有着里程碑式的意义。

对此，沃兹后来也毫不做作地总结道："在 Apple I 问世之前，人们需要通过难懂的前面板和电脑沟通，而在 Apple I 之后，所有电脑都配备了屏幕和键盘，人们通过屏幕和键盘就可以和电脑沟通了。"

愚人节的礼物

"苹果公司的成立，是我当年收到的最好的愚人节礼物。"

——在回忆苹果公司的成立时，乔布斯如是说

乔布斯与沃兹刚开始参加家酿计算机俱乐部的聚会时，沃兹都会很自豪地向别人演示他的机器，并乐于与他人交换与分享，甚至还将自己的电路板设计图纸免费提供给那些人看。乔布斯在最初的时候也曾劝过他不要这么做，但沃兹却觉得这个俱乐部的主题就是乐于奉献，帮助他人。而且，他还对乔布斯说道："我当初在设计 Apple I 时，目的就是为了将它作为免费资源贡献给别人。"

率先对沃兹这种观点表示反驳的是微软的创始人比尔·盖茨，因为他和保罗·艾伦在完成了 Altair 电脑的 BASIC 语言编译器后，家酿计算机俱乐部的成员在未经其允许，也没有付费的情况下，便复制了该编译器的程序在其内部相互分享。对于此事，比尔·盖茨在气愤之余还给家酿俱乐部的负责人写了那封著名的信："请你们中的大多数业余爱好者们注意一下，你们现在正在使用的软件是偷来的，你们觉得这样做对开发软件的人公平吗？假如你们再这样下去的话，还会有人再去编写好的软件吗？假如你们有谁愿意付钱购买我的软件的话，请给我来信，我会很感激的。"

乔布斯与比尔·盖茨的观点一致，不管是当初的蓝盒子还是现在的 Apple I，他都不希望沃兹的发明免费提供给别人。1975 年的感恩节前后，乔布斯已经确定了沃兹的设计肯定会改变整个世界，他想好好地把握住其中所蕴含的巨大商机。为了说服沃兹放弃免费为别人提供设计图，乔布斯想了很多理由，如他曾劝沃兹道："这些人根本就没有意识到你设计的电脑是前所未有的，他们只会在设计图中找乐子，根本就看不到这种电脑将会改变人们的生活。"眼见沃兹的思想发生了动摇，乔布斯又趁机使出了自己的"杀手锏"，道："反正那些人中绝大多数都没有时间自己去组装一台电脑，我们还不如将做好的电路板卖给他们呢，那样他们只需买来芯片插到板子上，很快就能做出可用的计算机来，那样的话不比他们自己设计、制造电脑方便许多吗，而且那样做还能让我们赚上一笔小钱。"

最终，沃兹还是被乔布斯那诱人的计划给打动了，他打算不再免费送出他的设计原理图，并准备销售其所制作的电路板。后来，沃兹在回忆这段往事时说道："当时我真的从没有想过要靠卖电脑赚钱，是史蒂夫告诉我说那个东西可以改变世界，他觉得我们应该把这些拿出来给大家看看，并伺机卖出去一些。"事实证明了乔布斯的眼光之独到。

当然了，1975 年的乔布斯毕竟只有 20 岁，他虽然隐隐觉得沃兹设计的电脑会改变人们的生活，但他最初时并没有打多大的算盘，他只是想在电脑爱好者这个圈子里卖些制作好的电路板。而在制作第一批电路板的时候，乔布斯并不打算自己制作，而是准备花 1000 美元请其在雅达利公司内的一个熟人，让他帮自己绘制 100 张电路板。按照乔布斯的设想，每块电路板的成本控制在 25 美元左右，那么每块只需卖 50 美元，他们就有 1500 美元的利润。

沃兹在听到乔布斯的设想后，觉得他们不可能会卖掉所有的电路板。对此，沃兹回忆道："我当时真没有看出来我们该怎样收回成本，再加上当时的银行还拒绝支付我的支票，每个月我只能用现金付房租，当时的情况可真是糟糕透了。"

若想赚钱，最好的办法就是成立一家属于自己的公司，这是乔布斯的想法。同时，他觉得自己将会是个不错的老板，而沃兹也将会是个不错的技术合伙人。但是，沃兹对于两人合伙成立公司一事却不太积极，因为他对自己在惠普有着稳定收入的工作非常满足。

乔布斯深知沃兹的为人，他知道用怎样的方法才能说服沃兹。因此，乔布斯并没有与沃兹争辩说他们一定能够赚到钱，只是对他说："即便将来赔了钱，至少我们还可以对别人说：'在我们的一生中，我们曾拥有过一家公司。'"这句话就像是一顿丰盛的大餐一般，深深地诱惑着沃兹，毕竟大家都是年轻人，都想成就一番属于自己的事业，沃兹也不例外。对此，沃兹曾回忆道："你根本就难以想象我在当时的那种兴奋之情，两个最要好的朋友一同创办一家公司，那将会是件多么美妙的事情啊！因此，在我听完史蒂夫的话后，我马上就同意了他的提议。"

在刚开始的时候，沃兹虽然答应了与乔布斯一同创办公司，但他却没有立即从惠普辞职。不过，这样一来，新的问题就产生了。沃兹身为惠普的员工，其在惠普任职内的所有技术成果所有权都归惠普所有。也就是说，在没有得到惠普同意的情况下，他是无法利用自己所发明的产品牟利的。所以，他即便是答应了乔布斯的提议，也需要先解决掉销售这些电脑时的法律问题，为此，沃兹还专门将自己设计好的电脑拿给惠普的老板看，看看惠普是否有意生产并销售这款产品。

也许是冥冥中自有定数，沃兹的老板和同事们虽然对沃兹设计的电脑赞不绝口，但却没有人觉得 Apple I 会有什么市场，因为 Apple I 与惠普生产的那些商务电子产品相比，就像个玩具一般，惠普的那些大客户们根本就不会花钱购买。随后，惠普公司便答应了沃兹的请求，并专门为沃兹出具了书面证明，放弃了对 Apple I 的所有权。于是，一向以严谨、务实著称的惠普，就这么白白错失了引领个人电脑革命的大好机会。

既然是要创办公司，首先得要有着足够的资金才行。但是，当时的两人身上一共才有不到 200 美元。为了凑够启动资金，沃兹忍痛以 500 美元的价格卖掉了自己的 HP 65 计算器，可是不善交际的他却被人给骗了，最后只拿到了 250 美元。至于乔布斯，则将自己的大众汽车卖了，再次筹到了 1100 美元。如此一来，他们就有了足够的资金启动项目了。接下来的事情就简单了，那就是为自己的公司起个好听的名字。

事有凑巧，在两人准备筹建公司的那段时间里，乔布斯抽空儿回了一趟俄勒冈的苹果农场，而在其返回"硅谷"的当天，沃兹驾车到机场接乔布斯。在回去的路上，两人就公司的名字进行了讨论。他们既考虑过用"矩阵"（Matrix）等较为典型的技术词汇命名，也尝试着创造一个新的词汇如"Executek"（寓意"执行"与"科技"）等命名，但在最后都被乔布斯否决了。正当二人陷入沉思时，乔布斯突然对沃兹说道："我们的公司不如就叫'苹果电脑公司'吧！"后来，当人们问他为什么会以"苹果"命名自己的公司时，乔布斯则笑称道："因为那段时间里我正在吃水果餐节食，'苹果'这个名字不仅听上去很有意思，而且还显得很有活力，同时也削弱了'电脑'这个专有名词的抽象性。更重要一点是，这个名字可以让我们公司在电话簿上排在雅达利公司之前。"就这样，公司的名字被定了下来。

在说服了沃兹之后，乔布斯觉得自己还需要找来一个有着资深的经历、懂得法律和商业事务的人来帮忙，同时，这个人还应在自己和沃兹的意见存在分歧或争执的时，起到调解的作用，并伺机打破僵局。经过仔细的甄选，乔布斯最终选中了自己在雅达利的同事兼好友罗恩·韦恩。韦恩虽然答应了乔布斯的邀请，但他却觉得乔布斯和沃兹只是一时心血来潮，若是想靠着售卖一些几十美元一块的电脑主板作为主要收入的话，是很难将生意做大的，但碍于自己与乔布斯的关系，最终还是答应了乔布斯的邀请，加入了苹果公司。

当谈及他们合伙时的状况时，韦恩说道："他们两个完全是两种人，但是他们的组合却是最强大的。有的时候，我总觉得史蒂夫有时就像恶魔的化身，他可以变得冷酷、残忍，但有的时候，他又极富魅力，让人心甘情愿地为他完成他想要做的事情；而沃兹虽然在电子设计方面是个天才，但性格却像个孩子一样，每次与陌生人打交道的时候，都会显得不知所措。正是这种能力上的互补，才使得他们的合作相得益彰。"对此，沃兹也承认道："我一直都不想与别人打交道，那样总会让我觉得有些别扭，但史蒂夫不同，他即便是给陌生人打个电话，别人都会心甘情愿地帮他做事。尽管有的时候他会对一些他认为不够聪明的人很粗暴，可他却从未那样对待过我。我想，这可能就是友谊吧！"

当乔布斯克服种种苦难，成功说服沃兹和韦恩之后，前期的所有准备工作也就完毕了。正所谓，万事俱备，只欠东风。现在最重要的就是起草一份合伙文书，将他们三人合伙的方式确定下来，那就标志着"苹果公司"真正成立了。

1976年4月1日，当别人都在相互捉弄对方的时候，乔布斯等三人则坐在韦恩的卧室里共同签署了一份由韦恩起草的长达十余页的合作文书，将他们最终的合伙方式确定了下来。其中，乔布斯和沃兹两人各占苹果公司45%的股份，韦恩占10%。至此，苹果公司历史上最伟大的时刻，便定格在了愚人节这一天。对此，乔布斯还曾调侃道："苹果公司的成立，是我当年收到的最好的愚人节礼物。"

尽管韦恩在苹果公司成立后的第11天，因害怕乔布斯会失败而选择逃避并退出了苹果公司，与乔布斯和沃兹开了一个不大不小的玩笑。但是，对自己的产品充满信心的乔布斯却不以为然，他觉得自己的产品定能震惊全世界，开创一个全新的电子时代。为此，他将他们的第一代产品命名为"Apple I"，寓意他们的"苹果"将会一个接一个地从"苹果树"上掉下来。

奇迹从车库开始

"只要你能说出自己的需求、感受和动机，我们就能作出正确的回应，生产出你所需要的产品。"

——在推销 Apple I 时，乔布斯如是说

在苹果公司成立后不久，乔布斯便准备向家酿俱乐部的成员们推销他们的产品了。乔布斯与沃兹带着一块经过改进的电路板，参加了一次家酿计算机俱乐部的聚会。在聚会时，先是沃兹向众位电脑发烧友展示了那块电路板上的微处理器、8Kb 的内存及其他本人编写的 BASIC 语言程序，并向众人特别强调了整个电脑的关键部位，即取代了由大堆灯泡和开关组成的前面板的键盘。

接着乔布斯便在会上发表了讲话，他先是指出了 Apple I 与 Altair 电脑最大的不同之处，即 Apple I 所有的关键元件都是内置的。随后，他又极为努力地向大家讲解了苹果电脑所潜藏的惊人价值。但是，绝大多数电脑爱好者们并未对 Apple I 表现出很大的兴趣，而且他们的理由也很简单，即 Apple I 所使用的微处理器只是二流产品，并非英特尔 8080 这类主流微处理器。

但是，真理往往掌握在少数人的手中。当大多数人离去之后，那个对早期苹果公司的发展起到过关键作用的人却留了下来，这个人就是向苹果公司下了第一笔订单的保罗·特雷尔（Paul Terrell）。1975 年初，特雷尔在门洛帕克的国王大道上开了一家电脑商店，即 Byte Shop，到了 1976 年，他已经拥有了三家连锁店。同时，作为家酿俱乐部的会员之一，俱乐部内的每次聚会他都会参加。在这一次聚会上，颇具商业眼光的他在看到 Apple I 后，便看到了其中所蕴含的商机。因此他留了下来，并想进一步地了解有关 Apple I 的信息。

在得知保罗·特雷尔的身份后，乔布斯非常兴奋，因为直觉告诉他，这个人肯定会为自己带来第一桶金。因此，乔布斯在私下为其做演示时，还不忘对他说道："看看吧，你肯定会喜欢上这东西的。"事实上也是如此，保罗·特雷尔只是看了一遍之后，便对 Apple I 产生了浓厚的兴趣。在临走之际，他还将自己的名片给了乔布斯和沃兹，并对他们二人说道："保持联系。"

　　第二天一早，特雷尔刚打开店门，就听见有人对他说道："我来联系你了。"之后，他便看到了衣衫不整的乔布斯正站在店门口冲自己笑。特雷尔对于乔布斯的突然到访虽然有些惊讶，但他很快就恢复了正常，因为乔布斯下面的话吸引到了他这个有着大志向的精明商人。"昨天在俱乐部成员聚会的时候，你也看到沃兹设计的电脑了，你是不是觉得它很棒？假如我们现在批量制造这种电脑的电路板，并以 50 美元一块的价格出售的话，肯定能够大赚一笔，不知你对此感兴趣吗？"

　　特雷尔有些诧异地说道："代销电路板？我觉得这个主意不是很好。你想想看，普通人谁会像俱乐部内的那些疯子一般自己购买元件组装电脑？假如让你选择的话，你是愿意去买一块没有芯片的电路板和一些元件自己组装，还是直接去买一台 Altair 8800 使用？"乔布斯听后眼前一亮，随即又对特雷尔说道："既然这样，我们就将除了显示器之外的其他元件都组装好由你代销，至于显示器则由客户们自己购买好了，这样的话肯定会有着不错的销量。"

　　特雷尔听到这句话时，显然已经心动了，因为他等的就是乔布斯这句话。乔布斯看到特雷尔的表情后就知道这件事情成了，便试探性地问道："你打算以什么样的价格从我们这里购进这种组装好的电脑呢？"特雷尔先是犹豫了一下，然后才开口道："这样吧，我可以为你们代销 50 台，每台支付 500 美元，你觉得怎么样？"

　　一台 500 美元，一共 50 台，乔布斯先是在脑子中飞快地计算了一下 Apple Ⅰ 的成本，即每台不算显示器的话，成本在 400 美元左右。也就是说，假如以 500 美元的价格卖给特雷尔，那每台就可以获得 100 美元左右的利润。想到这里后，乔布斯当即便同意了特雷尔的提议，并为苹果公司接下了第一笔订单。乔布斯从特雷尔的 Byte Shop 出来后，便将这件事情立即打电话通知了正在惠普上班的沃兹。据沃兹回忆道："当听到这个消息时，我完全被震住了。即便是过去了这么多年，我对当时的情景仍记忆犹新。"很显然，乔布斯那精明的商业头脑和冒险意识，大大超过了沃兹和韦恩。因此，当沃兹和韦恩听到乔布斯与特雷尔谈妥了合同后，两人都觉得乔布斯肯定是疯了。

　　沃兹不善交际，虽然他知道苹果公司在当时只有 1000 多美元的流动资金，根本就没有足够的成本生产 50 台 Apple Ⅰ，但他却没有明说。然而韦恩不同，他比较直接地说道："假如我们非要生产这么多电脑的话，恐怕只有向银行借贷才行了。但是，我们的电脑在制造出来之后，若是没人买的话，到时能拿什么去还银行的贷款呢？"面对着韦恩的反对，乔布斯依然深信 Apple I 肯定会改变整个世界，像 Apple I 这样的电脑不可能没有销路。

他还开导二人道："我们要把目光放长远一点，不能仅停留在 Byte Shop 的 50 台订单上，我们还可通过其他渠道卖掉更多的电脑，赚取到更多的利润。因此，我决定第一批制造 100 台，其中 50 台卖给特雷尔，剩下的 50 台则卖给我们的朋友和同事，至于零售价就比卖给特雷尔的价格高出三成好了！"

在乔布斯的自信和坚持下，沃兹最终选择站到了乔布斯的一边，并提议道："我觉得零售的价格可以定在 666.66 美元一台，因为我喜欢重复的数字。"在看到两个史蒂夫都同意的情况下，曾有过投资失败经历的韦恩则坐不住了，他总觉得自己好像着了这两个"疯子"的道儿了，他可不想再过一次一无所有的生活了。想到这里，韦恩便产生了退出苹果的念头。为了尽可能地不让自己的财产受到损失，在苹果公司成立的第 11 天，韦恩便折现卖掉了自己在苹果公司的股份，从苹果抽身而去。但是，令韦恩做梦都没有想到的是，那两个曾与他一起创办苹果公司的"疯狂小子"，最后却成了改变整个世界的电脑双雄。

在韦恩退出后，乔布斯和沃兹两人并未因此而受到多大的干扰，反而是激情更加高涨。为了能够完成订单，他们最先要做的便是筹集到足够的资金购买 50 台电脑所需的元件。为此，乔布斯先是找到他好友艾伦·鲍姆及其父亲，并从他们那里借到了 5000 美元。接着他又到银行借钱，但却遭到了无情的拒绝。随后，他又去了几个地方，但都没能借到钱。眼看借钱无果，乔布斯便另辟蹊径，打算从赊买元器件这一方面入手。后经多方努力，乔布斯最终在拿出自己公司与特雷尔的订单后，才说服了克拉默电子公司预支 50 台电脑的元件给他们，而赊账期则为 30 天。也就是说，他们必须在 30 天的时间内完成 Byte Shop 的订单，否则的话，他们除了偿还本金外，还得另外支付一笔违约金给克拉默电子公司。

在凑齐了所需的元件后，接下来的工作主要就是按时完成订单要求。但是，仅靠乔布斯两人的话，是很难在 30 天内完成 50 台的。因此，他们不得不找了一些帮手，如丹尼尔·科特基和他的前女友伊丽莎白·霍姆斯，以及乔布斯的妹妹帕蒂，至于他们工作的地点，就在乔布斯的家中。

　　刚开始的时候，他们工作的地点是在帕蒂空出来的卧室内，后转移到客厅，甚至连厨房都曾被他们占用过。在这种情况下，乔布斯的养父便停下了自己修理汽车的副业，建议他们将工作地点转移至车库。他不但为他们在车库内放置了一张长长的旧工作台，还为他们装上了一排贴好了标签的抽屉，以便他们存放各类元器件。大家千万不要小看了这个简陋的车库，因为苹果公司所创造的奇迹就是由这里开始的。

　　由于资金和时间的限制，乔布斯并没能兑现自己当初对特雷尔的承诺。因为在一个星期后，乔布斯只是将 12 块组装好的电路板交给了特雷尔。当特雷尔看到乔布斯所提交的"电脑"时很不高兴，因为他觉得自己订购的是带有电路板、机箱、电源和键盘的计算机，而不仅仅是一块电路板。但乔布斯却对他说，一个完全装配好的电路板，其实就是一台完整的"计算机"。

　　面对着乔布斯的"强词夺理"，特雷尔虽然很不高兴，但还是按照约定支付了货款。这样一来，每台电脑的成本就被乔布斯控制在了 340 美元左右，大大低于他们预估的成本。因此，当 50 台电脑的电路板完全交付完毕的时候，苹果公司的第一单生意就让他们赚到了近 8000 美元的利润。当然了，颇具革命性的 Apple I 也没有让特雷尔失望，那批电脑主板成为了其商店内最畅销的产品，很快便销售一空，而这也为其带来了一笔不小的利润。

　　到了 1976 年底，乔布斯和沃兹一共制造并卖出了近 200 台 Apple I。也就是说，在短短的 9 个月中，Apple I 就为他们带来了近 5 万美元的利润，这在极大程度上促成了沃兹放弃在惠普继续工作下去的决定，为其全力投入到苹果公司的工作之中，并打造出下一代真正意义上的个人电脑——Apple II，开创出下一个奇迹，奠定了坚实的基础。

苹果二代风暴

狂热的电脑先知

"要让人机交互变得更加简单，让电脑的操作更加容易，让电脑成为大众消费品。"

——在沃兹设计 Apple Ⅱ 时，乔布斯如是说

Apple Ⅱ 在上市之后，之所以令全世界为之着迷，仔细盘点起来主要有两个原因：一是 Apple Ⅱ 有着独到的设计；二是 Apple Ⅱ 有着准确的市场定位。而这两个原因，则应分别归功于沃兹和乔布斯。

在当时的个人电脑市场上，Apple Ⅰ 虽然在设计上领先于其他的个人电脑，但 Apple Ⅰ 毕竟只是一块高度集成的主板，并不能算作一台完整的计算机，因此其竞争优势并不明显。如当时的 Altair 电脑，以及后来的 IMSAI 8080 和伯克利处理器科技公司生产制造的 SOL-20 等，都是其强有力的竞争者。鉴于此，在 Apple Ⅰ 的设计制造刚刚完成之后，沃兹便将其主要精力放在了 Apple Ⅱ 的研发之上。有了之前研发 Apple Ⅰ 的经验，沃兹在设计和制造 Apple Ⅱ 时就显得熟练多了，没过多久便研制出了 Apple Ⅱ 的样机。

在苹果公司成立一个月后，即在 1976 年的劳动节，当时正好又是周末，乔布斯和沃兹带着 Apple Ⅰ 和他们新研制出的 Apple Ⅱ 参加了在新泽西州大西洋城举行的第一届年度个人电脑节，在那里，所有人都有机会向别人展示自己的产品。在出发之前，他们将 Apple Ⅰ 和 Apple Ⅱ 样机分别放在两个雪茄盒子里，包装十分粗糙。结果，正是由于他们不注重苹果电脑的包装，这让他们在电脑节上遭遇了滑铁卢。

在电脑节开始后，各式各样的个人电脑纷纷登场。其中，最引人注目的是来自伯克利处理器技术中心的人员所携带着 SOL-20 电脑，那种电脑有着完整的配件、光滑的金属机箱，以及内嵌式的键盘，而接通电源和显示器的操作也很简单，再加上它所采用的微处理器与 Altair 计算机的一样，因此它可以很好地兼容 Altair 计算机的绝大多数程序。而乔布斯和

沃兹带来的 Apple Ⅰ 虽然在功能上要比 SOL-20 电脑强大很多，但是由于造型粗陋，一直都没有多少人感兴趣，即便是个别对苹果电脑感兴趣的人，也都在大众的引导下，倒向了造型优美的 SOL-20 电脑。

看到这种情况后，沃兹害羞了，他已经没有勇气向别人介绍 Apple Ⅰ 的强大之处了。至于乔布斯则充满好奇地在会场中来回走动，仔细地观察每一位竞争对手的情况。经过全场的调查之后，他更加确信了沃兹设计出的电脑是无人能比的，因为无论是 Apple Ⅰ 还是 Apple Ⅱ 在功能上都能击败在场的所有对手。但是，与苹果电脑相比，SOL-20 有着更加迷人的外观，而 Apple Ⅰ 与 Apple Ⅱ 与它相比就显得有些邋遢不堪了。

通过这次小小的失败，乔布斯终于意识到了包装对于个人电脑市场的重要性。因此，当时他就下定决心，Apple Ⅱ 在正式上市销售时，不但会有着漂亮的机箱、内置的键盘，还会将电源、软件、显示器等全都整合在一台机器中，使其成为一台真正意义上的个人电脑。对此，乔布斯曾回忆道："我当时的想法就是制造出一台整合所有部件的电脑，而我们的目标客户也不再是少数电脑爱好者了，而是所有希望将电脑拿到手后就能运行的人，这个数量将会是业余爱好者的 1000 倍以上。"

在参加电脑节之前，乔布斯本想将 Apple Ⅱ 作为重头戏在最后推出，可是第一天的遭遇却让乔布斯打消了向世人展示 Apple Ⅱ 的念头，他觉得 Apple Ⅱ 应当以一种完美的面貌示人。因此，Apple Ⅱ 在被他们带到新泽西后，只被他们带出过一次房间。那是一天的深夜，他们将 Apple Ⅱ 带到了一间会议室内，并将其连接到了一台彩色投影仪上。他们这样做是为了验证沃兹的一个想法，即让 Apple Ⅱ 的芯片运行出色彩，一改 Apple Ⅰ 只有单色显示的情况。经过一番努力之后，沃兹比较轻松地搞定了 Apple Ⅱ 的彩色输出接口，为了验证他的想法是否可行，他们才会借用酒店内的会议室，结果运行非常完美。当时除了乔布斯和沃兹二人外，只有一个酒店的技术人员见证了这一伟大的时刻。而且，当时他就直言不讳地说道："在我所见过的电脑中，只有这一台才是我愿意购买的。"后来，沃兹又将 Apple Ⅱ 连接到彩色电视机上，结果同样能够完美地运行。为此，Apple Ⅱ 在 1977 年正式发售时，还特地采用了新设计的彩虹苹果商标，以强调 Apple Ⅱ 的彩色功能。

乔布斯也知道，若想让 Apple Ⅱ 取得成功，需要的不仅仅是沃兹杰出的电路设计能力，还需要让 Apple Ⅱ 变成一台有着完整功能的消费产品。

因此，在返回"硅谷"后，乔布斯便将主要精力放在了 Apple II 的外观设计上。

他先是找来之前的合伙人罗恩·韦恩，请他为 Apple II 设计一个机箱。但韦恩觉得乔布斯两人并没有什么钱，就为他们简单设计了一个机箱，那是一个有机玻璃制成的机箱，棱角处由金属片连接固定，在机箱的正前方还有一扇可以盖住键盘的卷门。乔布斯在拿到样品后很不高兴，因为他想要的是一种既简单精致而又轻巧的机箱，而不是那种笨重的金属机箱。

有一天，当乔布斯正在为此而苦恼时，一家百货公司内的一台食品加工机的塑料外壳给他带来的灵感。后来，他在参加一次家酿计算机俱乐部的聚会时，花了 1500 美元请一名技术顾问杰里·马诺克为他设计并制造一个外表光滑且又轻便的模制塑料制成的机箱。在看到乔布斯的着装后，马诺克先是有些怀疑，还要求乔布斯预支报酬给他，但却被乔布斯给拒绝了。后来，马诺克还是接受了乔布斯的委托，并在几个星期之后做出了一个完全采用流线型设计的塑料机箱，造型虽然简单，但看上去却很整齐、简洁，乔布斯看到后十分满意。

在解决了机箱的问题之后，乔布斯又将目光转向了 Apple II 内部的风扇上。他觉得在计算机中安装风扇会发出噪音很容易让人分散精力，无法集中精神。当他向沃兹说明这一想法后，沃兹便在家中仔细对计算机中发热的主要器件进行了研究，并最终得出结论，计算机中的大部分热量是由电源产生的。也就是说，乔布斯若想在不使用风扇的情况下为电脑供电，就得设法对电源进行改善。可问题是，沃兹虽然在电路板及程序的设计上是个天才，但他在电源改进问题上却无能为力。

不过，这并没有让乔布斯退缩，反而激起了他高昂的斗志。为解决这一问题，他最先想到了雅达利公司的首席工程师奥尔康，后者在了解情况之后，便向乔布斯推荐了一个人，即罗德·霍尔特。对此，乔布斯回忆道："奥尔康在听完我所说的情况后，便将罗德·霍尔特介绍给了我，他是一个非常聪明的人，几乎精通所有的事物。"霍尔特和马诺克一样，在第一次见到乔布斯的时候，他也很怀疑乔布斯到底有没有能力支付自己所需的报酬。为此，他还半开玩笑半试探性说道："我收费很高的。"乔布斯相信奥尔康推荐给自己的人肯定是有真本事的，于是他便对霍尔特说道："钱不是问题。"就这样，霍尔特被乔布斯说服了。后来，霍尔特还辞去了在雅达利公司的职务，成为了一名全职的苹果员工。

霍尔特在对电源进行改进时，并未采用传统的线性电源设计方案，而是设计出了一种非常复杂的转换电源，看上去与示波器等仪器上所使用的开关电源相类似。而且，这种新型电源的重量轻，体积也小，最重要的就是容易冷却。这项设计大大缩小了电源所占用的机箱空间，比较符合乔布斯之前所要求的不安装风扇的要求，同时也突破性地创新了计算机电源的输入方式。对此，乔布斯曾回忆道："那个开关电源是和 Apple Ⅱ 的电路板一样伟大的发明，很少有人知道并赞扬霍尔特，但他应该为世人所铭记的。"

对于 Apple Ⅱ，无论是在外形上还是技术上，乔布斯都力求完美，即便是别人看不到的地方，他也会尽心尽力地去做好。如在刚开始的时候，他就曾否决过沃兹对于 Apple Ⅱ 电路板的布局设置，而其理由竟是沃兹设计的线路不够直。

正是这种对完美的追求，乔布斯的控制欲也变得越来越强。在当时，很多电脑爱好者都很喜欢定制和改装自己的电脑，有时候甚至还会在主板上插上各种部件，沃兹也不例外。毕竟沃兹在最开始的时候并没有想过以苹果电脑盈利，他在设计 Apple Ⅰ 电脑的时候，只是将自己当成了一名爱好者，并将这种思想带到了 Apple Ⅱ 的研制中。所以，他在设计 Apple Ⅱ 的电路板时，准备预留 8 个扩展槽，这样可以满足爱好者们的需求。不过，喜欢追求完美的乔布斯则觉得预留过多的扩展槽将会威胁到无缝的用户体验，因此他便坚持要求沃兹只留两个扩展槽，即一个留给打印机，而另一个留给调制解调器就行。

对此，沃兹回忆道："我一般不会发脾气，但是那次我真的急了，就大声地对史蒂夫说：'我设计的电脑都会带有 8 个扩展槽,想要只带两个的,你就自己设计去吧。'"毕竟技术掌握在沃兹的手中，最终，这场争执还是以沃兹的胜利而告终。不过，沃兹却也通过这件事情感觉到自己不会一直胜利。

Apple Ⅱ 在 Apple Ⅰ 的基础上，继续沿着革新的道路大跨步迈进。不仅它那优美的塑料机箱第一次让电脑在外观设计上有了个人消费品的味道，Apple Ⅱ 还内置了 BASIC 语言解释器，让人们可以使用与英语语法类似的 BASIC 语言编写程序。在 Apple Ⅱ 之前，Apple Ⅰ 和 Altair 8800 虽然也支持 BASIC 语言，但却只能先从磁带上加载 BASIC 语言解释器后才能使用，而 Apple Ⅱ 一开机便能使用 BASIC 语言，这种创新大大简化了人机交互的方式。

"要让人机交互变得更加简单，让电脑的操作更加容易，让电脑成为大众消费品。"这是乔布斯在沃兹设计 Apple Ⅱ 时所提出的几点要求，同时也是 Apple Ⅰ 和 Apple Ⅱ 所体现出来的最为重要的革新精神。这种精神从苹果成立之初，直至后来其所推出了 Macintosh、iPod、iMac、iPhone 和 iPad 等系列产品，无一不贯穿着这种精神，而这也是乔布斯所独有的，一种可以令全世界为之疯狂的精神。

Apple Ⅱ 在面市销售之后，只用了短短的 6 年时间，就成功销售出了 100 多万台，开创了个人电脑的第一个黄金时代。而如此辉煌的成绩，也证明了乔布斯就像是个先知一般，对大众的心理与市场充满了准确的预见性。

马库拉入伙

"他在英特尔的时候没能获得成功，但在苹果我却能让他很好地证明自己。"

——在回忆初次拉马库拉入伙时，乔布斯如是说

1976 年秋，Apple Ⅰ 在特雷尔的商店里已不再是最为热门的个人电脑了。为此，乔布斯通过其他办法销售 Apple Ⅰ，为苹果公司创造了极为可观的利润。再加上当时的 Apple Ⅱ 已经到了研发的结尾，只要 Apple Ⅱ 面世，仅靠乔布斯和沃兹两人是不行的。所以，乔布斯便想了找一些可靠的投资者扩大公司的规模。乔布斯中学时的女朋友克里斯安·布伦南，就是在这个时候加入苹果公司的，但却不是以合伙人的身份，而仅是雇员。

到了 1976 年底，沃兹基本上完成了 Apple Ⅱ 的研发工作，此时的乔布斯既要把 Apple Ⅱ 推向市场，又得忙于扩建自己的公司，此时的他才感觉到自己肩上的压力之大。虽然他也很努力地到处网罗精英人士加盟他的公司，但是当时的苹果公司毕竟是资金有限，无法招揽到最好的人才。尤其是生产整套的 Apple Ⅱ 也需要大量的资金投入，此时乔布斯便想到了将苹果公司的股权出售给更大的公司。

乔布斯一向都是想到做到的人，为此，他最先找到了在雅达利工作的奥尔康，希望奥尔康帮自己安排与雅达利总裁乔·基南的会面。但是，

由于乔·基南为人保守，且又有些洁癖，因此，当他看到不修边幅的乔布斯毫无形象地坐在自己对面时，还未等乔布斯开口，就将其赶了出来。对此，奥尔康回忆道："史蒂夫在进去向乔推销 Apple II 时，乔根本就无法忍受史蒂夫的个人形象及卫生状况。乔布斯甚至还当场吼道：'我不仅不会买你们公司的股份，还请你马上离开我的公司！'"就这样，乔布斯第一次向别人兜售自己公司的股份以失败而告终。

接着，乔布斯请来了康懋达电脑公司的查克·佩德尔，希望他在观看过 Apple II 的演示之后，说服康懋达电脑公司的高层认购苹果公司的股份。佩德尔看后，对 Apple II 的强大非常震撼，并立即着手安排了乔布斯与康懋达公司高层的会面与演示。在演示完毕后，乔布斯还当场对着康懋达公司的高层说道："你们也许有兴趣花几十万块钱买下我们的公司。"当沃兹听到乔布斯狮子大开口时，当场就为乔布斯这个有些"荒唐的"建议而惊呆了。他虽然也暗示了乔布斯要价过高了，但乔布斯却坚持说这是 Apple II 应有的价值。

几天之后，康懋达电脑公司的公关人员通知乔布斯道："我们觉得自己研发电脑将会更加省钱，所以……"这一次虽然还是没能将苹果公司卖出去，但是乔布斯和沃兹一点儿都不沮丧。甚至当康懋达电脑公司在 9 个月后推出自己的电脑"Commodore PET"时，沃兹还对其直言不讳道："他们太急于求成了，所以才会做出这么一个蹩脚的产品，他们本来是有机会拥有苹果的，但那早已成了过去。"

在苹果公司的出售再次遭到失败时，乔布斯与沃兹的父亲之间的冲突也爆发了。沃兹的父亲杰里·沃兹尼亚克总觉得沃兹作为一名工程师，贡献要远超乔布斯，而乔布斯却与乔布斯有着均等的利益分成，这让杰里很是想不通。所以，当乔布斯到沃兹家做客时，杰里便对乔布斯提出了自己不满："你不应该得到那么多，因为你从来都没有设计出过一样产品。"乔布斯听后竟伤心地哭了起来，这个日后被人们视为神魔一般存在的男人竟然如孩童一般哭了，一点儿都不擅长控制自己的情绪。

乔布斯虽然很伤心，但他还是告诉沃兹道："如果我们不能均等地分配利益的话，我愿意停止我们之间的合作关系，你也可以将这些东西全部收为己有。"沃兹不是杰里，他深知自己与乔布斯的共生关系，假如没有乔布斯的话，也许他现在正在家酿计算机俱乐部的聚会上，向着一群爱好者免费发放自己设计的电路板设计图，而不是将自己的技术转化成了极具潜力的一桩生意，最好的例子就是几年前的蓝盒子。因此，他不顾父亲的反对，依然保持着与乔布斯的合作关系。

但是扩大公司规模、生产电脑，这一切都要花费不少的钱财，乔布斯只得再次寻找认购苹果公司的"财神爷"。这一次，乔布斯找到了雅达利的创始人诺兰·布什内尔，而且，他也没有像前两次那般，要求别人花巨资买下苹果公司，而是告诉布什内尔只需投资一笔资金，便能得到苹果公司的一部分股权。"当时史蒂夫问我能不能投资5万美元，那样我将会得到苹果公司1/3的股权。可是，当时的我觉得自己很聪明，拒绝了他的提议，现在每想起这件事，我都非常后悔。"这是布什内尔在回忆当时的情形时所说的。

布什内尔在拒绝了乔布斯的提议后，便向乔布斯建议，让他去找曾任美国国家半导体公司任营销经理，后来创办了风险投资企业——红杉资本的唐·瓦伦丁。可能是优越的生活过惯了，当瓦伦丁开着奔驰来到了乔布斯家的车库，看到衣衫褴褛的乔布斯以及苹果公司的简陋时，竟连一点儿与他合作的欲望都没有了。不过，人既然来了，他也不好拂了乔布斯的面子，当场甩袖走人，只是委婉地表明了自己的意思，并在临走之前向乔布斯推荐了三个人。其中，对苹果公司在未来的20年发展中一直扮演着重要角色的人，迈克·马库拉就是其中之一。

马库拉是个谨慎而又聪明的人，他每走一步几乎都力求精准，英特尔公司正是在他的努力下才成功上市的，而他借此狂赚了几百万美元。乔布斯在找他出山时，他虽然只有33岁，但却已是处在半退休状态，正在好好地享受自己赚来的财富。不过，马库拉与瓦伦丁不同，他在来到乔布斯家的车库时，并没有太在意乔布斯的形象，反而被沃兹所展示的Apple Ⅱ给深深地吸引住了。对此，马库拉回忆道："当时我对他们两个的长头发一点都不在意，毕竟头发什么时候都可以剪，但是他们向我展示的东西却不是一般人能够制造的出来的。"

乔布斯何其精明，他一下就看出了马库拉对于Apple Ⅱ的喜爱。但是，乔布斯却没有立即向马库拉发出加入苹果公司的邀请。因为，他对马库拉还是有些了解的，他知道马库拉是在帮助英特尔走向辉煌之时而被抛弃的人，也许是有着同样的心理历程。因此，乔布斯在第一次看到马库拉时就喜欢上了他。后来，乔布斯在回忆此事时曾直言不讳道："他在英特尔的时候没能获得成功，但在苹果，我却能让他很好地证明自己。"在看透这一点后，并未急于求成的乔布斯只是先向马库拉描绘了苹果公司美好的发展前景，对他灌输了一些苹果电脑将会改变整个世界的家庭和办公室的想法，接着才引诱马库拉一步步地加入苹果公司。

马库拉并不像其他人那般，他的直觉告诉他乔布斯说的是对的。所以，自第一次见面之后，他虽然没有立即答应加入苹果公司，却会经常驾车来到车库。经过一段时间的接触，马库拉竟然发现自己对于开发软件着了迷，很快就成为了一个有着极高水平的电脑程序迷。眼看时机成熟，乔布斯就趁机邀请马库拉入伙，而此时的马库拉在对 Apple II 有着深刻的了解后，也看到了苹果公司所蕴含的巨大潜力。因此，当乔布斯向他发出邀请，他几乎是毫不犹豫地就答应了下来。

在马库拉进入苹果公司后，之前帮助乔布斯设计电源的霍尔特也从雅达利公司辞职，正式加入到了苹果公司。在吸收了两员大将之后，乔布斯和沃兹经过商量，便对公司的股权做了重新地划分。其中，乔布斯、沃兹和马库拉各占 26% 的股权，霍尔特占 10%，至于剩下的股份主要留下用以吸引未来的投资者。作为回报，除了最初入伙时提供的 9 万美元，马库拉还主动为苹果公司提供了高达 25 万美元的信用贷款，这对于当时苹果公司来说，无异于雪中送炭。后来，乔布斯在回忆当时的情形还曾说过："当时我想迈克可能再也收不回他那 25 万美元了。"

在加入苹果公司后，马库拉先是帮乔布斯制定了一套完整的公司战略和经营计划方案。他在计划书中指出，乔布斯和沃兹不能只将市场停留在那些业余爱好者身上，只有将苹果电脑带入寻常百姓家，才能让苹果公司谋取到最大的利益，他的这一想法倒是与乔布斯之前的想法不谋而合。不仅如此，马库拉还在那份商业计划书中做了一个大胆的预测，即苹果公司将会在 5 年内成为《财富》排行榜 500 强的企业之一。虽然苹果公司最终用了 7 年时间才得以跻身《财富》500 强，但这也从侧面反映出了马库拉那卓绝的眼光。当然了，从这份公司战略和经营计划方案中，乔布斯也看了自己在商务和市场方面与马库拉的差距。

1977 年 1 月 3 日，苹果公司的三巨头齐聚于马库拉家的游泳池旁边，在那里，乔布斯和沃兹、马库拉一起讨论了有关公司未来发展的一些事情，并在最后签署了一份文件，将苹果计算机公司正式转变成了一家股份公司。同时，马库拉还在文件中坚持写明乔布斯和沃兹必须成为苹果公司全职的员工。当时的沃兹对于惠普公司虽然仍有些不舍，但他还是决定辞职。至于公司的名字，他们虽然也曾想过改换，但由于"苹果"在当时已经有相当高的知名度了，于是他们也就放弃了这一想法。至此，苹果公司才算是迎来了真正的发展。

被上帝咬过的苹果

"你只要不把我们公司的商标做得太卡通了就行。"

——在罗布·雅诺夫设计苹果商标时，乔布斯如是说

在苹果电脑开始生产后，乔布斯等人首先要面对的问题就是如何将苹果电脑推销出去，同时这也是乔布斯急需得到答案的问题。正在乔布斯为此而苦恼的时候，英特尔半导体公司在1976年秋末所做的一条广告吸引了乔布斯的注意：在那则宣传广告中，英特尔放弃了之前直接对产品进行宣传的方式，而是以一种更为形象的东西替代原来的电脑形象，并获得了不错的宣传效果。受此启发的乔布斯很自然就被这种宣传方式吸引住了，而且，这种方式对以后苹果电脑的广告宣传理念都起到了很大的影响。

既然想要采取这种方式，那就得先找到设计出这种宣传理念的人。为此，乔布斯便亲自打电话到英特尔公司的市场部，想通过那里的人得到这一广告理念设计者里吉斯·麦肯纳的联系方式。当时接到电话的是麦肯纳公司的一个叫弗兰克·伯奇的业务经理，他在接到电话后只想尽快地将乔布斯打发掉，并不想为苹果公司代理广告业务。但是，乔布斯又怎会轻易放弃呢？在之后的几个星期内，乔布斯几乎每天都会给伯奇打电话，并要求伯奇到他的车库内亲眼看看苹果电脑，而后再做决定。

最后，伯奇终于屈服在乔布斯的"蘑菇功"下，驱车来到了乔布斯的车库。当伯奇回想起这段往事的时候这样说道："当时我就觉得乔布斯这人肯定是个怪胎，我根本就不想见他，可我又不能显得太过无礼。"尤其是他在见到不修边幅的乔布斯时，更是在后来感慨地说道："我初次见到乔布斯时，除了衣着外，他还给我留下了两点深刻的印象，一是我觉得他是个非常聪明的人，二是他所说的东西我完全听不懂。"

有了第一次的见面，以后的事情就好办多了。在乔布斯的不懈努力下，麦肯纳终于肯见乔布斯和沃兹二人了。不过，他们第一次的会面

却是不欢而散，而造成这一结果的并不是一向喜欢张扬的乔布斯，而是羞涩惯了的沃兹。当他们二人见到麦肯纳后，麦肯纳先是简单翻看了一下沃兹所写的有关苹果公司的介绍，并提出沃兹所写的内容技术性过强，若是不修改得生动一些的话，一般人是很难看懂的。但是，在听完麦肯纳的建议后，沃兹却带着非常不善的语气说道："任何人都别想修改我的稿子。"对于沃兹的表现，麦肯纳也有些生气了，既然自己负责广告宣传，在这方面的经验肯定要比沃兹这个外行人强得太多了。因此，在一怒之下，麦肯纳竟下了逐客令。

在离开麦肯纳的广告公司后，乔布斯很快就与麦肯纳提出了再次会面的要求，此时的麦肯纳也已恢复了过来，他也觉得自己之前的行为可能有些过激了，便答应了乔布斯。不过，第二次拜访麦肯纳的时候，只有乔布斯一人，而且，两人聊得还很投机。毕竟，麦肯纳对于自己能够策划 Apple II 这种极具时代意义的产品也很有兴趣，因此，两人很快就达成了协议。

从一开始的时候，麦肯纳就很明白，苹果公司若想将其产品全面推广出去，就不能局限在电脑爱好者的市场，需要在媒体上大做广告才行。但在此之前，首先要做的就是为苹果公司设计一个标识。在此之前，苹果公司所用的一直都是罗恩·韦恩所设计的维多利亚木版画风格的标识，这种标识在乔布斯和麦肯纳眼中都显得过于复杂和业余，更不符合乔布斯那"至繁归于至简"的设计理念。于是，在乔布斯的要求下，麦肯纳便专门派设计师罗布·雅诺夫为苹果公司设计一个全新的标志。

在设计标识时，乔布斯并没有给雅诺夫更多的建议，只是对他说："你只要不把我们公司的商标做得太卡通了就行。"为此，雅诺夫想到了很多种设计方案，但都被他自己一一否决了。有一天，他的妻子从外边买回一袋子苹果，他看到后便立刻产生了灵感，既然苹果公司是个"苹果"，为什么不能用苹果作为苹果公司的标识呢？想到此处，他便对着妻子买回的这些苹果，花了一个多星期的时间，将苹果的外形简化成了一个圆圆的，且带有一片叶子的苹果。同时为了让这个"苹果"的标识看上去更加匀称一些，同时也为了避免人们在看到这个图案而联想到果蔬，他又在苹果的右边画出了一个缺口，就像是一个苹果被人咬掉了一口一般。不仅如此，雅诺夫还发现，"咬"（Bite）这个词的发音，正好与代表电脑的"字节"（Byte）相同，这可以说是一个完美的创意。

后来，乔布斯在第一眼看到这个标识时，立刻就喜欢上了这个图案。不过，这个标识在雅诺夫的眼中虽然是个完美的创意，但乔布斯还是给雅诺夫提出了一条修改意见，即为这个"苹果"加上彩色条纹。雅诺夫虽然不知道乔布斯为何会提出这一"怪异"的修改意见，但他还是在之前单色设计稿的基础上，为这个"苹果"增加了几道横条纹状的彩虹图案，只是这些条纹的排布顺序并不与真的彩虹相同。对此，雅诺夫回忆道："当时我并不知道 Apple II 的卖点所在就是它的彩色功能，而我之所以将那些把彩条按照那种顺序排列，也没有什么特别的理由，只是我喜欢那样排列而已。"

这个被咬了一口的彩虹苹果商标，自从在 Apple II 上第一次亮相后，一直沿用到了 1998 年，即乔布斯回归苹果后的第二年。甚至到了今天，仍有很多老苹果迷还在怀念那带有彩虹条纹的苹果标识。因为，这个彩色商标所记录了"苹果"成为 IT 巨人所走过的青葱岁月，成就了"苹果"这个品牌。

对此，甲骨文公司的总裁拉里·埃里森就曾直言不讳道："苹果可以说是计算机产业中唯一一个生活时尚品牌。"的确，品牌是苹果公司最有特点，也是最宝贵的财富。当 1997 年的苹果正处在风雨飘摇中的时候，复出的乔布斯就清醒地看到了当时的苹果所剩下的最有价值的东西，就是苹果的品牌。事实也证明了乔布斯眼光的独到，在 2011 年的时候，苹果的品牌价值一举超越了微软和谷歌，达到了 1530 亿美元，成为了全球最有价值的科技品牌。

其实，苹果这个品牌值不值钱并不重要，重要的是，自创立苹果公司的那一天起，乔布斯就似乎有一种奇特的魔力，他可以将"苹果"这个品牌变成一种宗教似的存在，让万千世人一看到苹果的商标时就热血沸腾。如 IBM 的品牌价值靠的是其百年老店的质量和信誉，一般人谁会在意谁是 IBM 的总裁呢？还有麦当劳的品牌价值，靠的是其遍布五大洲的"M"形标记，毕竟没有几个孩子喜欢打听谁是麦当劳的总裁。但是，"苹果"却是个"异类"，因为在众多人的眼中，"苹果"就等于乔布斯。几乎所有的"苹果迷"们只要一见到那个犹如被上帝咬过一口的苹果时，必然会想到乔布斯，而一想到乔布斯首先就会联想到苹果的产品。因此，苹果的品牌价值，在某种意义上来说，就等同于乔布斯的个人价值。

惊艳亮相

"Apple Ⅱ是一台真正意义上的成品计算机，它不再是一些简单部件的组合了，当你买回去之后，立刻就能使用……它本身就是一件完美的产品。"

——在首届西海岸电脑展览会上，对于 Apple Ⅱ，乔布斯如是说

当一切准备就绪后，一个令乔布斯等三人都很兴奋的消息传了过来。1977 年 2 月底，乔布斯收到了一份快件，当他打开快件，看到里面那张"首届西海岸电脑展览会的邀请函"时，当时便兴奋不已。随即，乔布斯便决定在首届西海岸电脑展览会公开发布 Apple Ⅱ。

该展会将于 1977 年 4 月在旧金山举办，举办这次展会的负责人正是家酿俱乐部的吉姆·沃伦，否则的话，苹果公司还不一定能够获得那张可以令他们一飞冲天的邀请函。乔布斯何等的精明，他知道在这次展现会上，苹果电脑必会大获全胜。马库拉和沃兹也觉得，通过这次展销会，可以将苹果电脑的强大之处更为直观地展现在世人的面前。因此，他们三人很快就达成了一致意见，参加这次展销会。

为了更好地展示自己产品，并给人们留下深刻的印象，乔布斯决定预定下展销会最靠前的展位。为此，乔布斯还向主办方预支了 5000 美元。沃兹对乔布斯的这一做法非常吃惊，因为这笔资金对当时的苹果公司来说，可以说是一笔巨款了，但乔布斯却毫不心疼地花了出去。不过，沃兹最终也没有对乔布斯的这一做法提出反对的意见，对此，他后来还回忆道："史蒂夫觉得那次展销会对于我们今后的发展至关重要，因为他想让全世界都知道，我们不仅有着一家很棒的公司，而且还有着世界上最棒的个人电脑。所以，我没有理由反对他那么做。"

除了乔布斯之外，苹果公司的另一大股东马库拉的表现也很"疯狂"。因为，仅仅是设计苹果公司的展位，他也花掉了近 5000 美元。当其他公司在设计展位时，用的只是一些普通的桌子和硬纸板做的牌子，上面是手写的各种标识语。而马库拉则在苹果公司的展位上安放了一大块背光式的有机璃板，上面还印着苹果公司的名称以及苹果电脑的商标。展台的四周，悬垂着黑色的天鹅绒。在展台上则摆放 3 台全新型号的 Apple Ⅱ 电脑和 1 台宽屏幕的显示器，显示器上所呈现的则是滑稽的游戏和供人

们演示的程序。其他公司与苹果公司展台相比，简直是天壤之别。

在展销会开幕前的一天，为 Apple II 参加展销会而设计的新机箱才运到。本来正在为机箱这么晚才运到而发火的乔布斯，在看到这几个机箱上面有些细小的污点时，乔布斯一下子就爆发了，并严令苹果公司为数不多的几名员工立刻将这几个机箱打磨干净。

除了 Apple II 的外表形象，马库拉还十分注重乔布斯和沃兹的形象，他觉得在这么重大的场合，他们二人也应当穿得正式一点，而不是如之前那般懒散。为此，马库拉为他们介绍了一位旧金山的裁缝，并为他们二人每人定做了三套西装。不过，他们穿上之后却显得颇为滑稽。据沃兹对当时的情形回忆道："马库拉对我们说，我们必须盛装打扮一下自己，以崭新、整洁的形象登台亮相。"

待一切准备就绪，乔布斯等人就等着展销会开幕了。在展销会开幕当天，当展销会的大门正式打开以后，蜂拥而入的人群最先看到的便是最前端的苹果公司那华丽的展台，以及外表优美的 Apple II。尤其是当苹果公司的参展员工将 Apple II 的机箱打开时，无论是电脑爱好者，还是普通参观者，亦或是媒体记者，所看到的都是一种从未见过，但设计却极为先进的计算机主板。Apple II 的主板可以说是沃兹使出浑身解数，将 62 块芯片通过集成电路而巧妙连接起来的电路板。当这些人听到沃兹的介绍时，他们一个个竟如同未见过世面的"乡巴佬"一般，纷纷为 Apple II 的巧夺天工而感叹。

再加上 Apple II 完全采用流线型的设计，以及电脑屏幕上那变幻莫测的多彩显示，更是令不少人着迷。一时之间，几乎所有的参观者全都围在苹果公司的展台周围，仿佛他们所看到的都是不真实的一般，将 Apple II 视为一个奇迹般的存在。

在听取了马库拉的建议后，乔布斯也第一次穿上了整齐的西装，并不断地将展台边的帷幕扯到一边，以便向更多的人证明他们就只有这三台小巧的微型计算机，并没有靠着其他大型的计算机运行。当时一名正在上高三的学生，同时也是苹果公司程序员的克里斯·埃斯皮诺萨对此回忆道："在参加完第一天的展销会后，我们所有人都对自己的表现非常满意，但更多的却是兴奋，因为 Apple II 的出现，为整个计算机行业的发展指出了前进的道路。"

在这次展销会上，Apple II 虽然只是第一次在公众面前亮相，苹果公司也没有什么响亮的名声。但是，表现出众且极具划时代意义的Apple Ⅱ，不但一举吸引了世人的目光，更是让苹果公司的名声几乎在一夜之间响彻了整个旧金山海岸。无论人们相不相信可以将个人电脑装到塑料机箱里，或是一台功能强大的电脑的主板居然可以设计得如此简洁、大胆，Apple Ⅱ都做到了，因为它就真实地摆在大家面前。所以，在展销会结束时，苹果公司一下子接到了300多份订单，这比Apple Ⅰ在过去一年中的总销量还要多出许多。在这300多位客户中，乔布斯还结识了水岛聪，即后来苹果公司在日本的第一位经销商。

在销售Apple Ⅱ的过程中，乔布斯注意到，他们之前所售出的苹果电脑还有升级的空间，便在沃兹与马库拉的同意下，开启了售后免费升级电脑的服务。尽管这会让苹果公司蒙受一些损失，但是乔布斯却不在乎，他觉得只有客户满意了，才是苹果公司生存并持续强大下去的理由。因此，在乔布斯离开苹果公司之前，苹果公司一直都有着为已售电脑免费升级的服务。

Apple Ⅱ以完美的设计和革命性创新，在整个计算机业界刮起了一场风暴。可以说，苹果公司正是凭借着对个人电脑的改革，才得以像火箭升空一般迅速发展起来的。也许有人会问，人们为什么会为Apple Ⅱ而如此疯狂？当你看到Apple Ⅱ所创下的几项记录，就不会再这么问了。如Apple Ⅱ第一次使用了塑料外壳；第一次使用了不需要风扇散热的电源装置；第一次带有高分辨率色彩；第一次内置了扬声器界面；第一次实现了CPU与主板共享内存；第一次拥有了48K的内存……这一系列的革新，每一项都具有划时代的意义。按照乔布斯所言："Apple Ⅱ是一台真正意义上的成品计算机，它不再是一些简单部件的组合了，当你买回去之后，立刻就能使用。你根本无须为了能够正常使用Apple Ⅱ而到处搜集硬件了，因为它本身就是一件完美的产品。"

自从参加完1977年的展销会后，苹果公司的购货订单便纷纷而来，从前的资金周转问题迎刃而解。一年之后，苹果公司更是从最初只有6名员工的小公司，迅速的发展成了拥有60名员工的中等计算机公司了。

与此同时，在苹果电脑横扫普通消费者市场的时候，众多美国高中院校也成为了其忠实的客户。在Apple Ⅱ未推出之前，就有不少高中院校曾想选购一些适合学生使用的计算机，但是由于那些计算机操作过于复杂，他们才不得不暂时搁浅了这一计划。直到Apple Ⅱ的横空出世，他们才重新看到了希望，并迅速将 Apple II 作为首选。因此，在 Apple II 推出后的几年时间里，苹果公司就以摧枯拉朽之势，几乎横扫了整个个人电脑市场，而这也为苹果公司赢得了巨大的利益。

如在 1979 年，苹果电脑的销售额便达到了惊人的 7000 多万美元，而 1980 年的销售额则达到了前所未有的 11700 多万美元。到了 1982 年，Apple II 更是以每月 33000 台的速度出售，当年的销售额更是两年前的五倍之多。在短短的 7 年时间内，苹果公司就从当初那个资金只有 1000 多美元的小公司，变成了《财富》排行榜上 500 强的大企业，创造了当时列入该名单的最年轻企业纪录。

乔布斯凭借着 Apple II 的成功，不仅使自己迅速成为了百万富翁，更是让苹果公司从大量的计算机公司中脱颖而出，迅速成为了个人电脑市场上的霸主，为造就"苹果"神话起了个完美的开端。

总裁斯科特

"在苹果的时候，我朝斯科特吼过的次数最多。"

——在回忆与苹果第一任总裁斯科特之间的关系时，乔布斯如是说

一般来说，聘请创始人以外的人担任公司的总裁是一件好事。但是，苹果外聘总裁的历程却一点都不平坦，甚至是一波三折。几乎苹果公司的每一位外聘总裁都是带着懊丧、遗憾亦或是愤怒而离开的，甚至连乔布斯这个创始人也因为与自己聘请的总裁不和而最终被排挤出了苹果公司。可以说，苹果公司外聘总裁的历史，就是苹果公司早期的动荡史。如苹果公司的第一任总裁迈克·斯科特，与乔布斯之间就更有着说不清的恩怨。

1977 年 1 月，在苹果公司完成正式的公司注册手续后，总部就由乔布斯家的车库转移到了库比蒂诺史蒂文斯溪大道上租来的办公室内。而随着苹果公司的壮大，乔布斯每天都承受着来自顾客和供应商的压力。至于马库拉在入伙时就曾明确地表示自己并不打算亲自管理公司，甚至还坦白地向乔布斯和沃兹说道："我们作为年轻的创业者，由于缺乏经验，根本就不适合管理公司，我们需要聘请一个有经验的人来。"对于马库拉的提议，沃兹也觉得非常有理。

其实，马库拉这么说更重要的一点是因为在马库拉和沃兹都无意于亲自管理公司的前提下，乔布斯也没能承担起自己身上日益加重的责任。

不仅如此，他的情绪一直处在喜怒无常中，这一点令苹果内部的不少员工都很反感。当初乔布斯还在雅达利公司上班的时候，他就曾因此而被众人嫌弃，只能上晚班。可是，这里是苹果公司，是他一手创办起来的，没人敢将他赶出来。每当回忆到这段往事的时候，马库拉都会忍不住说道："他变得越来越专横，批评别人的话也越来越刻薄，从来没想过为别人留点儿面子。"在苹果公司，乔布斯对待年轻的程序员克里斯·埃斯皮诺萨和兰迪·威金顿的方式最为粗暴。当时刚高中毕业的威金顿对此回忆道："有时史蒂夫只是瞄一眼我做的东西，就会打击我说，那些全是垃圾。他连我做的是什么都不知道，就完全否定，这太武断了。"

不仅如此，乔布斯的个人卫生依然有着不小的问题，尽管别人对他都有些忍受不了了，可他依旧坚信，只要自己坚持素食习惯，根本就不需要经常洗澡。对此，马库拉曾痛苦地回忆道："当我们闻到他身上的那股怪味时，我们曾多次请他出去洗个澡再进来。甚至在有些时候，他还会将自己的脚泡在马桶里，他的这一举动几乎让公司内所有的同事们都很不适。"

因此，苹果公司的员工，无论是高层还是基层，都不愿意再受乔布斯的管制，并一致决定外聘一位总裁对乔布斯加以管束。于是，他们便靠着马库拉的关系，从美国国家半导体公司挖来了身为职业经理人的迈克·斯科特，并使其成为了苹果公司历史上的第一任总裁。

仅从履历上看，迈克·斯科特可以说是一个最好的人选。斯科特和马库拉一样，是在1967年的同一天加入仙童公司的。后来，斯科特又进入到了美国国家半导体公司工作，不仅有着工程师的身份，还有着极为丰富的管理经验。

对于聘任斯科特一事，沃兹十分赞同，他和马库拉一样，希望斯科特的到来，能够管束好乔布斯。对这一决定，乔布斯虽然十分抵触，但无奈的是公司三大创始人中的两人都支持，再加上霍尔特等高层的支持，乔布斯只得被迫接受这一提议。失去对苹果公司的控制权，这对于乔布斯来说是件很痛苦的事情。因此，每当乔布斯回忆这段往事时，他都会说道："当时的我虽然只有22岁，也没有管理好一家公司的经验，可是苹果就像我的孩子，我从未想过要放弃它。"

斯科特和乔布斯有一点相同，那就是二人都对至高的权力和地位有着无尽的追求欲望。但除此之外，二人之间就没有什么共同点了。乔布斯可以说是典型的梦想狂，他所做的一切努力几乎都在为实现自己改变世界的梦想。但也正因为这样，他才会在追求权力的同时而为所欲为，丝毫不考虑别人的感受。斯科特后来对乔布斯如此评价道："史蒂夫根本就不知道何为管理，他简直一点儿管理能力都没有。假如你正按原定的计划做着某件事，这时他就会突然出现，并时不时插上一手，让你做的事情按照他的意志来回变换。"而斯科特与乔布斯不同，他追求权力的最大愿望就是为了向别人证明自己的管理才能。而且，与乔布斯相比，作为职业经理人的斯科特，在管理方法、管理技巧以及权力分配等方面，都要胜于乔布斯。

斯科特自入主苹果公司以后，就背负着一个艰巨的任务——管束乔布斯。在斯科特来之前，乔布斯在苹果公司内可以说是想做什么就做什么。而在斯科特来之后，乔布斯才发现，自己手中的权力正在一点一滴地向斯科特流去。甚至连马库拉也经常站在斯科特的一边，此时的乔布斯才发现，这是一个从一开始便有意针对他的"阴谋"。

刚开始的时候，乔布斯和斯科特之间的火药味并没有那么浓，而斯科特也在严格执行着自己的任务。最初，斯科特还能找来乔布斯一起散步、闲聊，希望借此慢慢改变乔布斯的性格及处事方式。斯科特对此回忆道："记得当初我与他第一次散步闲聊时，我曾建议他多洗澡，他则以让我多看看果蔬饮食方面的书作为交换条件。"结果，对于乔布斯所奉行的果蔬饮食，斯科特始终都没能接受。对于斯科特的建议，乔布斯虽然也做出了小小的让步，但仍坚持每周只洗一次澡，这让斯科特很是受不了，但又无可奈何。

我们前面说过，乔布斯有着极强的控制欲，他只想控制别人，而不喜欢被别人控制。因此，他和斯科特之间的矛盾迟早都是会爆发的。尤其是当乔布斯发现斯科特竟然是少数几个不会屈服他意志的人时，他那种潜在的征服一切的欲望就更加强烈了。斯科特后来也曾对此深有感触："他必须受到管制，但显然他不喜欢那样。而且，我与史蒂夫之间的主要问题在于，我们俩人谁更顽固一些，可史蒂夫却不知道我要比他更加顽固一些。"不仅斯科特有此感慨，就连乔布斯后来也曾说过："在苹果的时候，我朝斯科特吼过的次数最多。"

因此，没过多久，乔布斯和斯科特之间就因为员工编号的问题上发生了争执。在斯科特看来，苹果电脑既然是沃兹发明出来的，那么沃兹自然是苹果公司的 1 号员工，乔布斯作为苹果创世元老为 2 号员工，之后是 3 号员工马库拉，费尔南德斯为 4 号，霍尔特为 5 号等。当时，众人对这个编号的处理都没有意见，唯独乔布斯例外。

乔布斯觉得自己的地位受到了威胁，便对斯科特大喊道："我要当'1'号！""我怎么会让他得逞呢，那样只会让他更加自负。"事后，斯科特对此回忆道。但是，当乔布斯听到斯科特拒绝了自己的请求后，先是对斯科特大发脾气，甚至还很没有形象地在董事会上痛哭流涕，但斯科特却毫不心软，坚持不让乔布斯当"1"号。后来，眼见事不可为，乔布斯就和斯科特玩起了数字游戏，因为他提出了一个建议："不让我当'1'号也可以，但是我要当'0'号。"面对着乔布斯如此的表现，斯科特终于还是向乔布斯妥协了，让他当上了"0"号。不过，后来的银行则又帮斯科特赢回了这一仗，因为美国银行的工资系统中要求员工的编号必须是正整数，因此，乔布斯只得郁闷地当起了他的"2"号。

自此之后，乔布斯和斯科特在苹果公司里便经常为一些事情争吵，且多为鸡毛蒜皮的小事。比方说，进货合同应该由谁签字，或是员工的办公室应该怎样布局，亦或是员工的工作台应该涂什么样的颜色等。不过，他们二人因为较重大事情而发生的争执也不少。如乔布斯曾想让 Apple Ⅱ 的保修期增长至一年，这个想法曾让斯科特目瞪口呆。因为，当时电子产品的保修期最长的只有 90 天，若是延长至一年的话，苹果公司每年的收入就会降低不少。不过，这个问题最终以斯科特的再次屈服而告终。

乔布斯与斯科特还有一点不同，那就是乔布斯无论做什么都力求完美，而斯科特则力求实用而并非完美。其中，最显著的例子便是确定 Apple Ⅱ 机箱的颜色。在确定 Apple Ⅱ 机箱的颜色时，潘通公司（Pantone Company）为苹果公司提供了 2000 余种不同的颜色，但却没有一种令乔布斯感到满意。对此，斯科特很惊讶，后来他还回忆道："当时的史蒂夫对什么颜色都不感兴趣，甚至还想制造出一种全新的颜色，对于他的这一疯狂举动，我不得不阻止他。"还有就是在调整机箱设计的时候，乔布斯还专门花了几天的时间研究机箱的边角到底该有多圆润才算合适。对此，斯科特依旧不屑道："我并不关心机箱的边角到底该有多圆润，我只想他赶快将机箱的造型确定下来。"

除了马库拉和斯科特以外，一向与乔布斯关系最好的沃兹也开始对乔布斯的处事风格反感了。对此，沃兹回忆道："我希望公司就像一个大家庭一样，所有员工都是家人，大家没有矛盾地和平共处，共同为苹果公司做贡献，可是史蒂夫把自己当成了管理者，严苛地对待别人，破坏了愉快的氛围。"

不过，不管乔布斯和斯科特之间的矛盾无论如何深化，他们性格上的冲突暂时还没有到失控的地步。尤其是在 Apple II 成功推出之后，苹果公司的业绩越来越好，这也在一定程度上抵消了他们内斗时消耗的能量。但无论如何，苹果公司高层间的不和，准确地说，是所有人都与乔布斯不和，已经成了不争的事实。

苹果助推器：Visi Calc

"如果说硬件是电脑的大脑和肌肉，那么软件就是电脑的灵魂。"

——在参加苹果研发者大会时，乔布斯如是说

在推出 Apple II 时，乔布斯对其所做的市场定位便是普及型的个人电脑。因此，除了从外观造型设计上用力外，从一开始的时候，乔布斯就确定了 Apple II 两大核心功能，即游戏和办公。

首先在游戏方面，Apple II 不仅能够显示高分辨率的彩色图像，还内置有 BASIC 语言解释器，这也使得 Apple II 在所有个人电脑中拥有了无与伦比的游戏能力。

当然了，Apple II 若是仅有着强悍的游戏能力的话，也就无法说服人们花费 1200 多美元的高价购买它了。因此，除了强大游戏功能之外，Apple II 还有着无与伦比的办公性能。在 Apple II 问世之前，市场上充斥着各种各样功能单一的文字处理机，还有不少人在用英文打字机处理一些文书信函，用其他公司生产出来的计算器来完成公司理财或商业报表的计算。直到拥有强大办公性能的 Apple II 问世后，人们才逐渐摒弃那种操作繁杂的机器，将 Apple II 视为最理想的办公设备。

不过，Apple II 在 1977 年 4 月刚刚推出之时，其办公能力还是相当有限的。毕竟当时的 Apple II 只支持读取缓慢且易出错的磁带机等外置存储设备。至于软件方面，除了沃兹开发并内置的 BASIC 语言解释器外，也没有多少可供 Apple II 选用的成熟软件。也就是说，Apple II 的功能虽然强大，但无论是在硬件和软件方面都需要进一步的改进。

在 Apple II 推出后不久，用户对苹果公司推出软驱的呼声也日渐高

涨起来。乔布斯和马库拉在看到这一情况后，都极力支持对软驱的开发。乔布斯甚至还意识到，软驱的出现，将会令 Apple Ⅱ 成为真正意义上的大众消费品。为此，乔布斯等人决定最迟在 1977 年为 Apple Ⅱ 添加软驱支持，并决定在 1978 年 1 月于赌城拉斯维加斯举行的美国消费电子展（CES）上展出。

不过，在刚开始的时候，沃兹和其他工程师都在忙着其他事情，均无暇为 Apple Ⅱ 添加软驱支持。直到 1977 年底，马库拉找到沃兹，并对他说："Apple Ⅱ 必须支持软驱，并能在两周后的 CES 上演示，才能让 Apple Ⅱ 成为办公室内必不可少的机器。"站在一旁的乔布斯也对沃兹说道："不是我们非要开发软驱不可，而是用户需要软驱，我们不能让客户们继续忍受像蜗牛一样慢的磁带机了。"

在马库拉和乔布斯的提醒下，此前一直忙于 Apple Ⅱ 改进工作的沃兹才想到之前研制软驱的计划。虽然距离 CES 的正式开幕只有两周的时间，但这对于沃兹而言已经足够了。在之后的一段时间里，乔布斯对沃兹的工作非常配合，并且还时不时提供一些帮助。如乔布斯千方百计地为沃兹找来了舒加特公司所生产的 5 英寸软驱及其核心技术资料等。在沃兹忙着调试为 Apple Ⅱ 新增的软驱接口的芯片以及底层控制程序时，其他的工程师和程序员也没有闲着，如苹果公司的第 6 号员工兰迪·威金顿就帮沃兹编写了一个高端应用接口程序。

沃兹虽然很自信，但在飞往"赌城"之前，他依旧没能制造出能够正常工作的软驱。但是，沃兹和兰迪却很清楚，软驱的研制工作已经基本完成，只需再花费几个小时调试一下就行了。于是，在到了"赌城"之后，沃兹和兰迪虽然被拉斯维加斯如梦幻般的城市夜景深深吸引到，但是，他们更清楚自己首要的工作是将软驱调试好。所以，尽管夜色很美，他们二人还是一头扎进展会现场，连夜将软驱的功能调试好了。他们知道，Apple Ⅱ 支持软驱给人们带来的震撼会比拉斯维加斯的夜景大得多。

在忙活到后半夜的时候，沃兹和兰迪终于完成了所有的调试工作，此时的两人也已疲惫不堪。不过，向来谨慎的沃兹为了以防万一，还是强忍着睡意，将明天要用的演示拷贝一份到空白的软盘上。待沃兹蒙眬着睡眼操作着 Apple Ⅱ 完成备份后，不但没有感到轻松，反而还出现了一个不祥的预感：在打瞌睡的情况下，自己将那个空白软盘中的垃圾数据"备份"到了那张做好了的软盘之上。为了验证自己的直觉，他赶紧将演示用的软盘插进 Apple Ⅱ。结果，事实证明了他直觉的准确性，那张做好的软盘上的数据果真被他的"备份"操作给清除了。

当时沃兹和兰迪就觉得完了，因为他们已经没有时间重做一份了，如此一来，明天白天的演示操作恐怕是无法正常进行了。在无奈之下，沃兹和兰迪只得沮丧地回到了旅馆内。然而，到了第二天早上，刚刚醒来的沃兹又恢复了以往的自信，因为他和乔布斯一样，都视苹果公司为自己的孩子，希望将最完美的 Apple Ⅱ 展现在世人面前。怀着这样的心思，沃兹一早就赶到了展会现场，并展开了疯狂而有效的编程工作，硬是在展会开始之前，重新设置好了所有的演示程序。

当拉斯维加斯展会开幕后，带有软盘驱动器的 Apple Ⅱ 和 8 个月前一样，再次取得了空前的成功。假如说 Apple Ⅱ 在 1977 年 4 月问世的时候只是牛刀小试的话，那么在拉斯维加斯的这次展会上，Apple Ⅱ 则成为了一个受万众瞩目的超级明星。

带有软驱动器的 Apple Ⅱ 作为当时最好的个人电脑，自然会引起众多的软件开发者的兴趣，甚至还有不少的编程高手针对 Apple Ⅱ 编写了许多的应用程序。在这众多应用软件中，最受苹果公司关注的是办公软件，尤其是 Visi Calc 电子表格软件。

当今，熟悉微软 Office 办公软件的人，对电子表格也一定非常熟悉。可是，在 Visi Calc 没有被设计出来之前，根本就没有人知道什么是电子表格软件，更没有人知道如何利用所见即所得的方式在电脑上编制报表或是完成数据的统计计算。

这个程序的编写者是两个 Apple Ⅱ 的狂热崇拜者，即丹·布里克林和鲍勃·弗兰克斯顿。在 Apple Ⅱ 刚问世的时候，正在读大学的布里克林就有了编写一个所见即所得的财务报表软件的想法，可以让用户通过直观的方式，看到屏幕上的格子，而且，只需在里面填数字和一些简单的公式就能完成计算的任务。假如这个软件能够编写出来的话，绝对是一种革命性的用户体验。为此，布里克林在付出了不少的努力后，终于在 1978年初编写出了 Visi Calc 程序的原型。但由于他一直解决不了程序运行速度缓慢的问题，便找来弗兰克斯顿帮其改进程序，并合伙注册一家软件公司，专门从事电子表格软件的开发与销售。经过不懈的努力，两人终于在 1979 年完成了这个专门为 Apple Ⅱ 而设计的电子表格软件，并于同年上市发售。

　　马库拉在得知 Visi Calc 的发售消息后，便立即联系布里克林和弗兰克斯顿，并试图由苹果出资买断 Visi Calc 软件的所有权，最后却因价格过高而不了了之。苹果公司虽然没有买下 Visi Calc 的所有权，但却买下了它的使用权。而内置了 Visi Calc 软件的 Apple Ⅱ，也迅速成为了人们购机的首选。

　　在拥有了软驱功能之后，再加上 Visi Calc 等办公软件的辅助，Apple Ⅱ的办公效率便一下子提高到了前所未有的高度，这也让 Apple Ⅱ的月销售量直线攀升，从 1978 年的每月销售几千台，直接蹿升到了每月万余台。到了 1983 年的时候，Apple Ⅱ更是凭借其出色的硬件设施，及 Visi Calc 等出色的办公软件的辅助，成为了计算机历史上第一部销量过百万的个人电脑。如果说 Apple Ⅱ创造了一个传奇的话，那么 Visi Calc 电子表格软件就是这段传奇的助推器。

苹果一鸣惊人

苹果的上市

"我在 23 岁的时候，资产达到了 100 万美元；在 24 岁的时候，我的资产达到了 1000 万美元；而在 25 岁的时候，我的资产就已经达到了 1 亿美元。"

——在回忆苹果公司成功上市时，乔布斯如是说

1977 年 1 月，马库拉在乔布斯和沃兹的邀请下加入了苹果公司，并将他们二人联手创办的公司改名为苹果计算机公司（Apple Computer Co.）。

到了 1980 年 12 月 12 日，眼看时机成熟的马库拉等人，带领苹果公司成功上市。不仅如此，他们还成为了自福特汽车于 1956 年上市之后，最大规模的 IPO（首次公开募股）。到了 1980 年 12 月底，在短短的半个月内，苹果的市值便已高达 17.9 亿美元。在造就了近 300 位百万富翁的同时，也让乔布斯于一夜之间成为了最年轻的靠白手起家的亿万富翁——当时的他只有 25 岁。

苹果公司的上市创造了股市上的一个奇迹。它以每股 22 元的价格上市，几分钟之内 460 万的公开股就被抢购一空。一天之内股票价格的涨幅达到了 32%，收于每股 29 美元。它刷新了新股上市最成功的记录，在此之前，这项记录的保持者一直都是 20 世纪 50 年代中期福特汽车公司的公开上市，而苹果公司的这次上市在超额认购数量方面远远超过了福特公司。

在股票上市之前，作为苹果公司 IPO 的公众形象，乔布斯为苹果公司找来了两家投资银行，即位于华尔街的摩根士丹利和位于旧金山的汉布里克特－奎斯特。负责其 IPO 的运作。其中，摩根士丹利是一家是传统的投资银行，而后者虽然不是一家传统的投行，但其当时的服务主要针对部分特定领域。

据汉布里克特－奎斯特总裁比尔·汉布里克特回忆说："摩根士丹利是当时是最为保守的投行，乔布斯对他们公司的人十分无礼，但是他们

101

最后竟然还是答应了他，太让我意外了。"

其实，摩根士丹利之所以会答应乔布斯，原因就在于他们看到了苹果的股票必然会迅速暴涨。不过，出于保守，摩根士丹利准备将苹果的股价定为每股 18 美元。可是，在摩根士丹利提出这一方案时，就有不少银行家质疑道："假如我们将这只股票定为 18 美元的话，接下来我们会赚到多少？难道我们不能将这只股票卖给更好的优质客户吗？"对此，汉布里克特提出了自己的想法，即在 IPO 之前，通过反向竞拍来为股票定价，并获得了大家的一致认可。最终，苹果公司的股价被定格在了 22 美元一股。

1980 年 12 月 12 日，在股市开盘之前，乔布斯便早早地赶到了汉布里克特的办公室，他想亲眼见证苹果公司这颗新星的崛起。结果，让乔布斯和汉布里克特都没有想到的是，甫一开盘，仅仅几分钟的时间，苹果公司所发行的 460 万股公开股就被抢购一空。当天，更是以 29 美元每股的价格完美收盘，一天之内其股票的价格就上涨了三成多，这才让乔布斯悬着的心放了下来，他知道苹果成功了。

苹果公司的完美上市，不仅让乔布斯一夜暴富，成了身家达 2 亿多美元的富翁，苹果公司内的很多人也都因此而获得了巨大的财富。如马库拉以 700 万股股票获得了 1.9 亿多美元的财富，这与他当年投资苹果的 34 万美元相比，在四年不到的时间里，其投资回报率竟然达到了惊人的 55882%。甚至连沃兹这个当初并不想创建公司的人，也因为手握 400 万股股票而赚到了 1 亿多美元。对此，乔布斯曾自豪地说道："我在 23 岁的时候，资产达到了 100 万美元；在 24 岁的时候，我的资产达到了 1000 万美元；而在 25 岁的时候，我的资产就已经达到了 1 亿美元。"

苹果公司早期的私人投资运行一切都还不错，只有施乐公司在苹果成功上市不久后，就把自己的股份卖了出去。可即便如此，他们当初所投资的 100 万美元，在其卖出去的时候，也让他们得到了 3000 多万美元的回报。

对此，施乐公司的前风险投资专家史蒂文·伯恩鲍姆回忆道："一般来说，作为投资者，别的公司通常会给我们提供 5 年期的投资规划，而能在 7 年内完成这 5 年的投资规划的公司就已经算是不错的了。但是，苹果公司仅用了 18 个月的时间，就超额完成了其所规划的目标，并在 7 年的时间内，就使苹果公司跻身财富 500 强企业，这不得不说是一个奇迹。"

还有一件事需要提一下，即在苹果上市的前几天，即 1980 年的 12 月

8 日，乔布斯的偶像兼披头士乐队的主唱约翰·列侬被歌迷枪杀了。乔布斯知道这件事后很伤心，因此，在苹果公司上市的时候，乔布斯心头一直都被一层阴影所笼罩着，而这似乎也在暗示着苹果公司在上市之后的坎坷。

最年轻的亿万富翁

"钱对来我说并不那么重要，因为我从来没有缺过钱，它对于我来说只是个数字而已。"

——在谈及财富问题时，乔布斯如是说

在苹果公司成功上市之后，史蒂夫·乔布斯便成了一位名副其实的亿万富翁，而且还是一个靠着自己创业获得财富最多的年轻人。在公众的眼中，他就是一个善于创造奇迹的人，是人们争相崇拜的偶像。

在乔布斯的一生中，他经历过贫穷，也拥有过财富，还尝试过破产的滋味。因此，他对待财富有着很复杂的态度。他虽然是个佛教的狂热信徒，但经过印度朝圣之旅，他却觉得创业才是自己的使命；他虽然是个反物质主义者，但却又将好友准备免费送出的发明变成了获取巨大利益的工具。不过，令人奇怪的是，这些事情虽然全都发生在他的身上，但人们却没有从他身上看到任何不妥，反而觉得这一切都是那么的自然。

在有了巨大的财富之后，乔布斯并没有像很多一夜暴富的人那样肆意挥霍自己的财富，而只是把钱花在了自己认为值得花的地方。在苹果公司上市 30 年后，乔布斯在回忆自己当初一夜暴富的时候，曾感慨道："我从小生长在一个中产阶级家庭内，因此，钱对来我说并不那么重要，因为我从来没有缺过钱，它对于我来说只是个数字而已。后来到了雅达利工作，我觉得自己是个很出色的工程师，这也足以让我维持生计。我自印度回来之后，虽然有了自己的事业，但还是过着简单的生活。尤其是在苹果公司上市后，我看到公司内不少人在大赚一笔后，纷纷买下许多大房子和好汽车。甚至还有人带着自己的妻子去整形，把自己打扮得稀奇古怪。每当想到这里，我都觉得他们太疯狂了。因此，我答应过自己，决不让钱毁了我的生活。"

尽管这么说，乔布斯还是在圣克鲁斯山边的小镇洛思加托斯买了一套房子。只是他对这套房子的装修非常简单，除了一幅麦克斯菲尔德·派黎思的绘画作品，就只有一些简单的家具了，而这也是乔布斯苦行僧般生活的见证。

了解乔布斯的人都知道，他对一些设计优雅、工艺精湛的物品有着近乎疯狂的喜爱，比如他为自己购买的第一辆梅塞德斯—奔驰双人小汽车、宝马摩托车、双立人刀具和博朗电器等。对于奢侈的消费品，他一向都是非常抵触的。如马库拉曾邀他一起购买里尔喷气式飞机，他拒绝了，但他后来却要求苹果公司给他购置了一架湾流飞机。此外，尽管苹果公司的利润巨大，但他在和供应商签订合同时，仍会经过一番讨价还价，丝毫不会退让。

乔布斯虽然不是一个非常喜欢乐善好施的人，但他还是经常向尼泊尔和印度的盲人提供帮助和捐款等。但有一件事，对乔布斯的影响却很大。在苹果公司上市之前，乔布斯就曾以个人的名义捐出过 5000 美元，帮助拉里·布里连特成立了一个致力于帮助穷人对抗疾病的基金，即塞瓦基金会（Seva Foundation），并同意成为其董事会的成员。不过，在一次内部会议之上，乔布斯与另一名董事发生了争执，起因是乔布斯想雇用里吉斯·麦肯纳谋划其筹款以及公关等事务，但被那位董事拒绝了。会议结束后，乔布斯竟然在停车场内痛哭了一场。后来，在苹果完成 IPO 之后，布里连特带着基金会的几位董事，当然也包括那个曾拒绝了乔布斯提议的人，来到苹果公司后，说明了募集善款的来意。结果，乔布斯非但没有满足他们，还以此前曾向该基金会捐赠了一台 Apple II 和 VisiCalc 程序，帮助其对尼泊尔民众失明情况的调查为由，拒绝向其提供任何资助。

当然了，这并不是说乔布斯毫不讲人情的，只是他喜欢根据自己的喜好做事。比方说，对于自己的养父母，乔布斯就非常大方。在公司上市后，他就送给了二老价值约 75 万美元的股票。乔布斯的住所虽然简单，但他对于养父母却很孝敬。他也曾想为二老购置一套新房，但却被二老拒绝了。后来，老两口出售了一部分股票，用来偿还他们在洛斯阿尔托斯购买的那座房子的贷款。在还过贷款后，他们还将乔布斯喊了回来到家中庆祝。对此乔布斯回忆道："我第一次看到了他们不用背负贷款时的轻松表情，当时他们还请来了几个朋友一起庆祝，那场面简直太温馨了。"尽管二老对眼前的生活很满意，不过他们也有个奢侈的愿望，即每年都能乘坐"公主"号游轮进行一次度假。这在乔布斯暴富之前，他们根本就从未想过，但在乔布斯暴富之后，他们却有了实现这个愿望的资本。对此，乔布斯曾回忆道："我爸爸最想做的事情就是乘坐'公主'号穿越巴拿马运河，那样会让他想起自己在海岸警卫队服役的日子。"

苹果公司的成功上市，不仅给乔布斯带来巨大的利益，还有良好的声名。如在 1981 年 10 月，《企业》不仅第一次将乔布斯搬到了封面上，还宣称："是这个人永久改变了商业世界。"在杂志中他们更是极力渲染道："史蒂夫·乔布斯是个说话极富热情的人，他不但可以预见未来，还能创造未来。"此外，《时代》也在 1982 年 2 月对乔布斯做了个专题，称其"独自开创了个人电脑产业"。

尽管名利双收，但乔布斯还是把自己看作是一个反主流文化的孩子，对于名利看得不是那么重。有一次，他到斯坦福大学演讲，当时就有不少学生问他苹果的股价何时会上涨等问题。对此，乔布斯一概不理，只是开始对于苹果公司未来的新产品做了激情的演说。看到乔布斯如此，慢慢地就没人再问商业方面的问题了。后来，乔布斯在回忆这段往事的时候说道："那个时代的孩子更加醉心于物质主义，只知道追求名利，根本就不愿意用理想主义的方式来思考问题，这让我看到了我与那代人对待名利的差异。"

作为一个超级富人，而且还是最年轻的一个超级富人，苹果公司的成功，不但让乔布斯声名鹊起，而且其创业经历也成了财富积累的一个奇迹。在公众的眼中，他就是整个计算机领域的开拓者，即便他有着狂放、粗暴的缺点，但仍会被人看作是个人魅力的外放，而这也真实地反映了人们对于成功者的崇拜心理。

对股权态度不同

"沃兹不懂得拒绝人，他不该把自己的期权都分给了那些不应得到的人，他不知道有很多人都在利用他。"

——在沃兹将自己的期权分给其他员工时，乔布斯如是说

苹果在超额完成 IPO 后，造就了近 300 位百万富翁，但在这些人中却不包括丹尼尔·科特基。作为乔布斯的挚友，他曾和乔布斯一起读大学，一起远行印度，并成为了苹果公司的第一批员工。暂且不论他公司元老的身份，即便是位普通员工，在公司上市的时候，也该获得一份不错的收入。但他仍以最普通的员工身份在苹果工作，甚至还因其级别不够高，

而无法获得 IPO 之前奖励给员工的股票期权。

对此，科特基曾回忆道："当时我完全相信史蒂夫，我觉得他仍会像以前我照顾他那样照顾我。因此，我从没想过要催他。"在科特基等待着乔布斯给自己带来好消息时，乔布斯对于此事却十分冷漠，甚至还公开宣称：科特基只是一名领着时薪的技术人员，而不是领着固定薪水的工程师，所以，没有资格得到期权的奖励。对此，苹果公司早期的工程师安迪·赫茨菲尔德回忆道："史蒂夫就是背叛的代言人，他从来都不知道什么叫忠诚，他总会毫不留情地伤害那些最亲近的朋友。"

这个结果并不是科特基想要的，在他看来，自己完全有资格获赠一些"发起人股"，而不是像现在这般一无所得。为此，他决定守在乔布斯的办公室外，想当面和他解决这个问题。但乔布斯每次见到科特基时，都对他的询问置之不理。有一次，乔布斯告诉他道："作为朋友，我可以告诉你，你若想持有公司的股票，可以去找你的经理谈谈。"科特基听后十分伤心，即便是到了现在，他也不敢相信当初的乔布斯竟会那般的决绝。

在 IPO 成功约半年后，再也忍不住的科特基终于鼓起勇气，冲到乔布斯的办公室里，想尽快解决这个问题。但是，乔布斯一如既往的冷漠让科特基实在是无法相信。科特基回忆道："当时我气得连一句话都说不出来了，我觉得我们的友谊在那一刻全都烟消云散了，他真的太令我伤心了。"

工程师罗德·霍尔特是早期加入苹果公司的员工之一，同时也是苹果公司的主要股东。为此，他得到了不少的股票期权。在看到乔布斯如此冷漠之时，他曾找过乔布斯，希望乔布斯能够改变主意。如有一次，他对乔布斯说道："我们必须为你的朋友丹尼尔做点儿什么。不如这样，你给他多少期权，我就给他多少。"结果，乔布斯听后说了句"好的"，霍尔特还以为乔布斯答应了自己的提议，可是接下来乔布斯所说的那句"我什么都不给他"，这让霍尔特顿时有了种抓狂的冲动，好在他忍住了。

其实，乔布斯是故意不给科特基任何股份的，这样可以更好地显示出他在公司内部所拥有的权力，向别人证明他才是真正的老板。不过，乔布斯不给科特基任何股份，似乎是因为他不够忠诚。在乔布斯看来，聪明才智和忠诚是衡量一个人最主要的两个标准。科特基虽然足够聪明，但在乔布斯眼中他却不够忠诚，这也是乔布斯绝对无法忍受的，因为他最为厌恶的就是反叛，所以科特基被他给无视了。后来，科特基在找到马库拉和斯科特后，才获得了 2000 份公司期权。

除了科特基之外，得到这种不公正待遇的还有克里斯·埃斯皮诺萨和兰迪·威金顿等四人。尽管这几人做得都很出色，但是他们都和科特基一样，在乔布斯的故意无视下，没能获得任何股票期权，没能从公司的上市中获得任何利益，这让他们伤透了心。

反观沃兹在处理此事的态度上，则与乔布斯截然不同。在苹果上市之前，沃兹就曾为他们五人没有获得任何股份而打抱不平。可能是出于慷慨，也可能是为了体现公平，沃兹在苹果公司上市前，将其近 8000 份期权（约占他个人持有期权的 1/3）分给了家人及克里斯·埃斯皮诺萨和兰迪·威金顿等人。后来，他又将自己手中的近 2000 份期权，以极低的价格卖给了公司内的 40 名中层员工，保证这些人在公司上市之后都能赚到一套房子的钱。而这一举动，也促成了苹果公司提前上市。斯科特对此回忆道："在苹果公司的历史上，有着许多不可思议的数字，其中一个就是 500。作为一家公司，一旦拥有了 500 个股东，就必须在美国证券交易委员会 SEC 备案。"因此，在沃兹的慷慨解囊之下，苹果公司俨然成了事实上的上市公司。

沃兹一直都很受苹果员工的喜爱，尤其是在他慷慨捐赠期权之后，大家对他更是喜爱非常。但乔布斯却对此说道："沃兹不懂得拒绝人，他不该把自己的期权都分给那些不应得到的人，他不知道有很多人都在利用他。"虽然乔布斯的看法有些偏激，但也有不少人同意乔布斯的看法，觉得沃兹"天性纯良到幼稚"。甚至在苹果上市的几个月后，公司的公告板上本来有一张联合慈善总会宣传海报，上面画着的是一个穷困潦倒的人。结果，竟有人在那张海报上下面添上了一句话"1990 年的沃兹"，借此嘲弄沃兹将为自己的天真付出代价。

此外，由于乔布斯的苛刻和不近人情，很多苹果的员工对他的忠诚度都不高。不仅如此，乔布斯那层出不穷的怪诞想法，也让员工们十分生气和不满。虽然大多数员工都对他的行为敢怒不敢言，但并不代表没人敢反抗。如曾在苹果公司创业初期立下过汗马功劳的比尔·费尔南德斯，作为苹果公司聘任的第一个员工，按理说也应获得一部分公司的股票。但令他失望的是，他竟一无所得，甚至连一些新来的工程师都不如。于是，他便愤而辞职，成为了第一个从苹果辞职的员工。在辞职的时候，他还非常不满地说道："我觉得自己就像个被人遮上了眼睛的蠢驴一样，每天累死累活的，结果竟然始终都只是一个技术人员而已。"（后来，他又回到了苹果公司。）

在苹果公司，乔布斯和沃兹所持有的股份一样多，但两人的对股票的分配却截然不同。结果，一人备受诟病，而另一人则备受拥戴，反差如此之大，加深了乔布斯与苹果员工之间的矛盾。

马库拉执政

"此事我一无所知，这都是斯科特在自作主张。"
——在斯科特因辞退员工而犯了众怒时，乔布斯如是说。

到了1981年初，苹果公司经过几年的发展，已经初具规模，但是其在人员结构上却显得日渐臃肿起来。苹果总裁斯科特最先发现了这个问题，他觉得公司的员工在公司壮大的同时，工作积极性越来越低。甚至还有不少员工都觉得公司绝对不会解雇他们，就连新加入的员工也觉得自己拿到了一个"金饭碗"，以后再也不用为工作的事情而发愁了。为了让员工保持对工作的积极性，他便想通过裁员的方式，让员工们警醒。

在准备裁员之前，斯科特先和马库拉和乔布斯商量了一下，结果二人没有多大犹豫便同意了。在得到二人的支持后，斯科特便开始了其裁员的计划。1981年2月25日，星期三，斯科特展开了苹果公司历史上第一次大规模的裁员。在来到公司后，斯科特所做的第一件事便是通知所有员工在上班后，全部到公司的地下停车库召开全体员工大会。对此，程序员唐·登曼回忆道："在人员到齐后，斯科特便开始了演讲，他说：'苹果公司的人太多了，我需要解雇一些。待会儿我会将该解雇的员工召集到我的办公室，并将解雇的理由告诉他。'在斯科特说完后，整个会场一下子就安静了下来。因为这事来得太突然了，究竟都有谁会出现在那个被解雇者的名单上？在那一天，所有的人都很难静下心来工作。"

接下来，斯科特便吩咐各部门经理分别向斯科特提交一份建议名单，然后再由斯科特做最终的决定。结果，苹果公司的员工很快就发现了一个问题，即斯科特并未等到那些经理向自己提交建议名单，而是在当天上午便毫无预兆地解雇了近40名员工。解雇的消息出来时，那些被解雇的员工在毫无准备的情况下全都呆住了，他们怎么也想不到会轮到自己。尤其是在这批被解雇的员工中，并不是所有都是业绩差的人，也有不少人在几周前的工作中还取得了不错的业绩，甚至还有部分 Apple II 团队的员工。随着被解雇人员的相继离开，留下的员工也都明白了一件事情，只要管理者想要解雇你，你就得卷铺盖走人，无论你曾为公司作过多少贡献，都不能留下。

当天下午，在所有被解雇的员工都离开后，斯科特对着留下来的员工说道："在就任公司总裁的时候我曾说过，当我觉得做苹果的总裁不再感到快乐的时候，我会选择离开。但是现在，我改变主意了，我决定在这项工作中找不到快乐的时候，会解雇你们中的一些人，直到这项工作让我重新快乐起来为止。"

那些留下来的员工在听到斯科特的话后，几乎个个都咬牙切齿，因为没人知道自己将来的命运，说不定哪天自己就被解雇了。更何况现在还是公司刚刚上市不久，正面临着大好的前景，他们真的不敢想象在公司前景堪忧的情况下，他们所有人是不是都会被解雇掉。斯科特在这一天的粗暴做法，深深地烙进了每一个人的心中，几乎令所有人对公司的忠诚度都降到了 0。为此，还有不少人将那一天称为"黑色星期三"，以表达对斯科特的不满。尤其是在这个时候，乔布斯又竭力撇清自己与这件事情的关系，使得所有人都觉得这件事就是斯科特一个人的主意，这让人们对斯科特的怨恨又增加了几分。

经历过"黑色星期三"的狂风骤雨后，不少关于斯科特的流言蜚语迅速在公司内传播开来，再加上部分公司人力资源部成员对斯科特在解雇员工时的独断十分不满，他们也在暗中煽风点火。结果，斯科特在所有苹果员工的心中的威信大减，甚至连一向支持他工作的马库拉也刻意拉开了与他的距离。不仅如此，马库拉还产生了放弃他的念头，因为他觉得，此时的斯科特在管理上的手段十分拙劣，这与他刚到苹果时所表现出来的细致、谨慎完全不同，简直判若两人。

其实，斯科特的这次裁员活动仅是小打小闹，毕竟从 1500 多名员工中裁掉 40 余人并不算什么。但是由于当时的苹果公司正处在蓬勃发展的时期，许多人都认为斯科特此举"残暴不仁"。斯科特此举虽是得到了乔布斯和马库拉的暗中支持，可一旦犯了众怒，乔布斯和马库拉就立刻与他划清了界限，乔布斯甚至还曾公开说道："此事我一无所知，这都是斯科特在自作主张。"即便是一向充当和事佬的沃兹也在事后回忆道："斯科特没有通过正常的程序就突然解雇了那些员工，而且在他解雇的那些人中，还有不少都是好员工。为此，他失去自己的工作。"

1981 年 3 月，趁斯科特到夏威夷度假的时候，马库拉召集了公司所有高层，就是否继续聘用斯科特为总裁一事展开了讨论。结果，绝大多数人都表示同意解除与斯科特的合约。不过，出于对公司稳定的考虑，马库拉等人决定，在当年 7 月与斯科特的合约到期时不再与他续约，以此结束他对苹果公司的管理。

对于这个决定，最兴奋的莫过于乔布斯了。乔布斯一直都觊觎着总裁之位，想要自己管理苹果公司，但之前却有斯科特挡在自己的面前，再加上现在他又负责着麦金塔机的研发项目，斯科特的存在也是一个潜在的障碍。因此，他觉得这样处置斯科特是最合适的。1981 年 7 月，当苹果公司与斯科特所签订的合同到期时，马库拉代表董事会向他说明了之前的那个决定，斯科特对于这一突发事件，虽然不是很吃惊，但还是显得十分沮丧，只得黯然地离开苹果公司。

在斯科特离开后，马库拉便决定亲自出山，揽过了总裁的大权。其实，马库拉当时并不想这么做。在他准备辞退斯科特的时候，就曾四处物色新的总裁人选，但直到斯科特离开，他也没有找到合适的。而在斯科特离开后，乔布斯虽然曾向马库拉表示自己可以胜任总裁一职，但对乔布斯深有了解的马库拉却不这么认为，再加上董事会其他成员的反对，乔布斯最终未能如愿。正所谓国不能一日无主，在这个时候，马库拉只得再度出山，执掌苹果大权，至少也要带领苹果公司先走过这段过渡期再说。

惨遭苹果遗弃

暴戾、敏感、彷徨

"你们要么将这些设计草案全都交给苹果公司，要么就将它们全部撕毁。"

——在得知青蛙公司背着自己为沃兹的新公司做设计时，乔布斯如是说

1984 年 10 月，Mac 电脑的销售业绩在连续下滑了几个月后，苹果公司一年一度的销售大会在夏威夷召开。乔布斯觉得可以借助这次大会，给公司的销售人员鼓劲加油，让他们将所有的精力全都用在产品的销售上，以便摆脱公司目前的困境。

不过，苹果的销售人员可不这么认为，他们来到夏威夷只是想尽情玩耍，为此很多人都在那里狂欢了一周。苹果的高层虽然也召开了几次会议，但却收效甚微。因此，当这次大会结束后，众人回到苹果总部库比提诺时，脸上都带着几分焦虑。

随着 Mac 电脑销量的不断下滑，苹果内部积压的矛盾也相继暴露了出来，甚至还有不少人都对乔布斯的粗暴和越权管理表达了不满。如在一次经理大会上，就有不少人对公司的管理现状表达了不满，纷纷发表言论道："到底是谁在管理着公司？若是斯卡利的话，那乔布斯为什么总会跳出来，对着我们指手画脚呢？"

与此同时，Mac 团队内的几个人也跑来向斯卡利抱怨道："史蒂夫在部门内乱指挥。"按照乔布斯最初的设想，Mac 团队内的总人数不会超过 100 人，可是到了 1984 年底的时候，整个 Mac 团队已经有了数百人，但效率却要比之前低了许多。而乔布斯那种朝令夕改的老毛病，在这个臃肿的团队中更是突出，这让很多人都难以接受。

斯卡利在听到这些人的抱怨后，也曾多次找过乔布斯，并对他说道："你应当将精力都集中在 Mac 电脑上，而不是什么人、什么事都管。如果你再这样下去，我们就没办法再在一起做事了。"对此，乔布斯总是

对他说道："约翰，不用担心，我知道我们在做什么。你要保持镇静，请相信我，我选择的道路都是正确的。"对于乔布斯的话，斯卡利很是有些无奈。他觉得自己和乔布斯之间的意见相同的地方越来越少了，而乔布斯在做一些事情的时候，也不再和斯卡利商量了，苹果上下一片混乱。

此时的斯卡利觉得，必须得约束一下乔布斯的行为了。于是，他找来乔布斯说道："史蒂夫，我想和你谈谈。你知道没人可以像我这样崇拜你的远见和才华。为此，我甚至不惜辞去了之前那份喜爱的工作而来和你一起奋斗。在过去两年里，我们成了最好的朋友。但是现在，我们之间好像出了一些问题，我觉得再这样下去，肯定不利于公司的发展，尤其是我对你目前管理 Mac 团队的方式已经彻底失去了信心。所以，现在我有两个办法可以帮助公司渡过眼前的难关，一是你想办法做出一些改变，二是对公司的管理层做出改变。我希望你能好好考虑一下。"

对于斯卡利的话，乔布斯有些惊讶，这可是斯卡利第一次对乔布斯说这样的话。他有些不高兴地回答道："哦？难道你就不能多花一点儿时间，指点我该怎么做吗？"斯卡利在听到乔布斯的话后，也有些内疚。在最近的几个月里，他确实没有抽出多少时间对乔布斯的管理多做指导和培养。可是，这与苹果当前的现状并无多大关联。因为，他现在最先要解决的是如何制止乔布斯对公司内部管理秩序的破坏行为。

在做了一番思想斗争后，斯卡利终于咬紧牙关说道："史蒂夫，我想将这件事提交到董事会上，并建议董事会撤除你 Mac 部门经理的职位，这样也好让你专心于董事会主席的事务，多关注一下未来的新技术或是新产品。不过，在通知董事会之前，我觉得有必要先让你知道此事。"

听完斯卡利的话后，乔布斯更加吃惊了。随后，被激怒的乔布斯突然从座位上跳起来，指着斯卡利怒吼道："我真的不敢相信，曾经我是那么信任你，可你现在竟然这样对我。你知不知道，如果你真这样做了，肯定会毁掉整个公司的。因为，只有我才是最了解公司产品以及运营方式的人。而你只是懂得一点点而已，还有很多东西你都不懂。"

面对着暴跳如雷的乔布斯，斯卡利颇为平静地说道："史蒂夫，你已经在错误的道路上走了很远了，早就偏离了一个管理者所应该做的。假如我继续纵容你的行为的话，那我们就不再会有新产品发布，更不会取得任何新的成功，希望你能明白我的苦心。"乔布斯不敢相信，几个月前那个还很配合自己工作的好搭档，为什么在几个月后，竟变成了无法与自己共存的对立者了。一时之间，乔布斯陷入到了彷徨当中。

不过，乔布斯并没有彷徨多久，因为苹果公司的情况越来越糟了。正在众人都为此而担忧的时候，他却变得越来越兴奋，甚至还跟别人说，只有他才能让公司摆脱目前的现状，就像是个救世主一样。为此，他还想出了一条"绝妙"的主意，即寻找一家大型公司合作经营，那样就能快速解决掉公司当前的困境。为了证明自己是对的，乔布斯便开始为此而奔波起来，他曾积极地与美国电话电报、通用电气等公司联系，希望取得他们的帮助，但都没能成功。

后来，在碰了许多钉子之后，乔布斯找到了通用汽车公司的 CEO 罗杰·史密斯，他不仅热情地邀请史密斯一同参观 Mac 电脑的生产部门，还建议通用汽车公司与苹果公司进行发展战略联合。对于乔布斯的这些提议，史密斯虽然有些心动，但他并未表现出来，只是淡淡地回答道："我对计算机了解得很少，不过，我可以派一名公司的董事前往贵公司，与你们商讨合作的事宜。"随后，罗斯·佩罗特被指派到苹果进行商讨合作的事宜，此人与乔布斯虽然很谈得来，但他一直未能发现他们两家公司在哪个地方可以合作。所以，他很快就离开了苹果公司，此事自然也就不了了之。

眼看在国内寻求合作无望，乔布斯便将其目光放到了海外。他最先看中的是日本的爱普生科技公司，他觉得苹果公司能够和它更好地开展合作。于是，他便带着苹果公司的几个人远赴日本，与爱普生科技公司商讨合作的事宜。不过，在去日本东京的时候，由于突发地震，很多道路都被毁坏了，这让乔布斯很是不爽。随后，他们准备转乘火车赶往东京，但是，铁路的状况并不比公路好多少。过了很久，当他们终于赶到爱普生公司总部的时候，却又被他们的工作人员给晾在了一边，这更让乔布斯很是不爽。后来，爱普生的工作人员在接待乔布斯等人的时候，虽然表现得还算和善、殷勤，但乔布斯却依然为之前的事情而生气。

在双方会谈开始后，爱普生公司的 CEO 亲自站起身来对他们的产品进行展示，可是，他刚刚开始演示，就被乔布斯那粗鲁的话语给打断了。当时，杰伊·埃利奥特就是陪同乔布斯前往爱普生总部的人员之一，据他回忆道："史蒂夫当时对着爱普生的 CEO 说道：'你们所做的产品都是垃圾，难道你们做不出比这更好的产品吗？'说完之后便扬长而去。"

在谈判失败后，坐车回去的途中，乔布斯开始发泄其内心的不满。

只不过，他不是在说与爱普生合作失败的事情，而是与他新交的女友有关。对此，杰伊·埃利奥特回忆道："在回去的路上，他根本就不在乎自己在爱普生公司所做的一切。可以说，在他离开爱普生公司的一刹那，他就那件事情给忘得一干二净了。在他的心目中，他对苹果的事业始终都保持着前所未有的热忱，可他不明白自己为什么会遇到那么多的麻烦事，为什么他的热忱不能帮他解决所面临的难题？"就这样，这个年近而立的亿万富翁，在回去的路上一直都在向别人倾诉着内心的不畅。

自从日本回来后，乔布斯依旧生活在自己想象的世界里。1985 年 3 月底，他偶然去了一趟青蛙设计公司（Frog design），结果引起了轩然大波。青蛙设计公司是一家颇具欧洲品味的美国公司，曾为日本索尼公司的随身听设计过外形，并一举取得了成功。在此之前，乔布斯在第一次见到青蛙公司为索尼设计的随身听外观时，就被其超凡的设计能力给折服了，并立即说服它与苹果公司就未来电脑产品的设计方案达成了合作协议。乔布斯来到青蛙公司的时候，发现他们正在为沃兹新创办的公司云 -9（Cloud-9）做设计工作。这让乔布斯勃然大怒。

他愤怒地对着青蛙公司的总经理咆哮道："你们要么将这些设计草案全都交给苹果公司，要么就将它们全部撕毁。"此时的沃兹已经离开了苹果，在苹果内部支持乔布斯的人已经很少了，所以他在当时变得极为敏感，他很害怕所有人都背叛自己，他只能借助于愤怒来发泄心中的不满。不过，乔布斯也有权力这么做，因为当初他与青蛙公司签订合同时，就曾明确规定：青蛙公司可以接受其他公司的设计项目，但却不能与乔布斯之前的合作伙伴有所接触。

后来，这件事情还被好事的记者给捅到了报纸上，很多人在看到那篇报道后，都觉得乔布斯的为人十分狭隘和卑劣，这让乔布斯的声望一下子降到了极低的地步。

人才大流失

"我希望你能回来帮我，但若你不愿意，我也不勉强，反正你在 Mac 团队中也不是那么的重要。"

——在劝安迪·赫茨菲尔德回到苹果时，乔布斯如是说

1985 年初，苹果公司的人事发生了一次剧烈的动荡，包括创始人

沃兹在内的 Apple II 团队和 Mac 团队中总共有几十位中、高层以及工程师辞职，给苹果公司的运作带来了不小的打击。在那段时间里，苹果公司的每个部门几乎都有空缺，这从斯卡利贴在办公室墙上的那张组织结构图上就可以看出，因为上边有许多地方都标记着"TBH"（待招聘）的字样。

在 1984 年初，Mac 电脑发布不久，安迪·赫茨菲尔德出于对乔布斯的愤怒，就准备离开苹果公司。当时，乔布斯并没有同意，而是给他放了一个长假。鉴于自己正在与当时的上司鲍勃·贝尔维尔闹矛盾，同时也不是真的想离开苹果，所以赫茨菲尔德爽快地答应了乔布斯的提议。

刚开始的时候，赫茨菲尔德的休假生活还算惬意。但有一天，当他听说乔布斯给 Mac 团队的每位工程师都发了奖金，且最高达 5 万美元时，赫茨菲尔德生气了，因为这些人中并不包括他。他在得知这一消息后，立即中止了休假，并找到乔布斯，向他讨要属于自己的那份奖金。但乔布斯却告诉他，是贝尔维尔决定不给休假的人发奖金的。结果，赫茨菲尔德在与贝尔维尔对质的时候，贝尔维尔不小心说漏了嘴，抖出了乔布斯才是幕后指使者的真相，这让赫茨菲尔德非常生气。当他再次找到乔布斯时，乔布斯还不想承认，但当赫茨菲尔德说出确切的证据时，乔布斯则对他说道："嗯，即便你说的都是真的，可是事情已经过去了，难道你还能改变些什么吗？"

在听完乔布斯的话后，赫茨菲尔德知道乔布斯是不会给自己一分钱的，此时的他已经对乔布斯彻底失望了。虽然，他从这件事中看出乔布斯之所以扣着自己的奖金不给，就是为了让他回到苹果。但是，赫茨菲尔德并没有妥协，而是选择了继续休假。

赫茨菲尔德在其休假快要结束之时，和乔布斯约好了共进晚餐。在吃饭的过程中，他对乔布斯说道："我是真的想回去，但是现在的情况真的非常糟糕。负责软件开发的人，个个都无精打采的，已经过去好几个月了，你看看他们都做出了什么？还有就是，伯勒尔前几天跟我说，他对这样的情况非常难受，也许在今年年底之前他也会离开的……"

"够了！"还没等赫茨菲尔德说完，乔布斯就对他吼道，"你知道自己在说什么吗？我们的 Mac 团队很棒，你这完全是无稽之谈。看来，你已经跟我们严重脱节了。"在听到乔布斯的话后，赫茨菲尔德闷闷不乐地回道："如果你真那么认为的话，那我肯定是不会回去了。因为，我想要回归的那个 Mac 团队，已经不复存在了。"乔布斯对此回应道："我希望你能回来帮我，但若你不愿意，我也不勉强，反正你在 Mac 团队中也不是那么的重要。"在听完乔布斯的这句话后，赫茨菲尔德更加伤心了，并坚决地离开了苹果公司。

1985 年初，伯勒尔·史密斯也准备离开苹果了。不过，他非常害怕乔布斯那强大的现实扭曲立场，只要乔布斯试图劝他留下的话，那他就极有可能不会离开。为了能够顺利地离开苹果，他找到了一年前就离开的赫茨菲尔德取经，希望赫茨菲尔德能给自己出个主意。可是，赫茨菲尔德对于乔布斯那强大的现实扭曲力场也是无能为力。正在赫茨菲尔德苦思对策的时候，伯勒尔突然喊道："我想到一个完美的方法，保证史蒂夫会辞掉我的。"当赫茨菲尔德问他是什么办法时，他说他会在乔布斯的办公桌上小便，并以此惹恼乔布斯将他开除掉。当他跟 Mac 团队内的其他人说起这件事时，很多人都打赌说伯勒尔不敢这么做。在乔布斯 30 岁的生日刚过没几天，早已鼓足勇气的伯勒尔就准备好要做这件"壮举"了。

可是，当他走进乔布斯的办公室时，他却吃惊地发现乔布斯正对着他笑得非常开心。不仅如此，他还对伯勒尔问道："你真的想那么做吗？"听到乔布斯的问话，伯勒尔已经知道自己的计划被暴露了。他在进来之前，虽然还在想着，无论如何，自己都要想办法惹怒乔布斯。可在听到乔布斯的话后，他犹豫了。于是，他对乔布斯说道："其实，我也不想那么做，但若万不得已的话，我想我会的。"结果，乔布斯听后只是冷哼了一声就批准了他的辞职申请，并给予了他不错的条件。

继伯勒尔之后，另一个离开的 Mac 的是布鲁斯·霍恩（主要负责 Mac 电脑的电源开发与改进），他在向乔布斯辞职的时候，并没有受到什么刁难。只是在双方告别的时候，乔布斯对他说道："你知道吗？Mac 电脑的所有问题都因你而造成的。"霍恩听后摊了摊手回答道："嗯，这个我不否认。不过，Mac 电脑上的许多优点也都是因为我的错才得以实现的吧！"乔布斯在承认这个事实的同时，也对霍恩做了最后的挽留，道："假如你肯留下的话，我就给你 15000 股的股票。"面对这样的诱惑，霍恩还是坚定自己的立场，拒绝了乔布斯的挽留。此时的乔布斯并没有像对待赫茨菲尔德时那样暴躁，而是抱了抱霍恩，然后就放他离开了苹果公司。

也许 1985 年的 2 月注定不是平凡的一个月份。伯勒尔和霍恩的离开并没有引起多大的轰动，但是沃兹这位苹果的创始人之一的离开则不同，关于他离开苹果的消息，铺天盖地地出现在各大主流媒体之上。当然，关于其离开苹果的猜测也是千奇百怪。

由于个性的不同，乔布斯和沃兹之间，从未爆发过激烈的冲突。即便两人在苹果的管理和战略问题上有着根本的分歧，沃兹也从未与乔布斯撕破过脸皮。尤其自那次飞机事故之后，他虽然重新回到了苹果公司，但他只想待在 Apple Ⅱ 团队中做个合格的工程师，远离公司的权力斗争，只以公司的招牌人物而存在。但实际上，Apple Ⅱ 的许多研发与改进工作都不需要他插手，再加上每天他都会被无数的电话、电子邮件、讲演以及大小会议等困扰着，这让他有些难以忍受。

然而，更让沃兹他难以忍受的是，乔布斯居然向董事会提出，准备砍掉 Apple Ⅱ 的产品线，全力辅佐 Mac 电脑的推出，这让沃兹非常生气。在那次大会上，向来温和的沃兹对着乔布斯发怒道："作为苹果的创始人、三大股东之一，我想告诉你，我很生气，Apple Ⅱ 团队的其他人也很生气。你可知道，现在苹果公司近 70% 的利润都是由 Apple Ⅱ 创造的，而你却全力支持 Mac 电脑，甚至还准备砍掉 Apple Ⅱ 的产品线，你知道这对苹果员工的士气是多大的打击吗？"股东大会结束后，他又找到斯卡利，痛斥他在乔布斯身上和 Mac 部门浪费了太多的精力。

可这一切有用吗？当时，乔布斯的眼中只有 Mac 电脑，他想为 Mac 电脑通往成功的道路铲除掉一切障碍。在心灰意冷下，沃兹准备离开苹果公司。当时，他觉得自己在苹果已经不那么重要了，就没有通知其他的部门，也没有告诉乔布斯和马库拉，只是将自己的想法告诉了 Apple Ⅱ 团队的工程师主管乔·埃尼斯和助理劳拉（后来二人跟随沃兹一同离开了苹果公司，并创建了 Cloud-9 公司），然后便悄然离开了苹果公司，并创办了一家制造其发明的万能遥控器的公司（即 Cloud-9 公司）。直到后来的《华尔街日报》上登载了有关沃兹创建的公司介绍时，乔布斯才知道沃兹想要淡出苹果的消息。

在看到这个消息后，乔布斯非常吃惊，他知道沃兹对于苹果意味着什么，所以他不想沃兹离开，可他又找不到合适的理由。正当他为此而矛盾的时候，他和沃兹同时收到了罗纳德·里根总统的请帖，邀请他们前往华盛顿去参加一次庆典。在那次庆典之上，里根总统还将首届国家技术奖章（National Medal of Technology）授予了他们，以表彰他们对美国科学技术的发展所作出的杰出贡献。在庆典结束后，乔布斯找到沃兹，他想要留下沃兹，就提出和他谈谈，沃兹同意了。

后来，乔布斯和沃兹聊了很多，并尽量避开了所有存在分歧的问题。乔布斯虽然没能说服沃兹留下，不过，他的游说还是起了一定的作用。最终，沃兹同意以兼职的方式，代表苹果公司出席一些活动和展览，然后再慢慢淡出人们的视线，和苹果公司友好地分手。

可惜，好景不长。几周后，乔布斯发现了专门负责苹果产品外观设计的青蛙公司，竟然背着他为沃兹公司的产品设计外观，这让他很是生气。之后，他又借机毁掉了所有为沃兹的公司做的设计草图，一点儿旧友之情都不留。此事传出后，两人的关系也因此而急剧恶化，并最终导致了沃兹与苹果公司的彻底决裂。

在沃兹正式宣布离开苹果之后，一时间有关苹果的流言四起，使得苹果的股票再次下跌至了冰点。此时的苹果可以说是内忧外患齐聚，已是乱成了一团，急需董事会拿出一个可行的方案，解决眼前的混乱。

董事会的决定

"如果让我继续担当 Mac 部门的总经理的话，我可以向你保证，管理公司的事情我绝不会再插手的，希望你能给我一次证明自己的机会。"

——在被撤掉 Mac 部门经理后，找斯卡利和谈时，乔布斯如是说

1985 年 3 月初，苹果公司在经历过 2 月份的人事大动荡后，乔布斯和苹果 CEO 斯卡利之间闹了不小的矛盾，两人之间的关系也因此而急剧恶化。其实，他们两人之间的矛盾是由多方面的原因造成的，既有管理上的，也有业务上的。

如斯卡利想让 Mac 电脑的销售价格一直维持在 2500 美元左右，以便获取到最大的利润。但乔布斯对此则嗤之以鼻，他只是想让 Mac 卖出去的价格更加便宜、合理一些，其目的并不是为了赚钱。另外，他们两人的心理也出现了一些变化。刚开始的时候，乔布斯想在斯卡利身上学到管理上的经验，而斯卡利则想方设法地想让乔布斯喜欢自己。那个时候两人还能和平相处。但是，当两人最初的激情都成为了过去之后，他

们才发现自己原来与对方如此不和，他们之间的矛盾也因此而逐渐多了起来。

在斯卡利看来，乔布斯对于产品的细枝末节太过关注和苛求了，那样的工作一点儿效率都没有。不仅如此，他还觉得乔布斯将自己请到苹果之后，就像是换了个人一般，对自己的并没有之前那么关心了。虽然他也曾非常努力地吸引着乔布斯的关注，但乔布斯的表现却又让他非常讨厌。

如有一天，他带着乔布斯同施乐公司的董事会副主席比尔·格拉文谈判，在会面之前，斯卡利一直要求乔布斯在双方会谈开始之后，千万不要失了礼态。但是，出乎斯卡利预料的是，双方坐下还没多久，乔布斯就有些不耐烦地说道："你们这些家伙，根本都不知道自己在做些什么。"说完之后，便起身离去，那次会面自然是不欢而散。在散会后，乔布斯就像是个孩子一样，对着斯卡利道歉道："约翰，真是对不起，可我就是控制不住自己。"鉴于此，一两次还可以原谅，但若每次都这样的话，即便是竭力讨好乔布斯的斯卡利也有些不爽了。

而在乔布斯的眼中，斯卡利在刚开始的时候，只是个卖汽水和零食的人，他根本就不知道产品的配方是什么，也没有兴趣知道，对于苹果电脑，尤其是 Mac 电脑，他同样没有表现出足够的喜爱之情，这让乔布斯有些不爽。对此，乔布斯还曾回忆道："我曾试图让他明白一些工程上的细节，但他还是不知道那些产品是怎样被创造出来的。刚开始的时候，我还有些耐心，后来就不行了。为此，我还和他吵了几次。"雅达利公司的阿尔·奥尔康曾对两人的区别做出了这样的评论："斯卡利为人谨慎，他在保证某一个人高兴的前提下，还会照顾到其他人的情绪，以免造成某种误会。而史蒂夫则不然，他对所有的人都不屑一顾，哪怕是最一流的员工也不行。"

在两人之间刚出现矛盾时候，苹果的董事会就已经对此有所警戒了。随着矛盾的不断激化，就有越来越多的董事对他们两人指责了起来。其中，尤以亚瑟·罗克的反应最为激烈。他曾对斯卡利言道："我们请你过来，就是要你负责苹果公司的运营，而不是花更多的心思讨好乔布斯一人。"当然了，他们在指责斯卡利的时候，还不忘警告乔布斯一声，要他尽快解决掉 Mac 团队内部混乱的问题，稳定好 Mac 团队与苹果其他各部门间的关系。

到了 1985 年 3 月底，在第一季度即将结束的时候，Mac 电脑的销量再次令人大失所望，因为其销量还不足之前预测的十分之一。这一结果让乔布斯非常生气，无论是谁碰到他，都会被他大骂一通。尤其是公司内的一些中层主管，更是被他骂得体无完肤，很快就激起了"民怨"，并纷纷联合起来反抗乔布斯的"暴政"。

在这群人中，营销主管迈克·默里被推认为代表，由他找到斯卡利反映一下大家对乔布斯的看法，希望斯卡利能够帮助他们解决掉这个问题。一天，在一次会议之后，迈克·默里叫住了正欲离去的斯卡利，将大家的想法告诉了斯卡利，希望他将乔布斯从 Mac 团队的管理层中踢出，以避免其为公司带来更大的损失。对此，斯卡利则告诉他说："现在我还没有非得和他摊牌的地步，所以，你们就先忍忍吧！"可是，迈克·默里也是个有血性的人，他在回到住处之后，立刻就给乔布斯发了一封邮件，对他那带有人身攻击性质的管理方式表达了强烈的不满。

在迈克·默里给乔布斯发过邮件后的几周内，乔布斯似乎是听从了迈克·默里的批评，不再见谁都吼，与斯卡利之间的关系似乎也恢复到了正常。其实，当时的乔布斯正醉心于一种新的技术，即平板显示屏技术，这是伍德赛德设计公司（Woodside Design）内，一位名叫史蒂夫·基钦的工程师研发出来的，所以他才无暇顾及其他。除了这个之外，还有一项技术引起了乔布斯的注意，那是一家小公司研发出的触摸屏技术。在看到这两种技术后，乔布斯便萌生出了研发"Mac 书"（Macinabook）的计划，那是一种无需鼠标，只需用手指轻轻触滑就能实现控制的一种设备。为此，他还想出了一个绝妙的注意，即设立一个实验室专门研发这种设备。不仅如此，他还早早地为这个实验室起好了名字——苹果实验室（Apple Labs），在建成后他会亲自管理，带着 Mac 团队中的精英一同开发这种具有革命性的新产品。

斯卡利听说这件事后，自然十分高兴。他觉得，这件事如果办成的话，乔布斯就能回到他最擅长的领域，不会再给苹果公司的管理造成破坏，进而解决掉他们之间因管理公司而出现的大部分问题。为此，斯卡利还专门从法国为他物色了一个接班人——让·路易·加西，准备在他创建苹果实验室后，由让·路易·加西替代他接管 Mac 团队。

让·路易·加西本为苹果公司在法国分部的主管，之前，乔布斯在去法国考察的时候，就是他负责的接待工作，不仅如此，他还面对着无礼的乔布斯据理力争过。他在飞往库比蒂诺前，曾向斯卡利表明，他来到苹果总部后，只想全权管理 Mac 团队，而不是在乔布斯的手下工作。

为此，斯卡利还专门找到董事会的其他成员，想让他们劝服乔布斯，让他创建一个为研发新产品且充满激情的小团队。但此时的乔布斯已经改变了注意，他虽然很想研发那种东西，但与 Mac 团队的控制权相比，显然后者更为重要，他可不想再将自己一手创立起来的团队交给其他人处理。让·路易·加西还算明智，在乔布斯表过态后，就立刻飞回了巴黎，他可不想招惹乔布斯这个大麻烦。在让·路易·加西离开后，乔布斯则又想起了苹果实验室的筹建计划，并经常在这个计划与是否继续执掌 Mac 团队之间摇摆不定。

3 月底，对于乔布斯的反复无常，斯卡利终于忍不住了。那天，他带着人力资源部经理杰伊·埃利奥特步入了乔布斯的办公室，率先开口道："史蒂夫，你知道没人比我更欣赏你的才华，但是，光有这些是行不通的。现在我对你管理 Mac 部门的能力已经失去了信心，我希望你能放弃 Mac 部门的管理权。"

乔布斯听后，非常吃惊地看着斯卡利，他不相信斯卡利会这么对待自己。但事实摆在眼前，又由不得他不信。过了一会儿，他才对斯卡利展开反击，称其没兑现当初的承诺，将他培养成一个合格的管理者。不仅如此，他还责怪斯卡利将公司管理得一团糟，远不如自己想象中的那样。

面对着乔布斯的一连串反击，斯卡利只得默默地坐在那里听着。他明白，自己现在还不是乔布斯的对手，他需要找一个强大的伙伴与乔布斯对抗。因此，当乔布斯停下来的时候，闷坐了许久的斯卡利开言道："我会把今天的情况提交到董事会，并建议他们撤销掉你对 Mac 部门的管理职权。我今天来，只是尽了一个朋友的义务，提前告诉你一声而已。"对于斯卡利的话，乔布斯非常吃惊，只见他忽然跳了起来，并指着斯卡利威胁道："假如你真那样做了，公司肯定会毁在你手上的。"

乔布斯虽然很愤怒，但是斯卡利却显得毫无畏惧。尤其是在取得马库拉的支持后，斯卡利的胆气似乎更足了。1985 年 4 月 10 日，在苹果董事大会上，斯卡利向众董事提出了这一问题，并发言道："我正试图劝服史蒂夫放弃 Mac 部门的总经理一职。所以，我希望能够得到你们的支持，如果我成功了,那么我会对公司今后的运营负全责。如果我没有成功的话,也许在不久的将来,你们就要重新物色一个 CEO 了。"斯卡利知道,自己即便是取得马库拉的支持,也很难博得其他董事的支持,乔布斯毕竟是苹果的创始人,很多人都是站在他那一边的。因此,在提出这个建议的时候,他就已经做好了被解雇的准备。

事实上也是如此,很多董事并不想看到两人闹僵。正在大家商量对策的时候,苹果董事会成员之一的亚瑟·罗克提出了一个调解的方案,希望双方能够和解。可是,在经过了近三天的调解后,乔布斯一直坚持认为斯卡利才是问题所在,拒绝承认自己有错。结果,调解失败。

最终,董事会成员达成一致意见,全都站在了斯卡利的一边,决定免去乔布斯 Mac 部门总经理一职,改由斯卡利之前提议的让·路易·卡西接任,只保留乔布斯董事会主席的头衔,并同时授权斯卡利执行这一决议。

乔布斯对这个决定非常震惊,他很难相信这个决定是真实的,不过,更让他不明白的是,斯卡利为什么非要这样对付自己。在会议结束后的几天内,他对斯卡利痛恨极了,而且他的脾气在这几天内也变得异常暴躁。

几天之后,逐渐冷静了下来乔布斯,压制着内心的狂躁对斯卡利提出了一个和解的计划:"难道你就不能保留我现在的职位?如果让我继续担当 Mac 部门的总经理的话,我可以向你保证,管理公司的事情我绝不会再插手,希望你能给我一次证明自己的机会。"虽然乔布斯的语气极为谦卑,但是早已看透了乔布斯的斯卡利直接拒绝了乔布斯,他觉得,事情既然已经这样了,已经没有回头的可能了。

残酷的现实

"当时我就觉得自己像被人扼住了喉咙一般,闷得我无法呼吸。"

——在回忆自己被苹果董事会抛弃时,乔布斯如是说

现实是残酷的,乔布斯即便是苹果公司的创始人之一,但他还是被他所掌控的董事会给出卖了,成了一个没有了实权的董事长。在与斯卡利交涉未果的情况下,乔布斯虽然很生气,但却没有更过激的表现,而是回到了家中静坐。

在那段时间里，乔布斯一直将自己封闭在家中，还将窗帘全都拉了下来，不让一丝阳光射入，电话也转入了自动录音功能，无论是谁的电话他都不接。可以说，在那段时间里，除了他女友蒂娜·莱德斯以外，谁都没有见过乔布斯。在这段时间里，他除了坐在那里静静地思考外，就是一遍一遍地听着鲍勃·迪伦唱的那首《时代在变》。早在一年多前，他在向众人揭开Mac电脑的神秘面纱时，所朗诵的就是这首歌的一部分歌词，而他最欣赏的则是歌词的最后一句："现在的失败者，必会成为最后的赢家。"

乔布斯虽然乖张、暴躁，但他还是有朋友的，比方说已经离开了苹果的安迪·赫茨菲尔德，他在得知乔布斯被赶出Mac团队的消息后，立刻驾车赶到了苹果总部，这是他在离开苹果之后第一次回来，遗憾的是他没能见到乔布斯。

后来，赫茨菲尔德回忆道："我非常意外，真没想到公司的董事会居然真的赶走了史蒂夫。虽然在很多时候，他都很难被满足，可他毕竟是苹果公司的灵魂和精神依托。也许在史蒂夫离开后，那些反感他的人会觉得扬眉吐气，会有不少人抓住这个机会升迁。不过，大多数苹果员工在史蒂夫离开后，都会对未来流露出忧虑、沮丧和不确定的情感。"

赫茨菲尔德在白天的时候，没能在公司见到乔布斯。到了晚上，他就约比尔·阿特金森等几位Mac团队的核心成员一同来到了乔布斯的家中，准备帮他重新振作起来。不过，他们在来到乔布斯家的时候，在门口等了很长一段时间，乔布斯才为他们打开房门，并带着他们来到了家中唯一一间摆有家具的房间里。

在坐下来之后，赫茨菲尔德率先开口道："史蒂夫，告诉我到底发生了什么？事情真有那么糟吗？"乔布斯摆出一副愁眉苦脸的样子道："恐怕比你想象的还要糟。斯卡利彻底地背叛了我，他一点情面都不给我留，只是保留了我董事长的头衔，而没有实权参与到公司的管理之中。现在，我真的很难想象，苹果公司在没有我的情况下，还能被管理好吗？"乔布斯越说越激动，甚至到了后来，还对斯卡利破口大骂了起来。为了缓和气氛，赫茨菲尔德赶紧将话题转向了他们之前共同度过的那段快乐的日子，开始对过去进行缅怀。

在来乔布斯家之前，赫茨菲尔德还专门带了一张鲍勃·迪伦刚出的新专辑，其中有一首名为《当夜幕降临》（When the Night Comes Falling

From the Sky）的歌曲，很适合当时的情景。不过，乔布斯在听到这首歌时总觉得它很聒噪，听起来很不舒服。于是，赫茨菲尔德又播放起了这张专辑中的另一首歌曲《黑眼睛》（Dark Eyes），这是一首只有吉他和口琴伴奏的音乐，节奏也很缓慢，但是其所表达的感情却比较哀伤，他本以为现在的乔布斯会喜欢这首歌，但乔布斯和刚才一样，同样不喜欢这首歌，也不想再听这张专辑里的其他歌曲。在他看来，鲍勃·迪伦自从出了《路上的血迹》那张专辑后，一直在走下坡路，唱的歌曲也一首不如一首。

赫茨菲尔德非常理解乔布斯当时的反应，在他看来，乔布斯曾一度将斯卡利视为父亲般的存在，当然还有迈克·马库拉，以及另一位董事亚瑟·罗克。但是，正是这三个人，在那一天的董事大会上，同时抛弃了他，这让他非常伤心。多年后，乔布斯对此回忆道："当时我就觉得自己像被人扼住了喉咙一般，闷得无法呼吸。"他的好友兼律师乔治·莱利也曾对此回忆道："小时候那种被抛弃的感受再次笼罩了史蒂夫，但经历过此次事件后，他却更加清醒地认清了自己到底是谁，给自己下了一个较为准确的定义。"

其实，在这三人中，最让乔布斯伤心的是失去了亚瑟·罗克的支持，而不是斯卡利的背叛。在乔布斯的眼中，亚瑟·罗克一直都是个父亲般的存在，一直庇护着乔布斯，包容着他的任性。在生活中，亚瑟·罗克给乔布斯讲过歌剧，还曾多次在家中招待过他。我们都知道，乔布斯是个很不喜欢送礼物的人，但他却会经常送给亚瑟·罗克一些礼物。如他此前到日本谈判时，就给亚瑟·罗克买回了一部索尼牌的随身听。后来，乔布斯回忆道："我真的从来没有想过，他会选择斯卡利而不是我，这对我的打击真的很大。"

在乔布斯内心的悲伤逐渐消失之后，乔布斯又将自身的愤怒全都转移到了背叛自己的斯卡利身上，他觉得自己心爱的公司正被他眼中的笨蛋操控在手中，这让他很难接受。对此，乔布斯曾愤怒地说道："董事会应当将我和斯卡利分开处理，他们虽然觉得我没有能力管理好公司，但也不能将公司交给斯卡利管理，而应将他解雇掉。"

在乔布斯和斯卡利相互对峙的时候，他们两人共同的朋友曾想从中调解，但最终都以失败告终。如在1985年7月末的一天，鲍勃·梅特卡夫同时邀请乔布斯和斯卡利到自己的家中做客，结果却很让他失望。后来，他对此回忆道："我当时做了个错误的决定，我不该请他们两人同时来到我的家中。当时，史蒂夫和约翰分别坐在房间的两头，两人就那样瞪着对方，一句话都没有说。直到那时，我才意识到他们之间已是到了水火不容的地步。"

决心赶走斯卡利

"我想继续管理 Mac 部门，时间会证明我是对的。"

——在对控制 Mac 部门仍留有一丝幻想时，乔布斯如是说

在那次董事大会之后，乔布斯和斯卡利之间就已是势同水火了，无论是谁都无法让他们达成和解。乔布斯由于一直在家静修，所以并未在公众面前露面。但斯卡利不同，作为苹果的 CEO 他可没有时间静修，就算有的话，他也不愿意去。

后来，斯卡利在接受一次采访的时候宣称，乔布斯虽然还是苹果的董事长，但他与苹果已经没有多少关系了。不管是将来还是现在，公司的运营方式，他都没有资格再参与其中。当这一消息传至乔布斯耳中的时候，他们之间的关系也因此而进一步恶化了。

1985 年 4 月，Mac 电脑的销量依旧没有什么起色。到了 5 月初的时候，乔布斯找到斯卡利，并对他说："我想你现在已经有些自顾不暇了。记得我请你过来的第一年时间里，几乎所有的事情你都做得非常完美。可是，最近发生了一些不愉快的事情，以至于成了现在这个样子，而公司也没有按照我之前所想的那样发展下去，对此我非常失望。"

听到乔布斯的话后，斯卡利仍旧带着一丝耐心对他说道："史蒂夫，我想我们应该坐下来好好谈谈了。我承认，以前都是我的错，我没能花费更多的时间指导你。可是，你在管理 Mac 部门的时候，没能按时推出与 Mac 电脑配套的办公软件，也从不听取市场上的反馈意见，你根本就不了解用户真正想要的是什么样的产品。还有就是，你一直都不接受生产可以兼容的电脑，对此我也深表失望。你可能都不相信，现在 IBM 公司生产的个人电脑已经占据了大半的市场份额，远远地超过了苹果，难道你还想再坚持下去吗？"

乔布斯听后则有些玩味地说道："你的分析听上去很不错。不过，你应当明白，当初我请你来当 CEO 的时候，是先让你看了公司的情况，而

后你才下定的决心。倘若如你所言，我并不是一个好的管理者，那么完美的 Mac 电脑又怎么可能研发出来？倘若你是一个优秀的管理者，那你对目前的状况又当作何解释？"听完乔布斯的话后，斯卡利顿时语塞，一时之间，竟不知该如何作答。

随后，乔布斯又趁热打铁道："约翰，正如你所言，我们确实该坐下好好谈谈了。现在我只想告诉你，公司目前的现状是谁都不愿看到的。所以，我想继续管理 Mac 部门，时间会证明我是对的。"听完乔布斯的话后，斯卡利就已经明白了乔布斯的意图，对于乔布斯的这个要求他想都没想就直接拒绝了。乔布斯对此回应自然是恼羞成怒，甚至还对斯卡利说出了让他彻底离开苹果的狠话。兔子急了还咬人，更何况是一个有着自己个性的人呢？因此，一向温和的斯卡利便在办公室内和乔布斯吵了起来，最后两人不欢而散。

5 月中旬，Mac 团队向斯卡利和苹果其他高层汇报第二季度的报告，而乔布斯和斯卡利的矛盾也因此而达到了高潮。此时的乔布斯依然不打算放弃 Mac 部门的控制权，甚至还非常嚣张地带着 Mac 团队的几个核心人员走进了会议室，与斯卡利展开了一场激烈的对抗。

在会议上，乔布斯坚持认为，Mac 团队现阶段的主要任务就是卖掉更多的 Mac 电脑，但斯卡利却指出，Mac 团队应当以服务于公司整体为主。就此问题，两人争论了近一个小时，可即便这样，他们最后谁也没能说服对方。在争辩未果后，乔布斯又提出了 Mac 团队正在对 Mac 电脑进行改进，并称其将比之前的 Mac 电脑更加强劲。此外，乔布斯还在大会上道出了 Mac 团队正在研发的一款名为"文档服务器"（File Server）的软件，并称这款软件一旦完成，所有 Mac 电脑的用户均可以通过它在互联网上实现文件共享。对此，斯卡利则回应道："史蒂夫，我想你说的这些都未能按时完成吧？你连自己的手下都约束不了，还敢妄言研发出更为成功的软件，你这不是在混淆视听吗？"就这样，大会在他们两人的不断争吵中结束了。

当天晚上，乔布斯带着 Mac 团队的众人在一家酒店内吃饭，并邀请了当时待在苹果总部，等待接管 Mac 部门的让·路易·加西一同进餐。在晚餐的时候，鲍勃·贝尔维尔举着酒杯意有所指地说道："敬我们这些真正明白史蒂夫构想的人。"让·路易·加西听后很不好受，因为他曾说过乔布斯是一个生活在自己构想的世界中的人，贝尔维尔这话明显是冲着他来的，可他又不好发作，只得强颜欢笑。宴会结束后，只有贝尔维尔一人留了下来，他不断地鼓励乔布斯要重新燃起斗志，与斯卡利抗争到底。

贝尔维尔的话提醒了乔布斯，他也觉得再这样下去，肯定对 Mac 团队还有自己都很不利。于是，他便想设计出一套完美的计划，准备将斯卡利从公司内抹掉。不过，乔布斯虽然精于操控别人的精神，可以轻易哄骗和迷惑他人为自己做事，但他在玩心计这方面却远不如他人。正如杰伊·埃利奥特后来指出的那样，"史蒂夫天生不会玩办公室政治，也一直没有去想过，但他还是做了，结果可想而知。"

乔布斯发动"政变"

"不如我来当 CEO，你来当董事长好了。"

——在发动"政变"面对斯卡利时，乔布斯如是说

为了重夺公司大权，乔布斯再次展现出了他那不计前嫌的个人魅力，他找到了自己的老友兼苹果市场总监迈克·默里，两人合伙草拟了一份大胆的公司改革计划书，在这份草案中，乔布斯准备将苹果划分成一个总公司和四个分公司，其中一个分公司主要负责苹果产品的零售业务，并准备让斯卡利出任该分公司的总经理。按照乔布斯的设想，只要这个计划能够成功，斯卡利就得让出公司 CEO 的职位，无法再干涉自己的事情了。

不仅如此，乔布斯还计算好了，只要斯卡利一动身前往中国（苹果公司在几个月前，获得了向中国出口电脑的许可，斯卡利决定自己去签协议），他就立即发动"政变"，夺取公司大权。为了"政变"能够成功，乔布斯做了相应的准备。

在告诉迈克·默里自己的计划之后，乔布斯又于 5 月 23 日，在 Mac 部门的管理层会议上，向众位核心人员讲述了自己的计划。随后，他又将这一消息透漏给了苹果人力资源部的总监杰伊·埃利奥特，希望能够得到他的支持，埃利奥特虽然并不相信他的这个计划会成功，但他还是和苹果的一些董事会成员进行了接触，并劝他们支持乔布斯。很显然，那些人和埃利奥特的想法较为一致，他们大多站在斯卡利的一边。除了他们，还有为数不少的苹果高级职员也都是斯卡利的支持者。当埃利奥

特将这一情况告诉乔布斯，并劝他放弃这一计划的时候，却被他给拒绝了。

如果乔布斯当初只是在暗中联络众人，也许真的能够成功地发动政变。但是，乔布斯在那天却犯了一个致命的错误，他竟然将这个计划告诉了让·路易·加西。后来，乔布斯还对此回忆道："我真后悔把这个决定告诉了加西，我居然忘了他是约翰找来的帮手。"事实上也是如此，让·路易·加西在当天晚上就告诉斯卡利："假如你明天动身去中国的话，那你就会被史蒂夫所取代，因为他正在密谋除掉你。"

斯卡利听闻后先是一惊，随后便命人取消了第二天的中国之行，并于当天上午在苹果总部紧急召开了一次高层会议，想与乔布斯当面对质此事。会议开始后，姗姗来迟的乔布斯发现自己的座位被斯卡利占了之后，他便坐到了与斯卡利相对立的另一头。会议开始后，斯卡利首先向大家言明了自己之所以会取消当日的中国之行，为的就是解决他和乔布斯之间的事情。随后，他便直视着乔布斯道："我知道你正想办法把我赶出公司，可我还是想亲口问问你，这是真的吗？"

乔布斯没想到斯卡利这么快就得到消息了，不过，他却没有表现出任何的惊慌，而是盯着斯卡利道："我觉得你并不是管理苹果的最佳人选，留下你就等于为公司留下一个祸害。"紧接着，他又对斯卡利厉声道："想当初，我找你来是为了帮我，可是你有帮过我吗？更何况，都过去这么久了，你竟然连公司产品的开发流程都不懂，更不知道如何经营公司，我想你真的该离开苹果了。"

听到乔布斯的话后，斯卡利也有些发火了，当场就和乔布斯争执了起来。当两人的争吵趋于白热化的时候，之前一直保持沉默的那些董事及公司高层们开始说话了。其中，第一个发表意见的是德尔·约克姆，他先是表明了自己对乔布斯的欣赏，希望他能继续为公司的发展尽心尽力，随后他却话锋一转，对乔布斯说道："我会尊重并支持斯卡利继续管理公司。"乔布斯听后非常吃惊，可还没等他恢复过来，阿尔·艾森斯塔特和里吉斯·麦肯纳等一群高级职员也纷纷表明了对斯卡利的支持。只有一个人在此事面前犹豫了，即比尔·坎贝尔，他非常欣赏乔布斯，却不怎么欣赏斯卡利。不过，他在最后还是选择了斯卡利。

看到这一情景后，乔布斯都快崩溃了，他没有想到，大家竟然都会如此表态。接着，他在留下一句"我已经知道大家的想法了"之后，愤怒地离开会议室，回到了自己的办公室。

在回到办公室后，原本愤怒的乔布斯已经变得极为沮丧了。他在 Mac 团队的那帮心腹闻讯后纷纷赶来安慰他，而他则像个小孩儿一般，还没说上两句话，就已泣不成声了。待其情绪稳定一点后，他对着众人说道："我想我得离开苹果一段时间了。"这时，黛比·科尔曼站了出来，她对乔布斯言道："史蒂夫，你最好先静下心来，千万不要轻举妄动，只要有我们在，你就可以重新组建团队，不是非要离开才行啊！"在众人的一致劝慰下，乔布斯的心情方才平复了下来。

另一方面，斯卡利虽然在当天取得了一场胜利，但他的心情却很低落。会议结束后，他找到阿尔·艾森斯塔特，并提出和他一起出去转转，阿尔·艾森斯塔特同意了。在路上，斯卡利神情沮丧地对他说道："我真的不知道自己是否还能再坚持下去，而且，我也觉得我并不是管理苹果的合适人选，因此，我想辞职。"阿尔·艾森斯塔特听后吃惊道："你不能那样做，你要勇敢地面对这一切，否则苹果会垮掉的。"经过一夜的考虑，斯卡利终于又重拾信心，决定继续留任苹果 CEO。

5 月 25 日，迈克·默里找到乔布斯，劝他接受公司总裁的任命，顺便启动苹果实验室的项目，远离公司总部。不过，乔布斯对于这个建议并无兴趣，他现在最想做的就是和斯卡利谈谈。于是，在迈克·默里离开后，他就给斯卡利打去了电话，并约他一起出来谈谈，看看是否能将昨天的事情给解决掉。斯卡利对于乔布斯的举动虽然有些吃惊，但还是同意了。

5 月 26 日上午，斯卡利依约和乔布斯见了面。在这次会面中，乔布斯再次提出了他之前所提的请求，想在苹果公司担任一个有着决策权的职位。不过，当日的斯卡利却表现得非常坚决，直接拒绝了乔布斯的这个请求，并不断地劝说乔布斯安心当好董事长就行了。对于斯卡利的提议，乔布斯也是没有丝毫的兴趣，他可不想当一个有名无实的领导者，否则他也不会策划这次"政变"了。在一番争执之后，乔布斯说出了一句极为幼稚，但却令斯卡利非常吃惊的话，即"不如我来当 CEO，你来当董事长好了。"过了好大一会儿才反应过来的斯卡利，平复了一下心情后对乔布斯说道："史蒂夫，你应该知道，这个提议一点儿意义都没有。"

不甘心的乔布斯接下来又向斯卡利提议道："我看不如这样，我们将公司的职能分成两大部分，你主要负责营销和商业上的一些问题，而我主要负责产品方面的问题。"此时的斯卡利已经看透了乔布斯，再加上公司董事会给他撑腰，他已经不打算再给乔布斯任何东山再起的机会了。于是，他便非常直接地拒绝道："你应该知道，董事会支持的是我而不是你，所以，公司只能由我一个人掌管。"在和谈未果后，乔布斯只得郁闷地驾车离去。在回家的路上，他顺便拐到了马库拉的家中，并邀请他在第二天晚上到自己家中做客。随后，他又邀请了他在 Mac 团队的几位心腹，希望他们能够说服马库拉放弃对斯卡利的支持。

5月27日下午，鲍勃·贝尔维尔、黛比·科尔曼、苏珊·巴恩斯、迈克·默里等乔布斯的心腹，提前来到了乔布斯的家中，他们需要事先商量一下，应当如何劝服马库拉放弃斯卡利。马库拉在来到乔布斯的家中后，他已经明白了，这是场"醉翁之意不在酒"的宴席，于是表示愿意听取众人的意见。不过，这"众人"之中并没有乔布斯。为了避免众人向他发牢骚，马库拉直接将谈论的对象集中到了 Mac 团队的具体管理问题之上，如之前研发"文件服务器"软件时，为什么迟迟不能完成，还有就是 Mac 电脑的分销系统为什么没有对需求的改变做出相应的调整等。结果，在听取了众人的回答后，马库拉直接表明，他是不会支持乔布斯的。后来，马库拉对此回忆道："那些人只是在史蒂夫的怂恿下叛乱的，所以，当时我就对史蒂夫说：'我不会支持你的，一切到此为止。'"

在同一天，斯卡利也想听听公司其他高管的意见，看看他们是否同意自己屈从于乔布斯在前一天提出的条件。结果，几乎所有听到这件事的高管都纷纷表示斯卡利肯定是疯了，在这种情况下怎么能向乔布斯服软呢？他们还纷纷跳将出来，表明自己愿意支持斯卡利，坚决不同意让乔布斯重新执掌运营大权，这些人的表现给足了斯卡利信心。当天稍晚的时候，马库拉还打电话给他，告诉了他自己与乔布斯会面的事情，更是让他坚定了将乔布斯排挤在外的决心。

5月28日上午，斯卡利直接来到乔布斯的办公室，对乔布斯说道："我已经取得了董事会的支持，希望你能尽快离开公司总部。"说完之后，他也不等乔布斯回答，便驱车前往马库拉的家，向他简单说明了一下自己的重组计划。接着，他便返回办公室，与董事会的其他成员通了电话，取得了他们对苹果公司重组计划的支持，并决定于当周实施。

当天，在让·路易·加西从乔布斯手中强行接过 Mac 团队的管理权时，乔布斯就知道自己发动的"政变"失败了，一切都已成定局。接着，他便开始哭泣，并给比尔·坎贝尔、杰伊·埃利奥特、迈克·默里等人挨个打了电话，诉说着自己内心的痛苦。

5月29日，在想了一天一夜之后，乔布斯给迈克·默里打电话，说自己想再发动一场抗争，但迈克·默里却冷静地告诉他，"一切都结束了，你还是放弃吧！"不仅如此，他还劝乔布斯在后天（即5月31日）到公司去，听听斯卡利的重组计划。

在那天的大会上，乔布斯确实到场了，但他却一言未发，一切都按着斯卡利的设想而进行着。即便是被剥夺了所有的权力，只剩下一个"苹果董事长"虚职和一个新任命的"全球架构师"的虚名，他也没有发表任何意见，此时的乔布斯似乎已经有些看淡了。

苹果真神归位

风雨飘摇的苹果

"斯卡利总招聘些笨蛋，同时坚持错误的价值观，毁掉了苹果。"

——当苹果危机四伏、处于风雨飘摇之中时，乔布斯如是说

就在 NeXT 公司陷入运营困境时，苹果那边也同样风雨飘摇。在乔布斯被驱逐出苹果后，斯卡利全力推动苹果转型，取得了骄人的成绩，苹果从每年几十亿的销售收入暴增到上百亿美元。看到公司蒸蒸日上，斯卡利开始飘飘然起来，觉得自己简直就是个天才，即便没有乔布斯，他也能实现技术改变世界的梦想，故此也更加不屑乔布斯以前的所作所为。乔布斯给苹果的目标定位是"一家出色的消费品公司"，但斯卡利完全颠覆了这个理念，他认为乔布斯的计划真是愚蠢至极，他公开宣称"**不论是现在还是将来，苹果都不会成为一家消费品公司，因为高科技产品不同于一般产品，它不能像普通消费品那样去设计和销售**"。

乔布斯对此感到格外震惊，早在 80 年代初，他就以其独到的商业眼光预测到，未来高新科技产品必将像快消品一样流行，进入普通消费者的家中。当他还在苹果的时候，一直强调创新，强调产品的更新换代，就是希望把苹果变成真正意义上的消费品公司，而如今斯卡利竟然公然地背弃了自己的经营理念。乔布斯愤怒、沮丧，关切着苹果的一举一动。到了 90 年代初，苹果的发展陷入了瓶颈，市场份额和收入持续下降，乔布斯对斯卡利的愤怒和厌恶更是与日俱增。他认为，这些年来，"斯卡利总招聘些笨蛋，同时坚持错误的价值观，毁掉了苹果"。在他看来，如今的苹果管理层早已经失去了以往的活力，只知道赚钱，却不在乎制作有特色的新产品。

其实，这话也并不准确，因为斯卡利也推出了一些新产品，可惜的是，斯卡利并不是乔布斯，他缺乏乔布斯超凡的商业眼光，也没有乔布斯与生俱来的魅惑能力，所以很难推出一款震撼世界的产品。苹果工程师史

蒂夫·萨科曼曾试图研制一种只有书本大小的电脑,斯卡利从中嗅出了商机,觉得如果能把这款书本大小的电脑推向市场,定能风靡全球,掀起新一轮的苹果"风暴"。斯卡利明白,乔布斯对苹果的影响太大了,要消除其烙印,就必须开发出一款自己的产品。苹果研发中心 ATG 的创建者拉里·特斯勒负责这个项目,新产品被称之为"牛顿"。

1992 年 1 月,斯卡利在美国拉斯维加斯的美国消费电子展上,向公众隆重介绍了牛顿的产品概念,并将其称为个人数字助理(PDA)。他激动地告诉大家,这款产品技术是如何的先进,性能是如何的优越。他甚至大胆预言:在不远的将来,PDA 所开拓的市场将会达到 3.5 万亿美元的规模。这简直就是一个天文数字,尽管公众、媒体对此无比疑惑,但斯卡利却似乎成竹在胸。

1993 年 8 月,"牛顿"正式问世。开始几天,这款新产品的确受到了众人追捧,但是人们随后发现,牛顿所带给人们的使用体验,并不像之前斯卡利所吹嘘的那样完美。同很多电脑相比,"牛顿"的缺陷是显而易见的:运行速度慢,手写识别率低,而且又大又重,根本不适于随身携带。截止到 1993 年末,"牛顿"总共卖出了 12 万台,这与之前斯卡利预期的数百万台简直是天壤之别。牛顿上市后的惨淡业绩,让苹果公司雪上加霜。随着而微软、IBM 的强势崛起,苹果电脑的市场份额被大大压缩,市场占有率由原来的 20% 下降到 8%,股价更是大幅下跌,损失极其惨重。斯卡利面对这种场面,不得不大幅裁掉 2500 名员工,缩减开支,以求自保,但这些根本就是杯水车薪,无济于事。董事会开始对斯卡利不满,并于这年年底将其解雇,赶出苹果公司。

苹果董事会需要物色一位新的 CEO 了。德国人迈克尔·斯平德勒接替了斯卡利的职位,斯平德勒原本是苹果公司欧洲部总裁,因其业绩突出,被斯卡利调到了苹果公司的美国总部。当斯卡利被解职后,董事会对斯平德勒寄予了厚望,希望他能够带领苹果公司走出危机。但是,他们的选择错了。斯平德勒诚然是一个勤奋的人,但是拯救一家公司,只靠勤奋显然是不够的。斯平德勒也许懂些产品和销售,但在技术上根本就是个门外汉,而且在管理和经营上也过于笨拙,缺乏大刀阔斧进行改革的勇气。乔布斯喜欢在媒体和公众面前展示个人魅力,但是斯平德勒却畏首畏尾,遇到困难就慌促不安,好像世界末日了一样,他还非常不情愿上台演讲。

在这种情况下，苹果公司的状况进一步恶化，电脑销售量少得可怜，市场份额继续缩水。斯平德勒开始寻求其他公司的并购，诸如飞利浦、西门子、IBM、东芝、索尼、Sun 等公司都先后接到过苹果的售卖邀约。苹果联系的公司中，飞利浦和太阳计算机系统公司对此颇感兴趣，双方进行了几个回合的谈判，最终因为对方给出的价码太低，远低于斯平德勒的预期而被拒绝。

1995 年，苹果股票大幅下跌，销售业绩惨不忍睹，单单最后一个财季的亏损就达到 6900 万美元。这么糟糕的成绩意味着必须有人为此付出代价，这一年里全公司共计 45 位副总裁里就有 14 位离职，更多的高官开始为自己的前途而考虑了。到了 1996 年 1 月，残酷的现实令斯平德勒不得不再次裁员，1300 多名员工进入了裁员的黑名单，很多人都是流着泪离开的。

斯平德勒面对着苹果的危机，感到束手无策，身心俱疲，精神上的压力、身体上的病痛折磨得他苦不堪言。1 月某天，他因为心脏病住进了医院。医生对他做了健康检查，建议他辞掉 CEO 的职务好好休息。斯平德勒尚没有辞职的打算，但是董事会却表现出了不耐烦的态度。在 1996 年 1 月 23 日的股东大会上，股东们一起向斯平德勒发难，要求他立即辞职，他们似乎已经忘记了，当初是谁将他推上 CEO 的位置的。几周后，斯平德勒正式被董事会解除了职务。

那么，新一任苹果 CEO 是谁呢？公司董事会一致认为有两个最佳人选。其中一人是尤尔根·欣茨（宝洁公司的执行副总裁），但他是个德国人，经过了斯平德勒之事后，董事会似乎对德国人不太信任，最终将他从选项中剔除。另一人选是吉尔·阿梅里奥，他是一位出色的研发工程师，曾任国家半导体公司的 CEO。他堪称是一位出色的"救火队员"，很有能力。当年，国家半导体公司亏损严重，阿梅里奥受命于危难之间，扛起了拯救国家半导体公司的大旗。他上任之后，就大刀阔斧地进行了改革，重组公司行政管理部门，削减了无法赢利的产品生产线，结果很快就使公司扭亏为盈，利润空前提高，阿梅里奥也由此成为了华尔街的风云人物。

当阿梅里奥接到董事会的电话，邀请他出任苹果 CEO 后，阿梅里奥惊讶极了，但他还是很愉快地答应了。对于阿梅里奥来说，做出这个决定很不容易。当时，国家半导体公司已经步入正轨，开始盈利。如果他继续留在公司担任 CEO，那么他肯定会名利双收，继续创造自己的辉煌。而一旦入主苹果公司，就需要从头开始，前途未知。是延续已有的辉煌，还是开创另一个传奇？阿梅里奥选择了后者。苹果公司声名太盛了，尽管危机重重，但要拒绝它却并不容易。

阿梅里奥上任之后，发现苹果的情况要比想象的还要糟糕得多。尽管他是一名出色的商业管理人员，但是很显然他的行事风格与苹果的 DNA 格格不入。苹果的公司文化、管理模式是由乔布斯塑造的，因为这个原因，还没有哪一位 CEO 能够完全地控制整个公司，阿梅里奥也是如此。他想利用他曾在国家半导体公司使用的管理艺术来管理苹果公司，但他发现其难度远远超出了想象。比如，他发现两个项目缺乏团队意识，彼此对立，还经常互相拆台，每个人都扰乱、破坏其他人的工作。阿梅里奥决定杜绝这种不良风气，于是下令解散其中的一个项目组。几个月后，他惊讶地发现，被他下令解散的那个项目组不但仍然存在，而且从未停止过拆台、破坏、大量浪费公司资金。很明显，这群人并没有把他这位苹果公司新 CEO 的话放在心上。

如果做不到基本的令行禁止，还如何带领苹果公司走出困境？阿梅里奥认为是应该采取一点强硬措施的时候了。他请来自动数据处理公司（ADP）的财政主管弗雷德·安得森作为自己的助手。经过讨论，阿梅里奥和安得森制定了几条管理办法，比如对随意浪费公司资金的部门进行大额罚款、辞退不够勤勉、不负责任的员工等。在采取了一系列强硬的管理措施后，阿梅里奥通过裁减项目，削减开支，改善公司的财务状况。他毫不留情地将苹果公司乱七八糟的 500 多个项目砍掉了 9/10，只余下 50 多个。这虽然对于财政状况的改善有一定的帮助，但是并不能改变苹果在计算机市场上所处的劣势地位，苹果公司的销售额依旧在持续下滑。

阿梅里奥在任期的第一年里，苹果公司的股票价格从 1991 年时的 70 美元暴跌到 14 美元，亏损高达 10 亿美元，市场份额也已经从 80 年代末的高达 16% 下降到 4%。与此同时，其他的 IT 公司得益于互联网热潮的兴起，股票的价格正在高速增长。苹果若仍无改变，恐怕很难摆脱破产的命运了。

互补与期盼

"为了苹果，我愿意提供任何形式的帮助，不论是软件授权，还是转让整个公司，我都乐于接受。"

——苹果公司有意采用 NeXT 的操作系统，乔布斯在谈判中如是说

阿梅里奥上任后，用尽了各种办法填补漏洞，解决危机。那时，苹果的研发团队遇到了瓶颈，他们为麦金塔开发的操作系统一直不大稳定，不但运行缓慢，而且动不动就出现死机的状况。这些问题明显会影响产品的口碑和销量，用户的抱怨声一浪高过一浪。阿梅里奥为此忧虑不已，要求 Mac OS 研发团队尽快解决这个问题。但是研发团队却发现，他们根本无力解决这个问题。Mac 操作系统仿佛已经病入膏肓，无药可救了。于是，他们决定放弃这种系统，集中人力、资源全力开发一种新的操作系统。他们把这种新的操作系统称之为 Copland。然而，开发一种新的系统谈何容易。尽管工程师已经绞尽脑汁了，却仍然是茫无头绪，毫无进展。阿梅里奥这才发现，Copland 系统不过是一个空中楼阁而已。还有几个月就是 Macworld 大会了。如果届时还没有一套优秀的操作系统，后果不堪设想，阿梅里奥觉得只能借助外购了。

那么，应该采用哪一家软件公司的操作系统呢？阿梅里奥首先想到了比尔·盖茨的微软。尽管微软多年来一直被苹果视为大敌，但双方仍然保持着磕磕碰碰、若即若离的合作关系。再加上阿梅里奥是外部空降来的，没有"麦金塔情结"，也没有苹果老员工对微软的仇视情绪，所以他没有将微软排除在名单之外。他亲自给盖茨打去了电话，询问对方能够为苹果开发一个 Macintosh 使用的操作系统。这个消息对于盖茨来说，简直是一个意外之喜，微软对于苹果的觊觎已经不是一天两天了。当年，微软"窃"自麦金塔的 Windows 操作系统经过改良，已经以绝对的优势垄断了世界市场，大大压缩了麦金塔的生存空间。盖茨相信，如果微软能够赢得这个机会，就能够利用 Windows 蚕食掉苹果最后的疆土，从而取得对苹果的完胜。当然，在盖茨的心中，还有另一个人的影子，那就是乔布斯，他希望彻底打败这个对手。

所以，盖茨几乎是不假思索就答应了阿梅里奥的要求，并且积极推动这桩交易。微软的工程师飞到了苹果总部，和苹果的员工探讨技术的

种种细节。但是，他们很快就发现，这并不是一项简单的工作，麦金塔用户界面技术和微软的 Windows 系统整合起来实在是太复杂了。要实现二者的兼容，绝对不是一朝一夕的事情。时间不等人，阿梅里奥决定另寻一种适宜的操作系统。

这时，法国人让·路易·加西找到了阿梅里奥，表示愿意为麦金塔提供他们公司的 Be 操作系统。加西本是苹果公司的前高管，在乔布斯和斯卡利的争端中，正是这人向斯卡利告密，最终迫使乔布斯离开了苹果。可以说，乔布斯对此人的痛恨程度甚至超过了斯卡利。在乔布斯被赶出苹果后，加西接管了麦金塔团队。但好景不长，到了 90 年代，加西也因为种种原因被斯卡利解雇了。加西离开苹果后，创办了一家名为 Be 的公司，主营方向仍是电脑和操作系统。

相较于 Windows 系统而言，Be 操作系统显然更具有优势。一方面，苹果的老员工、粉丝对于微软心存芥蒂，而 Be 公司就不会有些问题了。另一方面，加西曾经是麦金塔项目的负责人，具有苹果的基因，其开发出来的系统能够很好地与麦金塔兼容，Be 操作系统可以直接在麦金塔电脑上运行。显然，如果选用这种系统，可以节约大量成本和时间，也不会存在 Windows 系统的种种问题。

阿梅里奥心中唯一的担忧是，Be 操作系统刚研发出来，还没有经过应用的检验，其性能如何、稳不稳定、有没有其他隐患，这些都是未知之数。阿梅里奥经过一番权衡，决定采用 Be 系统。双方很快开始进行实质性的谈判。加西很有信心，自认为胜券在握。1996 年 8 月，加西和阿梅里奥在夏威夷进行谈判。谈判的过程不大顺利。加西知道阿梅里奥很急，所以就打算狠劲宰苹果一下，他傲慢地提出，他打算以 50 人的团队交换苹果 15% 的股权。当加西把这个想法提出来的时候，阿梅里奥认为他简直是疯了，因为苹果 15% 的股权价值 5 亿，而苹果公司认为 Be 公司的价值仅为 5000 万美元，想用价值为 5000 万的东西交换价值为 5 亿的东西，除了傻子谁会同意啊？经过几轮讨价还价，加西最后表示不能接受低于 2.75 亿美元的报价。加西之所以敢如此强硬，是因为他吃准了阿梅里奥的软肋。其一，Macworld 大会临近，阿梅里奥必须尽快达成协议，以兑现自己的承诺。时间上的紧迫，令他的确没有过多的选择余地。其二，Be 操作系统相对于 Windows 来说，有很大的优势。他甚至告诉别人，他已经拿住了苹果的要害，要捏到对方疼为止。

这话传到阿梅里奥的耳朵里，自然是不大受用，他开始琢磨起另外的人选了。他脑中灵光一闪，想到了乔布斯。对，乔布斯！乔布斯这些年不是一直在研发和销售 NEXT STEP 操作系统吗？虽然 NeXT 公司这些年来发展得不怎么样，但没有人否认 NeXT 的 NEXT STEP 操作系统是一款极其精良的操作系统。想到了乔布斯，阿梅里奥脸上掠过一丝苦笑，他们曾打过一次交道。

那是在 1994 年，当时阿梅里奥刚刚被选入苹果的董事会。乔布斯给他打了一个电话说："吉尔，咱们聊聊吧。"阿梅里奥同意了，邀请乔布斯到国家半导体公司的办公室见面。两人见面后，先是寒暄了几句，然后乔布斯直奔主题，说明来意，他希望阿梅里奥帮助他重返苹果，担任CEO。阿梅里奥大吃一惊，完全没有想到乔布斯竟然会提出这样一个要求。那个时候，皮克斯还没有一鸣惊人，NeXT 公司管理得一团糟，乔布斯几乎已经被世人遗忘，在这样的情形下，他竟然还敢提出这样的要求。但是，乔布斯似乎已经把自己当成是苹果公司的救世主了。"苹果现在一团糟，只有一个人可以将它拉出泥沼"，乔布斯言谈中充满自信，"那个人就是我！"乔布斯认为，微软虽然赢了苹果，但没有任何的创新之处，麦金塔已经是历史了，现在到了苹果要进行技术创新，扭转困境的时刻了。

阿梅里奥问他该怎么做？乔布斯却仅断断续续地说出了一下想法，而没有一个系统的规划和方案，所以阿梅里奥毫不客气地请乔布斯走人了，并且深为自己没有受到乔布斯现实扭曲力场的蛊惑而自豪。

两年后的今天，阿梅里奥贵为苹果的 CEO，而乔布斯也已经重新崛起，皮克斯大放异彩，乔布斯身家十几亿美元，成为影视圈内炙手可热的人物。和苹果恩怨交织的乔布斯愿意捐弃前嫌，和苹果合作吗？事实上，他的这些担忧完全没有必要，因为就在这个时候，NeXT 主动伸出了橄榄枝。

NeXT 公司的一位中级产品推销员加勒特·赖斯给苹果公司首席技术官艾伦·汉考克打了一个电话，询问苹果公司会否考虑使用 NEXT STEP 作为麦金塔的操作系统。赖斯的这个电话并没有请示乔布斯，他不想错过这个难得的业务良机，又担心乔布斯反对，所以索性先斩后奏。汉考克在接到赖斯的电话后，立即将此事汇报给了阿梅里奥。阿梅里奥认为，既然 NeXT 会带来这个电话，说明乔布斯已经了解苹果的内情了。双方既然都有合作意向，又何乐而不为呢？

于是，阿梅里奥指示汉考克正面回应赖斯，商讨合作事宜，赖斯随后向正要出发前往日本的乔布斯汇报了此事。乔布斯闻讯后欣喜若狂，虽然皮克斯取得了成功，但他明白那只是拉塞特等人的成功而已，和自己没有多大的关系。NeXT 始终是他的一块心病，他早就想把它出售，但一直没有找到好的买主。如果这次 NeXT 公司能和苹果达成合作，他不但可以借机重返苹果，还能够捎带打击老对手盖茨和加西。乔布斯直接给阿梅里奥打了个电话，表示自己要去日本，一周内就会回来，在此之前，希望阿梅里奥不要作任何决定。阿梅里奥接到乔布斯的电话感到很振奋，他答应乔布斯，在他们俩见面之前，他不会跟加西、盖茨或任何人达成交易。

几天后，乔布斯从日本回来，随后百感交集地来到了苹果总部。阿梅里奥以主人的身份接待了乔布斯这个曾经的主人。乔布斯以超凡的口才滔滔不绝地向阿梅里奥和汉考克展示了 NEXT STEP 操作系统，他还以激烈的言辞批评 Be 操作系统不成熟、不稳定，并断言如果苹果采用了 Be 系统将是一个灾难。最后，他对阿梅里奥说："为了苹果，我愿意提供任何形式的帮助，不论是软件授权，还是转让整个公司，我都乐于接受。"

这个低姿态在乔布斯的一生里都极为罕见。乔布斯给人的印象从来是暴躁、冷酷、不近人情，这番表态着实出乎阿梅里奥的意料之外。苹果有合作意愿的这几个竞争者中，盖茨因为附加条件太多，再加上合作技术难度大而提前出局；Be 公司的加西虽然是一个比较合适的合作对方，但对方漫天要价，太过自以为是，实在令人厌恶；而乔布斯此种态度，不能不让阿梅里奥动心。

比萨炉前的会谈

"瞧，拉里，即使不用收购苹果，我也找到了一种回归苹果的方式。"
——在达成苹果收购 NeXT 的协议后，乔布斯如是说

尽管阿梅里奥内心已经倾向于选择乔布斯，但他为了保险起见，还是将公司里的专业人员都召集起来，让他们对微软、太阳、NeXT 和 Be 公司的操作系统进行测评，从而确定最后合作对象。测评小组经过分析，首先淘汰了微软和太阳的系统软件。他们开发的系统虽各有妙处，但难以和苹果技术兼容，所以只能放弃了。然后，测评小组比较了 NeXT 和

Be 公司的操作系统后发现，虽然 Be 公司的操作系统能够和麦金塔电脑兼容，但是它还是具有不少的缺点：

缺点一：每次运用这个程序时，都需要进行升级。而一旦对 Be 系统进行升级，就会产生一个新的问题——第三方的研发工作人员也需要升级他们的系统软件。这对于任何人来说都是难以接受的。

缺点二：该操作系统在技术上并不够成熟，稳定性差，而且不支持一些复杂的语言系统，比如说汉语、日语、韩语等。亚洲地区人口稠密，市场潜力巨大，苹果公司的产品要做到大众化，销往全球，就不能不考虑亚洲的状况，所以这种要求也是必须的，而这一点恰是 Be 系统不具备的。

最终，测评小组综合各种参数，对两家公司进行打分，史蒂夫·乔布斯的 NeXT 公司操作系统得到了 184 分，而加西的 Be 公司操作系统仅得到了 146 分。在这一回合中，乔布斯取得了胜利。

接下来，到了做最后决定的时刻了，由于这项交易牵涉的金额庞大，阿梅里奥也不能独自作出决定。于是，他邀请了乔布斯和加西进行一次"双雄对决"，在苹果各位主管面前阐述他们公司的产品情况。1996 年 12 月 10 日，乔布斯和加西在帕洛奥图的花园庭院酒店上演了终极对决。

乔布斯首先登上讲台，做了发言。和他同去的是 NeXT 的高级技术主管阿维·特凡尼安。特凡尼安带来了一台微型电脑，娴熟地展示着软件，向苹果公司的主管们演示 NEXT 系统如何可以在屏幕上同时播放四段视频、如何制作多媒体文件、如何连接互联网等。而乔布斯则尽情地施展着自己演讲的魅力，大力推销公司产品，阿梅里奥和其他 6 位主管为他精彩的演讲喝彩不已。

紧跟着发言的是加西。相较于乔布斯的有备而来，加西的表现算不上完美。他或许是以为自己胜券在握了，没有必要再做什么准备了，两手空空而来。他基本上没有做任何的演示和陈述，只是说苹果团队已经知道 Be 操作系统的性能了，问阿梅里奥还有没有其他的问题。随后，阿梅里奥和众主管进行投票，所有的人都把票投给了 NeXT 公司，这完全在阿梅里奥的意料之中。在他看来，乔布斯的个人能力太过突出了，加西和他相比，根本不是一个处在同一水平的竞争者。

乔布斯早就笃定自己会赢。果不其然，不一会儿，乔布斯和特凡尼安在帕洛奥图街道上遇见了刚才做评委的一名主管。他告诉他们，NeXT 赢了。乔布斯不久接到了阿梅里奥的电话，阿梅里奥在电话里告诉乔布斯，他计划向苹果董事会提请授权他谈判 NeXT 的收购事宜。他问乔布斯是否愿意参加苹果董事会会议，陈述自己的意见，乔布斯欣然答应。在步入会议室的那一刻，乔布斯看见了一张熟悉的面孔，那是迈克·马库拉。马库拉是早年对于苹果的发展起到重要作用的人，堪称是乔布斯的导师。然而，自从 1985 年马库拉站在斯卡利一边后，他们就再也没讲过话。乔布斯走过去地和他礼貌性地握手，然后自己作了 NeXT 示演，并轻而易举地征服了董事会。

随后，双方正式开始谈判。乔布斯邀请阿梅里奥去他在帕洛奥图的家里谈判，这是乔布斯一贯的技巧，他喜欢在自己的主场谈判，因为这样对谈判有利。阿梅里奥同意了，他认为在家里谈判可以有个友好的环境。这天，阿梅里奥开着自己最喜欢的 1973 年款奔驰车来到了乔布斯家，乔布斯亲自出门相迎。他们将谈判的地点选在了厨房的比萨炉前。乔布斯边给阿梅里奥泡茶，边商谈苹果收购 NeXT 的价格。乔布斯希望苹果收购 NeXT 的价格定为每股 12 美元，但阿梅里奥认为这个价格太贵了，于是还价到每股 10 元，总价 4 亿美元。

这对于乔布斯来说，实在是太棒了。NeXT 公司濒临倒闭，居然能够以如此高的价格出售，真是一个好消息。阿梅里奥当然并不笨，他之所以给出这个价格，是基于之前加西的 Be 公司 5 亿美元的要价。与 Be 公司相比，NeXT 公司有实际的产品、先进的技术，以及出色的研发团队，这些都是阿梅里奥考虑的重要方面。他相信，收购 NeXT 所带来的效益远远不止于此。

谈判的焦点，是如何支付收购费用的问题。阿梅里奥希望乔布斯能够与苹果公司共存亡，坚持以股票的方式来支付收购费用，并且要求他持股至少一年。但乔布斯不同意，他要求苹果支付现金。最后，双方都做了妥协。乔布斯拿到 3.77 亿美元的现金和价值 3700 万美元的苹果股票，并承诺持有这些股票最少 6 个月。这些并非重点，重点是乔布斯经过多年之后重新回归了苹果。

一年前的圣诞节，乔布斯和他的朋友、甲骨文 CEO 拉里·埃里森在夏威夷的康娜度假村休假时，探讨过收购苹果的事情。当时，苹果销量惨淡，正处于风雨飘摇之中。埃里森向乔布斯表示，自己可以融资 30 亿美金买下苹果，然后请乔布斯回去重掌大局，重现苹果过去的辉煌。乔布斯对此表示反对，认为自己并不是那种能做恶意收购的人，他希望苹果董事会请自己回去。

这年，乔布斯和埃里森再次前往夏威夷的康娜度假村过圣诞节。在海滩散步途中，乔布斯得意地对埃里森说："瞧，拉里，即使不用收购苹果，我也找到了一种回归苹果的方式。"乔布斯侃侃而谈，解释了自己的策略。首先促成苹果公司收购 NeXT 公司，然后进入董事会，这样距离 CEO 的位置就仅有一步之遥了。虽然乔布斯后来煞有介事地解释说他当时没有计划夺回苹果，但是埃里森认为，乔布斯干掉阿梅里奥，当上 CEO 是板上钉钉的事情。

苹果公司和 NeXT 达成收购协议后，阿梅里奥需要把这个消息传达给了加西。而在此之前，他还得硬着头皮通知比尔·盖茨。果不其然，比尔·盖茨在得知这个消息后，彻底被气坏了。这个一贯以冷静、理智著称的人一反常态，歇斯底里地在电话里向阿梅里奥咆哮了足足有三分钟："你们真是疯了，竟然相信了史蒂夫·乔布斯的话。难道你们忘记了他在十几年前把苹果搞得一团糟吗？你们竟然做出了这种决定，真是疯了……"盖茨之所以这么愤怒，是因为他意识到，这次交易注定会使乔布斯重掌大权。即便沉沦多年，乔布斯依然是盖茨最为忌惮的竞争对手。

乔布斯归来

"我希望尽快回到新老同事中间，为苹果贡献自己的力量。"
——苹果收购了 NeXT，乔布斯重返苹果后，如是说

乔布斯多年来一直对苹果董事会耿耿于怀。当年，他一手创立了苹果，奠定了苹果的辉煌局面，而董事会却在他和斯卡利的争端中，站在了斯卡利的一端，毫不留情地将他排挤在苹果大门之外。如今，乔布斯借助 NeXT 重返苹果，他更希望阿梅里奥能够将自己纳入苹果董事会，以此向外界发出一个强烈的信号，证明他已经彻底战胜了当年将他逐出苹果的董事会。但是，阿梅里奥另有考虑，他深知让乔布斯重回苹果是把双刃剑，所以婉言谢绝了乔布斯。

这令乔布斯感到十分失望。尽管手中拥有了巨额的苹果股票，入主苹果董事会合情合理，但是苹果领导层显然还没有做好接受乔布斯的准备。而且阿梅里奥对于乔布斯也并非完全信任，乔布斯的魅惑力太大了，谁也搞不清楚他真正的想法是什么。阿梅里奥还记得在收购 NeXT 时，麦

金塔团队的老员工拉里·特斯勒这么告诫自己："如果你选择了 NeXT，就要做好被乔布斯取代的准备。"在这种情况下，阿梅里奥又岂会引狼入室，将乔布斯招进苹果董事会呢？

苹果完成对 NeXT 的收购后，事实上乔布斯也将成为苹果的员工。阿梅里奥得意地向外界宣称："我不但买到了 NeXT，还买到了乔布斯。"他认为乔布斯身上的名人效应是一笔无形的资产，他完全可以利用这一点给苹果带来实际的效益。为了达到操控乔布斯的目的，阿梅里奥迫切地需要和乔布斯签订一份正式的雇佣合同，以确保乔布斯能够为苹果、为自己服务一段时间。

乔布斯坚决不同意。他是一个天生的控制狂，绝不愿意屈从于任何人之下，更不愿意为别人卖命。假如他签订了这样的合同，就意味着他自甘居于阿梅里奥之下，这是乔布斯无论如何都不能接受的事情。乔布斯希望加入董事会，因为那是一个具有很大自由的职位，而且这个位子离 CEO 的位置仅有一步之遥。收购的日期已经确定了，但在乔布斯的职务问题上双方却陷入了僵局。有两次，卫星转播车都开进了苹果大院之中，但因为两人各不让步，只能取消。

乔布斯感到很矛盾。他明白，苹果这次大手笔收购 NeXT 可能是自己重返苹果唯一的机会了。但是，他又不愿意屈居人下，希望以一种体面的方式回归苹果。所以，当阿梅里奥多次要求乔布斯全职加入苹果，负责操作系统的开发的时候，他都尽量推诿，要求阿梅里奥不要做出任何的决定。

阿梅里奥也觉得相当为难。苹果收购 NeXT，乔布斯将以何种身份回归苹果，他必须慎重考虑，给董事会、广大的苹果粉丝一个交代。乔布斯是苹果的创始人，也曾开创了苹果的辉煌局面，即便一时的郁郁不得志，但没有人否认乔布斯在苹果的巨大影响力。阿梅里奥明白，如果将乔布斯这样一位"大神"闲置，不但不符合苹果利益，而且难以给千千万万的苹果粉丝一个交代。时间拖得越久，阿梅里奥越觉得被动。在拒绝了加西之后，他再也没有更好的合作对象了。

1996 年 12 月 20 日，是宣布收购最后日期了，阿梅里奥把乔布斯请进了办公室，他需要乔布斯给出一个明确的答复。但是乔布斯一言不发，沉默以对。阿梅里奥很无奈，只得出去找到乔布斯的律师拉里·松西尼，问他乔布斯到底想要什么。松西尼表示他也不知道乔布斯真实的想法是怎样的。阿梅里奥只得重新回到办公室，询问乔布斯在想些什么，有什么感觉，他需要马上做出一个决定。乔布斯告诉阿梅里奥，他昨天晚上辗转反侧，整夜未眠，一直在思考相关交易的事情。他觉得自己很累，不想再被问任何问题了。阿梅里奥说那不可能，他总得对外界说点什么。

乔布斯思索了一下，对阿梅里奥说：假如你必须对外界说点什么，我可以回来当董事会主席的顾问。这就表明，乔布斯愿意以董事会主席顾问的身份协助阿梅里奥工作。阿梅里奥同意了。

这天晚上，苹果总部 250 名员工云集，掌声雷动，阿梅里奥正式宣布收购 NeXT，并表示乔布斯也将会以顾问的身份重返苹果。随后，阿梅里奥隆重邀请乔布斯上台讲话。众人紧盯着舞台的侧面，希望见到十多年未见的乔布斯身影，然而出人众人意料的是，乔布斯并没有从侧面登上舞台，而是从礼堂后面，缓步穿过走道走上了舞台，他想用这种方式告诉人们：我回来了，我还是我，出人意料的我。全场顿时欢声四起，掌声如潮，乔布斯本来很累，不准备说太多的话，但他显然被这排山倒海般的掌声振奋了。他激动地说："我希望尽快回到新老同事中间，为苹果贡献自己的力量。"众人掌声更响了。《金融时报》的路易丝·基欧向乔布斯提问，询问他是否想重新接管苹果。乔布斯否认，他说自己现在有了家庭，还有皮克斯，时间有限，不可能回来重掌苹果，但是他可以分享一些他的想法，和苹果共度时艰。

第二天，乔布斯驱车去了皮克斯。皮克斯此时已经在动画制作业上大放异彩，引得好莱坞人的瞩目。乔布斯也正是通过皮克斯的成功而咸鱼翻身，改变了自己的命运。因此，对于皮克斯，乔布斯存有一份特殊的感情。乔布斯想让皮克斯的团队明白，他虽然去了苹果工作，但心一直与皮克斯同在。他并没有任何厚此薄彼的意思，只不过是工作需要而已。事实证明，乔布斯确实有点自作多情了，因为没有人会因为乔布斯去苹果工作而埋怨，反而他们很高兴看到他要回苹果做兼职工作。因为，乔布斯一旦去苹果工作，无论如何都会占据他一些精力，这样，他来皮克斯指手画脚的次数就会少很多。皮克斯团队对于乔布斯在电影制作上的掣肘心有余悸，他们相信，少了乔布斯帮倒忙，他们为迪士尼制作影片的效率会高很多。

到了皮克斯后，乔布斯径直去了拉塞特的办公室。拉塞特自从制作《玩具总动员》大获成功后，已经成为了皮克斯当之无愧的骨干、核心。

若论在皮克斯的影响力，即便是身为皮克斯 CEO 的乔布斯也颇有不及。乔布斯告诉拉塞特，他将会以苹果顾问的身份去库比蒂诺工作，这将导致他有很多时间不能陪伴家人。皮克斯是他的另一个家，他也将没有更多的时间来皮克斯。最后，乔布斯这么说道："我之所以这么做是因为我相信，苹果公司会让世界更美好的。"

拉塞特发自内心地笑着说："我祝福你！"乔布斯能够减少对皮克斯的关注，去苹果上班工作，这对皮克斯团队来说实在是一个好消息。拉塞特相信，没有了乔布斯的皮克斯定能再取辉煌。

布局、观望和犹豫

"直到那时，我才知道苹果的问题比我认为的要严重得多，公司的员工们开始自暴自弃了，他们甘于被人们称为失败者，这太可怕了。他们甚至不愿意做出更多的努力改变现状。这让我的信心也部分地受到了冲击。"

——发现苹果面临的问题非常严重时，乔布斯如是说

史蒂夫·乔布斯在漂泊了 11 年之后，又回到了自己的"龙兴之地"——苹果。虽然阔别多年，但苹果的一切对乔布斯来说是再熟悉不过了。正是他一手缔造了苹果那些怪异、桀骜不驯的企业文化，也正是他培养了苹果员工顶撞上司、狂妄自大的风气。所以，乔布斯在回归苹果后，很自然地同这一切所契合，对苹果种种习以为常，反倒是请他回来的阿梅里奥更像是个外人。

但是，当乔布斯重新回到苹果公司的时候，他发现了问题的严重性。他所缔造的苹果文化在时间的冲刷下变得似是而非，以前苹果独有的改变世界的自信和勇气，也消失得无影无踪。公司的职员工作懈怠，玩忽职守，缺乏活力、激情，更缺乏创新意识。对于这种现象，乔布斯伤感地说："直到那时，我才知道苹果的问题比我认为的要严重得多，公司的员工们开始自暴自弃，他们甘于被人们称为失败者，这太可怕了。他们甚至不愿意做出更多的努力改变现状了。这让我的信心也部分地受到了冲击。"

同时，苹果计算机创意、设计上也与过去不可同日而语。尽管设计师们很卖力，试图生产出能够和麦金塔媲美的计算机，但是没有了乔布斯的研发团队，就好像被抽离了灵魂一样，难以设计出堪称完美的产品。

他们生产的计算机不再具有乔布斯时代与众不同的风格和美观的外表，这使得苹果计算机在市场毫无优势可言，从而使得苹果在同惠普、IBM 等公司竞争中落败。

乔布斯回归苹果后，立即顶着顾问的名头开始工作了。他首先排除异己，将他信任的人安排到苹果的高层位置。苹果的首席执政官埃伦·汉考克成了乔布斯眼中的第一个目标，毫无疑问，在乔布斯眼里，汉考克在他的"天才与白痴"的二分法中是属于后者的。苹果在选购操作系统时，尽管阿梅里奥等人都属意 NeXT 的 NEXT STEP 系统，但汉考克始终支持选择 Sun 公司的 Solaris 系统。就算后来事情已成定局，她仍然想在苹果的新操作系统中加入 Solaris 的核心技术，这让乔布斯生气不已。有一次，有位好事的记者问她乔布斯将在苹果公司扮演什么角色，她淡淡地回答："他什么角色都不会扮演。"这更加剧了乔布斯对于她的厌恶。所以，在入主苹果后，乔布斯做的第一件事就是换掉埃伦·汉考克。

他指定他的好朋友阿维·特凡尼安取代了汉考克的位置，主管软件部门。他给出的理由很充分：特凡尼安是开发 NEXT 系统的第一权威，现在要将 NEXT 的操作系统与苹果电脑对接，当然需要由他来挂帅了。特凡尼安也的确是个人才，他进入苹果后，主持了将 NEXT 操作系统与苹果创造性的图形用户界面整合为新一代操作系统 Mac OS X 的工作。工作非常顺利，最终彻底地解决了困扰 Mac 机多年的操作系统不稳定的难题。也正是由于特凡尼安的不懈努力，使得苹果电脑重回技术巅峰，更为之后的 iPhone、iPad 使用的 iOS 操作系统奠定了基础。

乔布斯又找来了乔纳森·鲁宾斯坦担任苹果硬件部门的负责人，他是硬件研发和电气工程方面的大师，曾是 NeXT 电脑硬件部门的负责人。在乔布斯忍痛砍掉硬件项目后，鲁宾斯坦不得不另谋他职。当乔布斯打去电话时，鲁宾斯坦正在英国的斯凯岛度假。乔布斯直截了当地问他是否愿意来苹果时，他二话不说，就加入了苹果，并且及时赶回来参加了 Macworld 大会。几年后，鲁宾斯坦带领着他的设计团队，创造出来神奇的 iPod，改变了电脑世界和音乐世界。

很明显，特凡尼安和鲁宾斯坦是乔布斯从 NeXT 带来的亲信。乔布斯在苹果做出人员调整，穿插亲信，就是希望有自己信赖的团队，好为日后取代阿梅里奥而布局。特凡尼安和鲁宾斯坦希望乔布斯能够早日重掌苹果，因为他们相信能够带领苹果走出困境的人是乔布斯而不是阿梅里奥。或许是当局者迷，旁观者清，特凡尼安和鲁宾斯坦作为从 NeXT 来的"外人"对于苹果状况看得更清。在苹果年度的 Macworld 大会上，当他们亲眼看到了苹果 CEO 阿梅里奥在台上出丑，大家都仿佛神志不清地说着胡话的时候，他们就意识到能够挽救苹果的将会是乔布斯。

然而，当机会真的来临的时候，乔布斯开始变得犹豫不定，心中矛盾重重。从内心深层来说，他当然希望能够接管苹果，重新带领着苹果踏上辉煌之路。虽然，在他漂泊的十几年里创立过 NeXT、皮克斯，但内心深处最为关注、最爱的仍然是苹果。苹果是他梦想照进现实的地方，是他一手创建的，每个角落都流淌着他赋予的创新的血液，这种情怀是无论如何也割舍不掉的。正如乔布斯所说："苹果之于我，就像是初恋，不论结果如何，都会在我的生命中占据着不可替代的地位。"

情感归情感，现实又是另一回事。一方面，如今的苹果已经不是当年的苹果了。如今的苹果风雨飘摇，正在走下坡路。近几年来，苹果遭遇种种挫败，产品毫无新意，营销乏力，市场低迷，股价一跌再跌，而公司内部企业文化缺失，人才流失，员工士气衰颓。如果乔布斯接掌苹果，他就必须面对这些问题。作为阔别苹果多年的"局外人"，乔布斯如何能保证自己就一定能力挽狂澜呢？已经有三任 CEO 因为业绩不佳而被董事会解雇，很难说乔布斯会不会成为第四个？

另一方面，乔布斯今非昔比，事业有成。十几年的漂泊，并非一无所得。虽然创立的 NeXT 公司销售低迷，已经戏剧性地被苹果收购，但是乔布斯的另外一家公司皮克斯却大放异彩，在动画电影制作领域取得了骄人的成就。就在两年之前，皮克斯制作的电影《玩具总动员》火爆上映，叫好又叫座，海内外狂收了数亿票房。而后，皮克斯成功上市，股价一路飙升，显示出较好的前景。乔布斯相信，凭借着皮克斯的人才、技术，定然会取得更为辉煌的成就。乔布斯生平的理想是用高新科技改变世界，通过皮克斯，他同样能够实现自己的梦想。而且，相较于苹果的惊涛险浪，走皮克斯这条路更显得风静波澄，只要他肯走，就一定能走得更远。

家庭是乔布斯不得不考虑的另一个因素。如果乔布斯还是当年的硅谷浪子，他大可以放手一搏，因为无论胜负成败，都是自己的事。可现在不同，他有了妻儿，有了家庭，他必须为家庭而考虑。

最让乔布斯耿耿于怀的是他与苹果的一段恩怨情仇。当年，乔布斯与时为苹果 CEO 的约翰·斯卡利公开决裂，董事会站在了斯卡利一边，乔布斯被迫离开了自己一手创建的苹果公司。当时的乔布斯，就像是一个无助的孩子，愤怒、失望、迷茫、痛心，不知道何去何从。离开苹果后，乔布斯很快创建了 NeXT 公司，希望通过新创建的 NeXT 公司证明自己的能力，让苹果的董事会意识到当初放弃自己是多么愚蠢的一件事情。然而，这次"复仇"之举并没有成功，在残酷的市场面前，NeXT 公司最终一败涂地，若不是苹果的收购，只怕早就已经关门大吉了。而如今，再度入主苹果，乔布斯不敢想象等待自己的将是什么，荣耀？亦或是又一场出卖？

暗流涌动

"吉尔可能不适合 CEO 这个职位……"

——当埃德·伍拉德打电话询问对阿梅里奥的看法时，乔布斯如是说

乔布斯的理念和信条是：要么是天才，要么是白痴，中间没有丝毫妥协空间，这种非黑即白的思维方式是其世界观的重要方面。随着对苹果的控制的进一步深化，乔布斯越来越觉得阿梅里奥正在带领着苹果走向一条毁灭之路。显然，在乔布斯二分法世界里，阿梅里奥是个不折不扣的白痴。事实上，在 1997 年 1 月初的 Macworld 大会上，乔布斯就已经笃定阿梅里奥是个笨蛋了。

当时，在万豪酒店的大宴会厅，将近 4000 位忠实的苹果粉丝在那里参加了这场关于苹果产品的展会。阿梅里奥为了突显出自己大会主角的身份，精心地设计了一出"行为秀"。他的亮相并没有多么引人注目，但他的怪异的着装确实让在场的观众目瞪口呆。他在这种重要的场合，竟然穿得非常休闲，他可能是想发扬苹果一直以来的优良传统，但是显然，他弄巧成拙了，他里面穿了件领子紧贴脖子的衬衣，外面套了一件带亮片的休闲夹克，这让他看起来滑稽而笨拙。他这一身装扮，引起了媒体的炮轰，《华尔街日报》的记者吉姆·卡尔顿如此评价阿梅里奥的这身行头："他看起来就像是来自拉斯维加斯的小丑。"而另一位与会的记者迈克尔·马隆则更加尖刻，他说："吉尔让人想到了离婚后第一次出来相亲的舅舅。"

然而，这不过是小问题，更大的麻烦是，阿梅里奥此前去度假了，

又跟他的演讲稿作者发生了矛盾，大吵一架，加上拒绝彩排，这使得他在台上演讲的时候结结巴巴，并很快开始忘词，思路似乎也不大清晰，显得非常笨拙。观众们目瞪口呆，不明白他在讲些什么。乔布斯在台下看着阿梅里奥在讲台上笨拙地坐着没完没了地演讲，觉得很不耐烦。就这样过了两个小时，阿梅里奥这才结束了自己糟糕透顶的演讲，然后把乔布斯请上了台。乔布斯的光芒顿时盖过了阿梅里奥，人们纷纷起立，拼命地鼓掌，欢呼，震耳欲聋的掌声足足持续了一分钟有余。这些前来参加大会的人都是苹果的拥趸，多少年来，他们从来不曾像今天这样激动过。他们相信，随着乔帮主的回归，苹果定然会终结这些年来杂乱无章的局面，步入正轨，再创辉煌。

和笨手笨脚的阿梅里奥相比，乔布斯简直就像是见惯了世面的大明星，举手投足之间魅力四射，自信而有型。他挥手让大家安静下来，然后对十年来苹果的发展做出了犀利的点评："十年来，Mac 都在原地踏步，所以让 Windows 系统占了上风。现在我们将研发出一个更优越的操作系统，再创辉煌！"他的讲话短促有力，很具煽动力，群众的情绪瞬间被点燃了。

即便乔布斯在台上的表现多么惊艳，但这还是阿梅里奥的舞台。所以，在乔布斯结束了简单的演讲后，阿梅里奥再次回到了台上，又喋喋不休地说了一个多小时。然后，阿里梅奥再次将乔布斯请上台，接着又出乎意料地把苹果的另一位创始人沃兹也请上了台。现场又是一阵骚动，乔布斯和沃兹是苹果的创始人，此时的身份都是"顾问"。阿梅里奥打算站在中间，一手拉着乔布斯，一手拉着沃兹，然后共同举起手来庆祝胜利，从而营造一个完美的结局。但是，乔布斯对此很反感，他既不想被阿梅里奥利用，也不想和沃兹冰释前嫌，所以他慢慢地溜下了台。

阿梅里奥这才发现，自己根本不能掌控乔布斯。然而，更大的麻烦在等着他呢。1997 年 2 月，苹果展开了股东大会。股东代表纷纷对上一个财年苹果的经济状况进行讨论。由于 1996 年度最后一个季度，苹果的销售量比上年同期暴跌了 30%，这引起了与会股东们的极大不满。他们轮番在麦克风前发泄心中的不满，质疑阿梅里奥的能力。阿梅里奥大费唇舌向他解释个中的原因，但显然并没有打消股东们的疑虑。阿梅里奥显然不知道自己把这个会议开得有多糟糕。

虽然，后来阿梅里奥对外宣称这是他做过的最好的一次演讲，但这根本就是自欺欺人的说法，在座的董事们对此并不买账。时任苹果董事会主席、杜邦公司的前 CEO 埃德·伍拉德在现场听得大惊失色。他妻子听到一半，就在他耳边小声表示，阿梅里奥的演讲简直就是一个灾难。伍拉德也有同感，认为阿梅里奥虽然穿得很酷，但是演讲却显得很愚蠢。股东们向他提出了很多问题，他根本没办法回答，就算回答别人也听不懂，他并没有鼓舞起大家的信心。

会后，伍拉德向乔布斯打了一个电话，询问他对苹果现状以及阿梅里奥的看法。乔布斯没有畅所欲言，只是谨慎地表示："吉尔可能不适合 CEO 这个职位……"这句话就够了。于是，阿梅里奥失去了董事会主席埃德·伍拉德的支持。伍拉德还询问了公司里一些其他同事的意见，结果，很多人都不约而同地表达了对阿梅里奥的不满，认为他无法带领苹果走出困境。苹果士气持续低落，销售业绩继续下降，董事们变得焦躁不安，有了解雇阿梅里奥的想法。

另外，媒体也纷纷唱衰阿梅里奥。乔布斯和《财富》杂志的记者布伦特·施伦德关系很好。有一次，布伦特询问乔布斯对于苹果的看法。乔布斯将自己对于苹果现状和阿梅里奥的真实想法和盘托出。布伦特随即写了一篇《库比蒂诺不对劲》的文章，大篇幅地描述了苹果的乱象，并把这一切都归咎于阿梅里奥在领导上的无能。这种说法其实并不客观。阿梅里奥接掌苹果公司时，苹果已经千疮百孔了。任何人想要在短短的时间里扭转苹果的困境，都绝不是一件容易的事情。而且，阿梅里奥在接管苹果后，也确实做了很多有用的事情。譬如说裁减项目、削减开支、改善苹果的财政状况，这些实实在在的事情对于苹果日后的崛起具有重要意义。

布伦特是很有影响力的记者，这篇文章一经发表，立即引发了唱衰阿梅里奥的跟风行动。《商业周刊》的封面标题是一行耸动的大字：《苹果一盘散沙？》《红鲱鱼》杂志直接刊登了一篇《吉尔·阿梅里奥，请辞职》的文章。而《连线》杂志的封面上，苹果的标志被异变成了一颗恐惧的心，带着荆条编成的王冠，被钉在十字架上，标题是《祈祷》。《波士顿环球报》的迈克·巴尼克尔则在杂志社抨击苹果的管理层拿着丰厚的薪水，却没有生产出让人望而生畏的电脑，嘲讽苹果的科技研发人员，在技术上只相当于波士顿红袜队替补队员的技术水准。

糟糕的是，阿梅里奥对于这此起彼伏的唱衰风潮似乎没有应对策略。《华尔街日报》记者吉米·卡尔顿采访阿梅里奥时，问他能否扭转外界认为苹果已陷入"死亡螺旋"的看法。阿梅里奥没有表现出作为一名CEO应有的自信，表示自己并不知道如何回答这个问题。

6月份，乔布斯和阿梅里奥各自带着夫人在雷德伍德的一家素食餐厅共进晚餐。阿梅里奥从他的酒窖里带来了一瓶1964年的白马庄酒和一瓶蒙哈榭，每瓶价值均为300美元左右，可算非常昂贵。而乔布斯选择的这家素食餐厅，则较为简朴，东西很廉价，四人餐费总共才花了72美元。但这并没有让乔布斯的魅力扣分，阿梅里奥的妻子后来大加称赞乔布斯很有魅力。

乔布斯也愿意施展自己的魅力，因为他很明白，魅力总会给自己带来一些好处。或许正是这些独特的魅力存在，很多和乔布斯一起共事的人都希望能得到他的尊重和认可，就连斯卡利和阿梅里奥也是如此。阿梅里奥认为，乔布斯和自己是同一路的人，并且他是真的尊重自己、信任自己，因为在很多问题上，两人都能够达成一致意见。但事实证明，这不过是他一厢情愿的想法而已。

在苹果收购NeXT时，乔布斯曾经承诺持有手中的苹果股票至少6个月。乔布斯答应了，尽管答应得不情愿。这年6月份，6月期限到期了。苹果股票大跌，股民纷纷抛售手中的股票，乔布斯也果断卖掉了因出售NeXT而获得的全部150万股苹果股票，仅剩下象征性的1股。当阿梅里奥得知有一笔150万股的大宗交易发生时，心里陡然生出一种不祥的预感，连忙给乔布斯打电话，询问这件事情真伪。乔布斯撒了谎，没有承认自己出售了手中的股票。阿梅里奥信以为真，就发表了一个声明予以否认。可是，当证券交易委员会公布申报文件时，阿梅里奥者才发现乔布斯确实卖掉了他的股票。阿梅里奥简直要气疯了，打电话责备乔布斯为什么说谎。乔布斯解释说，他因为一时之间对于苹果的何去何从感到沮丧，这才卖掉了股票，不想承认是因为觉得"有点尴尬"。多年以后，乔布斯却称，不告诉阿梅里奥是觉得没有必要。

植入乔布斯DNA

苹果的库克周期

"蒂姆·库克是我迄今招来的最好的员工……"

——在谈到运营苹果公司不可或缺的幕后搭档蒂姆·库克时,乔布斯如是说

乔布斯回归苹果后,推出了"非同凡想"广告和iMac,再一次向世人展现了他的创意和远见。但是,他是否有能力运营好一家公司,并带领苹果走出困境,包括埃德·伍拉德在内的很多人对此仍然不能肯定。因为在此之前,乔布斯并没有在这方面表现出特别杰出的能力,无论是早期的苹果,还是后来的NeXT,乔布斯永远给人是暴君的印象,听不进任何意见,肆意妄为,将公司置于险境。虽然皮克斯取得了成功,但明眼人都明白,那完全是约翰·拉塞特的功劳,和乔布斯没有半点关系。让乔布斯重新执掌苹果本就是一步险棋,这步棋他们走对了么?

事实证明,这是一次正确的选择。因为乔布斯已经不是当年的乔布斯了。在经过了十多年的困顿之后,乔布斯变得成熟了,亦更适应一个经理人的身份。他开始投入到一些以细节为导向的很现实的工作里,并且能够听见他人的意见,这让很多曾经和他一起共事过的人很惊讶。因为,之前的他是那么的桀骜不驯,恍若世间一切的规则对他都起不到任何的约束作用。苹果董事会主席对乔布斯的改变非常高兴,因为当初正是他力主邀请乔布斯回归苹果的。

乔布斯在管理方面最大的特点就是"专注"。"决定不做什么跟决定做什么同样重要,"他说,"对公司来说是这样,对产品来说也是这样。"苹果产品的生产线混乱,他就大刀阔斧地取消了多余的生产线,并将正在开发的操作系统中无关紧要的功能全部去掉。乔布斯还放松了对产品制造的控制,把苹果产品的制造外包给其他厂商。在业务的管理上,乔布斯依旧霸道,不能容忍有丝毫的不足。有一次,他发现安邦快运下属的一家分公司运送零件的速度不够快,马上让苹果公司的一个经理去和

152

对方终止合约。这位经理说，这么做很有可能会导致法律诉讼。乔布斯对此不以为然，坚持让那个经理去终止合约。那个经理在乔布斯的逼迫下，最后无奈辞职了。最后，果然如同那位经理所料，这件事情闹上了法庭，用了一年的时间才解决。

又有一次，苹果公司的供应商 VSLI 公司因为出现了一些意料之外的问题，没能够按时将足够的芯片送到苹果公司。这件事情让乔布斯气炸了，他在会议上勃然大怒，怒骂对方是"死太监"。别说，乔布斯这通咆哮还真是管用，VSLI 随后就将芯片准时送到了苹果公司。

对于很多人来说，要和乔布斯在一起工作需要一颗大心脏。苹果公司的运营主管在和乔布斯工作了 3 个月之后，因为不堪压力而辞职。乔布斯想继续找一个新的运营主管，但来面试的人没有一个让乔布斯满意。他认为这些来面试的人都是一些只知道陈词滥调的家伙，所以在之后差不多一年的时间里，乔布斯自己上任，负责公司运营工作。乔布斯希望能发现一个迈克尔·戴尔（戴尔公司的创办人，董事长兼首席执行官）那样的杰出人才，但这样的天才人物实在太少了。直到 1998 年，乔布斯遇到了一个他心目中的天才，他就是蒂姆·库克。

蒂姆·库克自小在亚拉巴马州罗伯茨代尔的一个小镇长大，这里距离墨西哥湾大约半小时的路程。他的父亲是一家造船厂的工人。库克毕业后，进入了奥本大学学习工业工程，后来转学去了杜克大学，并取得了管理学学位。大学毕业后，库克到了北卡罗来纳州的三角研究园为 IBM 工作，并负责 IBM 的 PC 部门在北美和拉美的制造和分销运作。库克在 IBM 待了 12 年，后来，他觉得自己的工作与心中的期望值相差太远，就毅然辞职，另外换了一份工作，出任批发商 Intelligent Electronics 公司电脑分销部门的首席运营官。几年后，库克又进入康柏公司工作，担任康柏计算机公司的采购和供应链经理。不久，苹果招聘运营主管，库克欣然前往应聘。

库克是一个理性的工程师，从不会因为个人的憎恶而影响理性的判断，但是，在这次面试中，乔布斯仅用五分钟就打动了库克。乔布斯散发的强大的个人魅力让他折服，库克打定主意，一定要加入苹果。他相信，在乔布斯这样一位创意天才的手下工作，人生一定会精彩很多。

同样，乔布斯见了库克也大有一种相见恨晚的感觉，他很快把蒂姆·库克从康柏公司招入苹果，担任资深副总裁，主管苹果的运营、电脑制造业务。乔布斯对蒂姆·库克评价很高："库克是我迄今为止招来的最好的员工。"乔布斯经常有很多的奇思妙想，却又很少能得到别人的认可，但蒂姆·库克却常常能够响应乔布斯，并且在很多的方面，他的观点和乔布斯出奇的一致。

库克进入苹果后，首先要面对的是苹果的库存问题。当时，苹果库存问题十分严重。由于产品卖不出去，导致库存臃肿，大量积压，库存周期一再延长。这给苹果带来了极大的损失。迈克尔·斯平德勒管理苹果时，库存累积的产品达到了20亿美元，数字相当惊人。吉尔·阿梅里奥接掌苹果后，通过有力的手段，把苹果的库存量削减到了5亿美元左右，库存周期控制在两个月左右，但这个期限仍然太长。乔布斯上台后，在这方面做过一些努力，但成效不大。直到库克加入苹果，这个问题才得以解决。

库克发现，苹果在库存管理方面有着极大的弊端，一个典型的例子是：苹果把亚洲的电脑不仅运到欧洲的工厂里进行组装、生产出笔记本，然后将其中的很大一部分又运回亚洲市场销售。这种毫无必要的循环，给苹果增加了很多的生产成本，也加大了库存管理的难度。库克上任后做的第一件事，就是对电脑制造业务进行大笔的账面减记。但仅仅账面减记是不够的，库克明白若要减少诸如"从亚洲到欧洲再回到亚洲"的此类循环，就必须改变思维，跳出旧有管理模式，为此，库克大力推动苹果的部件供应商在地理上贴近制造商的产品组装厂。这么做的好处是，使得供应商把部件保留在自己的库存里而不是苹果公司。库克减少了苹果主要供应商的数量，让厂家从原来的100多家减少到了2家，库克最伟大的地方是说服许多供应商将厂址迁到了苹果公司附近，这既减少了运输费用，也减少了库存周期。此外，库克还关闭了苹果在世界各地的工厂和仓库，把19个库房关闭了10个，只保留了9个。库克给他们下达了严令：必须在规定的时间内把库存减少75%。库克雷厉风行的作风让大家丝毫不敢怠慢，最终都战战兢兢地完成了任务。

这样，没过几个月，苹果的库存周期就从两个月缩短到一个月。到了同年9月底，库存周期更是减少到了6天，相当于7800万美元的商品价值，这比乔布斯接手时的5亿美元库存量可谓大大降低了。而到了1999年底，库存周期竟然达到了惊人的2天(有些时候，甚至是15个小时)，库存商品价值约为2000万美元。苹果库存情况大大好转，公司财政也逐渐实现了正增长。

这种出色的运营天赋得到了乔布斯的赏识，也让库克在苹果的地位稳步上升。2000年的时候，乔布斯又把苹果的全球电脑销售和客户支持部门交由库克负责，库克成为苹果的炙手可热的人物。

尽管库克与乔布斯在很多方面都迥然不同，如库克性格方面比较沉稳、说话温和，而乔布斯脾气暴躁、咄咄逼人，但两人对工作都非常执着，要求苛刻，堪称是工作狂。在性格上也形成某种互补关系，两人合作天衣无缝。在苹果公司，库克成了贯彻乔布斯直觉的角色，在工作中几乎从来没有与乔布斯产生过分歧。大多数日子里，库克都在默默耕耘，他一般早上4点多就起床了，6点刚过就达到了办公室。每周日的晚上，他都会安排电话会议，敬业态度令人敬佩。

库克在管理上和乔布斯如出一辙，非常严格，命令一旦下达，就必须立即执行。在任职初期的一次会议上，库克听说苹果公司在中国的一家供应商出现了问题，马上表示应该有人立即去中国处理这件事情。30分钟后，他看着坐在面前的一位部门经理询问："你怎么还没走？"那位经理二话没说，没带任何行李，就直接开车去了机场，买了机票飞往中国。后来，他成了库克的第一副手。

卓越战斗团队

"我发现，一流选手都喜欢和一流选手一起共事……我一直把罗伯特·奥本海默视为榜样，我知道他在建立原子弹项目小组时的招聘要求。我没有他那么优秀，但这是我渴望达到的目标。"

——在谈到自己招聘人才加入苹果团队时，乔布斯如是说

盛田昭夫是日本索尼公司的创始人，被世人尊称为"经营之圣"，与被誉为"经营之神"的松下幸之助齐名。20世纪80年代初，乔布斯曾经去日本拜访了这位大名鼎鼎的商界传奇人物。当时，乔布斯看到索尼的员工都穿着制服工作，觉得非常惊讶，后来就这一问题询问了对方。盛田昭夫告诉他，战后，因为人们没有衣服穿，所以公司就给每个人发了一件制服。后来，制服也就成为了索尼的标志性穿着，也成为了一种凝聚员工的方式。乔布斯打算也这么做，于是就邀请索尼御用设计师三宅一生设计了一件背心，然后他带着这件样品回到了美国。

回到苹果后，乔布斯将这件制服展示给大家看，并表达了希望所有员工都穿上制服工作的想法。但是，让乔布斯没有想到的是，在场所有的人都不赞成这个建议，他们更喜欢穿着自己喜欢的衣服工作。虽然，换装制服的构想没有实现，但是乔布斯将索尼凝聚员工的思想继承了下来，他一直希望在公司内部营造出一种合作的文化。为此，他经常召开会议，将员工们聚合在一起。会议可谓频繁：每周一是高管会议、每周三下午要开营销战略会议，除此之外，还有无数的产品评论会。乔布斯坚持让与会者坐在一起讨论问题，认为这有利于凝聚员工。

乔布斯希望公司的各个部门都能够并行合作，因为他坚信，苹果公司的优势在于各类资源的整合，从设计、硬件、软件，各部门并行不悖，有序运转，这也是苹果得以屡创辉煌的关键。乔布斯很清楚，苹果的方针就是开发高度整合的产品，这也就意味着在生产过程中必须是协作完成的。

这种观念也贯彻到了重要职位的应聘上。他会安排应聘者直接去见各部门的主要负责人，如库克、特凡尼安、席勒、鲁宾斯坦、艾维等人。然后，乔布斯就会和他们一起讨论应聘者能不能入选。乔布斯细细筛选人才，希望自己的员工都是精英，而不是一群"二流人才"，他说："我发现，一流选手都喜欢和一流选手一起共事……我一直把罗伯特·奥本海默视为榜样，我知道他在建立原子弹项目小组时的招聘要求。我没有他那么优秀，但这是我渴望达到的目标。"

招聘的过程是严苛的。乔布斯在面试每一位应聘者的时候，通常不会有什么预备方案，一般都是现场发挥，聊些什么、问些什么问题基本都是兴之所至。很多时候，他还会邀请应聘者一起出去散步。乔布斯喜欢问应聘者一些他们并不熟悉的问题，还经常会在面试中与应聘者展开针锋相对的辩论。他只想雇佣那些对于产品有着完美的理解，与自己合拍，符合自己理念的人才。

乔布斯把人才分为"A级""B级""C级"三个档次，"A级"是那些最想雇佣的杰出的人物，也就是比"B级"和"C级"都出色的那种人。乔布斯只准备雇佣"A级"的精英，因为他认为一旦雇佣了一个B级的人，他就会带来更多B级，甚至是C级的人，整个公司档次就下降了。只要是符合"A级"的人才，无论你的资历、文凭如何，他都会想方设法将你招进公司。

　　乔布斯在人才的选择上，可以说是独具慧眼。当年，乔布斯刚刚创立苹果时，就曾雇佣了一位叫兰迪·威金顿的年轻人。让人吃惊的是，这个年轻人当时还是一个高中生。很多人都对乔布斯的这个决定感到不可思议。但事实证明，乔布斯的选择是正确的。威金顿加入苹果后成了苹果的第 6 号员工，后来，威金顿主持开发了著名的 MacWrite 软件，在软件界名震一时。

　　在研发 Mac OSX 系统的过程中，乔布斯准备设计新的苹果操作系统的图形界面，于是就公开向社会寻求人才。乔布斯每天都会收到很多的邮件，不少年轻人毛遂自荐，希望进入苹果工作，乔布斯从中邀请一些人来过公司面试。其中有一个年轻人很有能力，也幸运地得到了面试的机会。可惜的是，面试进展得并不顺利，这名年轻人面对着乔布斯明显表现得太过紧张了。这天晚些的时候，乔布斯在外面碰见了他。沮丧的年轻人问乔布斯，可不可以向他展示一个作品。乔布斯有些不以为然，但最后还是同意了。年轻人打开电脑，播放了一段自己用 AdobeDirector 制作的视频。所有图标都在屏幕的下方排成一排，当年轻人把鼠标停在某一个图标上时，那个图标就突然膨胀变大，好像在放大镜的照射下一样。乔布斯感到非常震撼，当场雇了他。后来，这一技术被运用到了 Mac OSX 中，成为了广受人们喜爱的一个部分。这个年轻的设计师后来还设计出了多点触控屏幕的惯性翻页功能，这同样是一项了不起的成就。

　　也有些人进入苹果依靠的是自己的执着。后来成为 Palm 公司 CEO 和 Handspring 公司创始人的唐娜·杜宾斯基就是其中之一。当时刚从哈佛大学商学院毕业的杜宾斯基是个忠实的苹果迷，她迫切地想在苹果谋得一份工作。可是，她被拒绝了。原因是苹果要招聘的是有技术背景的人，而她却是毕业于哈佛大学商学院。杜宾斯基十分好强，干脆赖在苹果不走，每当有人走过时，就主动上前攀谈。后来，苹果的人被她的执著感动了，就批准她进入后续的面试，并得到了第一份的工作。

　　"求贤若渴"堪称是乔布斯的对待人才的态度。1998 年，曾经在苹果担任副总裁的李开复离开苹果，回到中国为微软创立中国研究院。乔布斯了解这件事后，亲自给李开复家里打去电话，邀请李开复重返苹果。但是，由于李开复已经在微软工作了，就婉言谢绝了乔布斯的好意。

　　2007 年的时候，乔布斯无意中看了一则《纽约时报》的报道：一位华裔女学生从斯坦福大学毕业后，加入了谷歌公司。这本来是一件很普通的事情，但是乔布斯却亲自拨通了这位女学生的电话，询问她为什么选择了谷歌，却没有选择苹果，并且让她谈了谈自己选择雇主的原因。

从以上这些事例可以看出乔布斯对于人才的重视。在苹果公司，为了尽可能地发挥卓越人才的优势，乔布斯还专门组建了所谓的 Top100 团队，这个团队顾名思义是由 100 多位公司各部门的顶尖精英人士组成。乔布斯会不定期地举行 Top100 会议，会议地址相当的神秘，大多数的时候会选在海边的度假村举行，乔布斯还要求会议场所必须满足两个条件：有美味的素食餐馆；没有高尔夫球场。乔布斯还制定了极为严格的规定：禁止内部人员讨论参与会议的人的名单以及会议的内容，禁止参加会议的人自己驾车前去，必须坐统一安排的大巴参会。

乔布斯通常会在 Top100 会议上，向公司的 100 人核心团队揭秘公司正在研发的新产品。例如，当年 iPod 开发出来后，乔布斯也是首先在 Top100 会议上向大家展示了这件新产品的。当然，会议的内容并不会这么轻松，乔布斯每次还会在会议上评审和规划每个部门的工作。一些在工作上稍有差池、没有完成目标的人在这一天压力会很大，因为乔布斯在大会上点他们的名，将他们批得一文不值，骂得狗血淋头，而其他的人则会度过生命中最美好的几天。

在管理上，乔布斯要求各部门职权分明，分工明确，不可有模糊、重叠的地方。比如说，负责苹果零售店销售的人就只能负责销售这一块，无权决定生产和库存计划。这种泾渭分明的制度便于管理，哪个环节出了问题，应由哪个部门负责一目了然，不容易出现相互推诿、扯皮的现象。

但是，乔布斯性格方面的强势、霸道，有时候会给员工带来伤害。如果他觉得工作进展得太慢了，他会命令员工们加快速度，让这个项目以"非人"的速度向前推动，倘若你不这么做，那么你就得做好被解雇的心理准备。而一旦工作没有做好，乔布斯会直接质问该项目的负责人。例如，当年苹果的 MobileMe 数据同步服务发布后，用户发现有很多的质量问题，怨声载道。乔布斯对此大为光火，几乎在第一时间撤换掉了 MobileMe 团队的经理和相关责任人。

无独有偶，2005 年苹果中国也发生了类似的事情。当时，苹果中国的销售队伍里，存在着一些违规操作的问题。例如，一些销售人员滥用折扣、特价等权力，这和苹果的理念背道而驰，事实上给苹果造成了极大的伤害。乔布斯对此完全不能容忍，派遣专员进行了严查，并且做出了极为严厉的惩罚。结果，刚刚走马上任的苹果中国区总经理，中国区渠道总监，华东、华南及西南三个区域的总经理，以及一大批销售负责人被集体开除。

Mac OSX 系统

"Mac OSX 操作系统是自 1984 年推出 Mac OS 操作系统之后，苹果公司推出的最为重要一款软件。消费者将对 Mac OSX 操作系统的简洁欣喜不已，并对它的专业感到吃惊。"

——在 2000 年发布新一代操作系统时，乔布斯如是说

在乔布斯的带领下，苹果公司逐渐走出泥潭，重现昔年风光。苹果除了在计算机硬件市场隆重推出 iMac 大获成功外，在软件方面也不甘人后。乔布斯入主苹果后，在 1998 年第三季度推出了 Mac OS8.5，同年又推出了 Mac OS9。这两种软件虽然各有千秋，但面对微软的 windows98 毫无任何的优势可言。苹果公司经过短暂的沉寂后，于 2000 年隆重推出了 Mac OSX 操作系统。这款系统是苹果公司的重量级产品，它的研发可以说是经历了重重波折。

这款操作系统是依靠着 NEXT STEP 的成功而开发出来的，是 1000 多名电脑人才花费了两年多的时间才开发出来的。乔布斯在离开苹果后，创建了 NeXT 公司。为了研发出先进的电脑和软件，乔布斯招兵买马，麾下云集了一大批的人才。李开复所在的卡内基·梅隆大学是计算机科学领域的圣殿，乔布斯特意来到了这所学校挖掘到了一个名叫阿维·特凡尼安的编程天才。

特凡尼安加入 NeXT 后，研发出了新一代的 NEXT STEP 操作系统。这款系统拥有着非凡的操作性能，具有无可比拟的稳定性，可说超越了同时代很多系统。后来，NeXT 公司因为经营不善，濒临倒闭的边缘，也幸好有 NEXT STEP 这款系统被阿梅里奥看中，乔布斯这才得以重返苹果。乔布斯回到苹果后，也将 NEXT STEP 研发团队一并带了过来。等到乔布斯当上 CEO，执掌苹果时，特凡尼安已成为苹果软件研发部门的首脑人物，他与苹果设计部门的乔纳森·艾维、硬件部门的乔纳森·鲁宾斯坦堪称是帮助乔布斯力挽狂澜并再创辉煌的"三杰"。

操作系统一直以来是苹果公司的软肋。虽然，苹果在 1984 年曾推出

了 Mac OS 操作系统，辉煌一时，但随着时代的发展、科技的进步，老版的 Mac OS 操作系统由于冗繁、不稳定等弊病，已经逐渐不能顺应时代发展潮流。对于很多用户来说，老版的操作系统简直就是一场噩梦：系统不时地崩溃、死机、重启、再死机、再重启……这简直能让任何一个好脾气的人抓狂。

苹果公司为了解决这个问题，花费了好几年的时间，但始终不曾取得多大的成效。这也迫使当时苹果的 CEO 阿梅里奥采取了非常措施——向外界购买优秀的操作系统。乔布斯返回苹果后，一直希望将 NEXT STEP 转化为苹果公司的操作系统。因为它具备着苹果老版的 Mac OS 系统所不具备的优势，它速度快、稳定，而且几乎不会出现死机的情况。此外，它还拥有着模式化的结构，这样就很容易进行修改和升级，众多出色的程序工具亦是其优势。

然而，由于技术上的困难，这些工作一开始进展得并不顺利。当时，苹果公司的程序员认为，应该使用 Mac OS8 的老界面，并努力将它努力嫁接在 NEXT STEP 代码库上。但是苹果 Mac OS 人机界面设计小组主管柯戴尔·瑞茨拉夫反对这么做，认为将丑陋、落后的旧界面装在优雅的新系统上简直就是一个耻辱，于是他很快和手下的设计师们重新做了一套新的设计方案，充分地体现 NEXT STEP 的优越性。问题是新的设计方案在很多工程师看来根本就难以完成。

数月后，苹果所有参与研发 Mac OSX（X 是罗马数字 10 的意思，因为此前已经发布了 Mac OS 9 的操作系统，所以新系统作为对上一版系统的承继，就顺理成章地称为"Mac OSX"）的人在一起召开了两天的会议。大会上，瑞茨拉夫展示了自己的新设计方案。几乎所有的工程师都对此表示了质疑，认为如此庞大的新系统根本不可能完成。这让瑞茨拉夫觉得非常沮丧。

两周后，乔布斯给瑞茨拉夫打去了电话，要求看一下这个新的设计方案。他本人因为一些原因错过了这个会议，在得知瑞茨拉夫和他的团队们有了新的创意后，他迫不及待地想要一窥究竟。乔布斯见了瑞茨拉夫和他的团队后，开口第一句话就是："是你们设计的 Mac OS 吗？你们这些笨蛋！"他毫不客气地指出老版 Mac OS 的弊端和缺陷，要求设计师们进行改进，力争完美。

瑞茨拉夫就把早已设计好的新方案拿给乔布斯看，并做了说明。乔布斯看过这个新方案后，下了命令："把这个做出来让我看看。"于是，瑞茨拉夫率领他的设计小组夜以继日地工作了三个礼拜，这才做出了软件原型。这个软件原型的优越性能带给了乔布斯极大的震撼，他兴奋地对瑞茨拉夫说："这是我目前在苹果所看到的第一例智商超过三位数的成果。"对于乔布斯而言，他的眼里只有天才与白痴两种人，他要是说你的智商超过了 100，这便是莫大的认可了。

乔布斯是一个完美主义者，他对追求产品完美细节的激情是比尔·盖茨、迈克尔·戴尔等人都无法比拟的。在 Mac OSX 的研发过程中，乔布斯将他的这种风格展现无遗。他对于正在研发中的 Mac OSX 的每个要素，包括菜单、对话框、按钮等，都要求有几种不同的方案以供选择。乔布斯还要求瑞茨拉夫团队每周向他展示最新的设计方案，要求十分严苛的乔布斯会对新方案中的每一个细节反复仔细斟酌，提出修改意见，直到完美，这样才最终决定下来。

界面滚动条一直是计算机操作系统中较为重要的部分，但却从来不是用户界面中最显眼的要素。尽管如此，乔布斯仍然坚持要求做到完美，无懈可击。瑞茨拉夫不得不带领团队反复修改了一个又一个的版本。对于工程师来说，乔布斯简直是悬在他们心头的一个噩梦。因为他会因为一个小小的细节而将工程师骂得狗血淋头，直到他们拿出更好的作品。就拿瑞茨拉夫的团队来说，他们仅仅在细化滚动条上，就花了 6 个多月的时间，才达到了令乔布斯满意的程度。

乔布斯在软件的开发过程中也曾提出了一些不错的建议。一次会议上，他看到新界面窗口左上角的按钮（指关闭、缩小、放大三个按钮）被设计师设计成了暗灰色，顿时觉得有些不满意。因为暗灰色很难让用户明白各个按钮的功能。有人建议当鼠标放在这些按钮上的时候，出现一个动画说明。乔布斯却给出了一个古怪的建议，要求用颜色来区别按钮，用红色代表关闭窗口，黄色代表缩小窗口，而绿色则代表放大窗口。这个建议并没有得到众人的附和，包括瑞茨拉夫在内都认为，将颜色与电脑联系起来，简直有点莫名其妙。但是，乔布斯的话就是命令，苹果团队只能按照乔布斯的意愿进行了设计。事实证明，乔布斯是对的。按钮的颜色明显起到了提醒的效果。尤其是红色，它通常意味着"危险"，用户在看到红色时会格外注意。

2000 年 1 月，在旧金山的苹果世界博览大会上，Mac OSX 的神秘面纱被揭开了。乔布斯在大会上隆重发布了新的操作系统，并做了演示，在演示间隙他说："Mac OSX 操作系统是自 1984 年推出 Mac OS 操作系统之后，苹果公司推出的最为重要一款软件。消费者将对 Mac OSX 操作系统的简洁欣喜不已，并对它的专业感到吃惊。"毫无疑问，Mac OSX 绝对是一款更为先进的产品，它至今仍是最为优秀的电脑用户界面，拥有着透明化、阴影和动态效果等实时图形效果。当乔布斯展示系统桌面时，鼠标滑过使用图标，图标依次变大，观众们爆发出阵阵欢呼声。

演讲结束的时候，乔布斯又以一贯的风格说道："哦，还有一件事……"

"今天我很高兴地向你们宣布，我要放弃'临时'首席执行官的头衔了。"人们欢呼起来，疯狂地喊叫着他的名字，"史蒂夫！史蒂夫！史蒂夫！"欢呼声越来越大，整个会场都沸腾了。人们激动地起立尖叫，排山倒海般的欢呼声几乎把所有的一切都给淹没了。这样的场面，丝毫不逊于任何一位摇滚明星。这种狂热的气氛感染了乔布斯，他突然明白，苹果粉丝们对他的爱。

乔布斯真的被感动了。回顾乔布斯在苹果的这十几年里，他霸道傲慢、蛮横无理，就像是一个任性小孩，予取予夺，不受约束，但是苹果迷们并没有因此而排斥他，仍将他视为苹果的救世主。乔布斯抑制着内心的激动之情，脸上挂着淡淡的笑容，他能感觉到自己正被温暖和热爱所包容。

他扶了扶眼镜，温文尔雅地说："你们让我觉得有点不好意思了。苹果和皮克斯有世界上最聪明的人，我每天都和他们一起工作。苹果和皮克斯的每一项成果都是团队努力的结晶。我要代表苹果公司的每一个员工，接受你们的掌声。"

这一次乔布斯没有抢功，而是提到了团队。经历过十多年的困顿，经历过创业的失败，乔布斯变得成熟了。虽然有些时候乔布斯依然刚愎自用，表现得像个斗士，但更为重要的是，乔布斯已经充分地意识到苹果公司就是一支团队。

人群再一次惊呼尖叫。在会场的一边上，还坐着另外一个人，他已经好久没有出现在苹果了。他就是苹果的另一位创始人，苹果Ⅱ电脑幕后的天才人物史蒂夫·沃兹尼亚克。他曾经因为乔布斯的蛮横霸道而离开了苹果，现在他看见自己以前的合作伙伴如此文雅甚至是谦卑地接受观众们的掌声和赞美之声，不禁泪流满面。现在，他的心也随着乔布斯的改变又回来了。

获奖飞机的 CEO

"相比于那些来说，我更想要一架私人飞机。"

——当伍拉德表示董事会愿意给他巨额股份作为奖励时，乔布斯如是说

如果将乔布斯看成是一个资本家显然不太合适，因为他自从 NeXT 公司成立后就一直不从公司里领取薪水，这种状况一直延续了很多年。在皮克斯公司，乔布斯常只领取 50 美元，有些时候甚至一分不取。重返苹果后，乔布斯仍然坚持不领取薪酬。对于他来说，好像接受薪水是一种索然无味的事情。他的兴趣是做一名公司的领导者，带领苹果走出困境，继而改变世界。

那个时候，苹果正处于风雨飘摇之中，境况堪忧，乔布斯虽然有心重新夺回苹果，但是对于能否挽救苹果心里没底。为了避免因为经营失败而给个人名声带来的损害，乔布斯放低姿态，以临时 CEO 的身份执掌了苹果，并且不领取薪酬，只是象征性地领取 1 美元作为个人酬金。对此，乔布斯开玩笑说："50 美分是出勤，另外 50 美分要看工作表现。"当伍拉德劝他多拿一些期权时，乔布斯拒绝了，他说他不希望公司里的同事认为他是为了钱才回归苹果的。

2000 年，乔布斯回归苹果已经有两年有余，苹果也走出了困境，开始盈利，股价也从接手时的 13 美元涨到了 102 美元以上。此时，无论从哪个方面来看，苹果很明显已经东山再起了。乔布斯成为了挽救苹果的大功臣，董事会主席埃德·伍拉德再次劝乔布斯正式就任苹果 CEO 的职位，并接受董事会赠予的期权。乔布斯这次没有完全拒绝，他说他需要考虑一下。乔布斯和妻子鲍威尔一起散步时讨论了这件事，鲍威尔认为，他应该得到这一荣耀。乔布斯也觉得如果去掉了"临时"一词，正式出任苹果的 CEO，他就能实现他所有的梦想。他一直希望苹果公司能够凭借着自身的优势，扩展产业，进军计算机产业以外的市场，比如说电子音乐市场等。

经过慎重考虑，乔布斯终于做出了决定：接受伍拉德好意。于是，在 2000 年举行的苹果世界博览大会上，乔布斯宣布摘掉头上"临时"的头衔，正式出任苹果 CEO。这对于全世界的苹果粉丝而言，绝对是一个

好消息。因为也只有乔布斯才会给他们带来如此多的感动。苹果董事会更是欣喜不已。虽然当初他们对于乔布斯的回归尚存几分疑虑，但是事实证明，恰是乔布斯的回归，挽救了苹果，重新带领苹果走上了飞速发展的大路。这份荣耀是乔布斯应得的。他们相信，只要乔布斯还愿意留在苹果，执掌苹果，苹果公司将会继续保持这种惊人的增长势头。

若说最乐见乔布斯执掌苹果之人，则非伍拉德莫属。伍拉德堪称是乔布斯重新返回苹果的导师。当初，正是伍拉德坚持己见，乔布斯这才顺利重返苹果的管理层，并带领着苹果走出了困境。伍拉德认为有必要地乔布斯进行奖励，因为在过去的几年里，他总共领取了不到3美元的薪酬，这和乔布斯做出的巨大贡献是不相符的。董事会也同意他的看法，认为应该对乔布斯慷慨一点。

伍拉德亲自去找乔布斯，表示董事会愿意给他巨额股份。乔布斯告诉他："相对于那些来说，我更想要一架私人飞机，因为我刚有了第三个孩子，我想带家人去度假，但是又不想坐商业航班。另外，相对于陌生人来说，我更希望为我开飞机的是一个我信赖的人。"乔布斯是一个对商业航班毫无耐心的人。航班延迟，甚至是安检等琐事都足以让他抓狂。如果有一架私人飞机那就不同了，他不用受这些约束，可以自驾飞机带着家人度过一个美好的周末。

董事会成员对乔布斯这个要求基本上没有异议。苹果董事会成员拉里·埃里森也拥有自己的私人飞机，他认为，乔布斯拯救了苹果，却不求回报，凭他所作出的巨大贡献，苹果就是奖赏他5架飞机都不为过，所以答应他的要求，奖给他一架飞机堪称是苹果给他的完美的致谢礼物。

伍拉德很爽快地答应了乔布斯的要求，给他买一架湾流V型喷气式飞机，此外还赠予他1400万份期权。伍拉德认为乔布斯会非常满意，但是，在常人意料之中的乔布斯还是乔布斯吗？乔布斯听到伍拉德的建议后，说："你说过我最多可以得到公司5%的期权是吗？"伍拉德茫然地点了点头说："是的。""好，那么我要2000万份期权。"乔布斯说道。伍拉德睁大了眼睛："可是你原来说不要的。"乔布斯面不改色地说："我从来没有坚持说不要啊！"伍拉德呆住了。

乔布斯为什么前后的态度如此大相径庭呢？有分析认为，这正体现了乔布斯一贯的作风。既然他已经接任了CEO，接受期权也会颠覆其"不求回报"的印象，那么又为什么要更多的2000万份期权而不是1400万份期权呢？乔布斯可从来都没打算做一个只讲奉献不求收获的人呐！

可是，董事会只有从股东处分出 1400 万份期权的权力。为了满足乔布斯的胃口，他们最终研究出了一个复杂的解决方案，先以现价授予乔布斯 1000 万股股票，但是视同已在 1997 年授予；另外的 1000 万份期权则安排在下一年（即 2001 年）授予。这种操作手法在法律上是不允许的，后来也确实引起了美国证券管理委员会的注意，这给乔布斯和苹果公司带来不少的麻烦。

经过了这件事，伍拉德有些心灰意冷。他终于明白，乔布斯是一个可以共患难，却不能共得意的人。在苹果处于困境的时候，乔布斯尚且能多少表现出对他人的谦卑和敬重，但是在苹果辉煌之时，他却不愿意与别人共享成果，他本性中的狂妄霸道、肆无忌惮就会占据上风。身心俱疲的伍拉德再也无法忍受这种令人窒息的氛围了，他辞掉了苹果董事会主席的职位，离开了库比蒂诺。

然而，现实却和乔布斯开了一个大玩笑。让乔布斯没有想到的是，刚刚 2000 万份期权到手，整个互联网的泡沫突然破灭了，几乎所有的 IT 公司的股价全都大幅下降，好多公司随之倒闭。苹果公司根深枝茂自然是没有倒闭之虞，但是股价同样大幅下落，乔布斯手中的股票期权成了一堆废纸。

虽然没有从期权中获利，但是乔布斯对于飞机还是非常满意的。这架湾流 V 型商用喷气式飞机通常情况下能乘坐 8 位乘客，最多可以搭载 20 多名乘客。飞机的航行速度大约每小时 500 英里，不用中途加油就可以从旧金山飞到伦敦。这架飞机的所有权并不归于苹果所有，而是作为一件礼物赠送给乔布斯的。乔布斯沉迷于设计，为这架飞机的内部重新进行了设计。他花钱雇用了一个设计师，前后花了大约一年多的时间，差点逼疯了设计师，最终还是按照他的心愿完成了设计。乔布斯的好友埃里森将自己的飞机与乔布斯的飞机相比，认为乔布斯的飞机改装得更好。

乔布斯从自己以前选择的狭小的办公室搬到了豪华的总裁办公套房。讽刺的是，当初正是乔布斯猛烈抨击阿梅里奥花费巨款为自己装修办公室，可现在，他自己却毫无愧色地搬了进去。在待人接物上，乔布斯又恢复了傲慢粗鲁、目中无人，无论是媒体还是苹果员工都体会到了这一点。

顾客体验设想

"如果不能在商店里把我们的理念传达给顾客，我们就完蛋了。"

——在设计苹果零售店时，乔布斯如是说。

乔布斯是一个天生的控制狂，他不愿意失去对任何事情的控制。在苹果公司，从产品的研发、生产到销售，他总是会参与进来，提出一些疯狂的点子，对任何的一个细节都不放过。但是，凡事有例外，乔布斯在此过程中也有控制不到的部分，那就是在商店里购买苹果产品的体验。当时，计算机行业的销售已经从本地的计算机专卖店过渡到了大型连锁商店和量贩店。在这里，苹果产品和IBM、惠普、康柏的产品摆放在一起供顾客选择，乔布斯对此并不乐意。

人们都有一种观念：自己的东西是最好的。作为苹果公司的总裁，乔布斯始终认为苹果的产品是最完美、最先进的产品，其他公司的产品不值一提。所以，他从来都不希望iMac被放在戴尔和康柏的旁边，供顾客买卖，因为那样有损于苹果的身价。还有另外一件让乔布斯不能容忍的事情：店员的专业素质太差了。在大型连锁商店里，大部分的店员对苹果这种高端产品完全是一知半解，不具备苹果产品的基本知识，有些时候甚至懒得向顾客解释产品的独特性能。乔布斯曾批评这些店员，认为他们只关心自己的销售提成，根本没有意愿为顾客苹果讲解产品的独特性能。苹果由于高配置，销售价格也明显更高，其他的产品配置较低，所以价钱也就低些。如果销售员没有专业的职业素养，向顾客介绍苹果的独特功能，苹果在竞争中处境之难可想而知。乔布斯对此深有感触："如果不能在商店里把我们的理念传达给顾客，我们就完蛋了。"

到了90年代后期，随着零售店经营模式的兴起，乔布斯立即意识到这种模式和苹果有着某种契合之处，于是就有了开设苹果零售店的想法。从1999年中后期开始，乔布斯开始秘密地面试了一些在零售店方面具有独到管理经验的人才。罗恩·约翰逊是乔布斯发现的一个精英，他原本是塔吉特公司负责销售规划的副总裁，主要工作是发布有特色的新产品，比如迈克尔·格雷夫斯设计的茶壶等。他热爱设计，在销售管理方面很有一套，也很有意愿加入苹果。那天，乔布斯穿着高领衫和破旧的牛仔裤约见约翰逊，显得平易近人。见面后，没有太多的寒暄，乔布斯直截了当地告诉约翰逊，他为什么要开零售店，以及他需要什么样的人才。他说，苹果想要成功，一定是靠创新取胜。如果无法把这种创新理念传达给顾客，就不能成功。

初次的见面，双方给彼此留下了一个好印象。不久之后，约翰逊来苹果参加了第二轮的面试。乔布斯建议约翰逊一起出去走走。他们一起去了斯坦福购物中心，这里店铺林立，是库比蒂诺最有名的商业街之一。由于此时是早上8点半，街上店铺都还没有开门。乔布斯就和约翰逊在空旷的购物中心走来走去，讨论着这里的布局、扮演的角色，以及某些专卖店取得成功的原因。

过了一会儿，店铺纷纷开门了，街上恢复了往日的繁华。他们去了艾迪堡，这家店铺很气派，呈狭长状，有两个入口，一个直接面对着购物中心内部，另一个连着停车场。乔布斯很显然并不喜欢这种设计，他认为苹果零售店只能有一个入口，这样就能更好地控制顾客的体验，而且艾迪堡的商铺设计过于狭长，不利于凸显设计，让顾客一进来就能了解店铺的整体布局。

约翰逊也同意这点。对于购物中心为什么没有科技类的店铺这个问题上，约翰逊和乔布斯产生了分歧。约翰逊认为，繁荣的商业街因为租金很贵，所以让很多的顾客望而却步，而在一些偏远地区，租金较低，所以顾客在买电脑这种大件的、平时不经常购买的产品时往往更愿意去偏远的地方购买。乔布斯则不同意这个看法。他认为苹果的零售店一定要开在繁华的购物中心，无论那里的租金有多贵。他希望顾客随时随地都能看到苹果的产品，而不是开车到10里之外。他相信，如果苹果把专卖店设计得足够吸引人，就能够招揽顾客，从微软那里抢夺客源。

约翰逊还认为，店铺的面积能够体现品牌的重要性。店铺越大，越能体现这个品牌的大牌，也更能吸引顾客。他问乔布斯："苹果的品牌有GAP（美国最为著名的一家服装公司）那么大吗？"乔布斯回答说大多了。于是约翰逊说："那么苹果的零售店也要比GAP的大才行，否则你就无法说明自己比GAP大牌。"乔布斯引用了迈克·马库拉的名言，畅谈了公司的经营理念：一家好的公司必须竭尽所能传递它的价值和重要性，从包装到营销，都应该展示其新颖、独特的一面。约翰逊很喜欢这个概念，并且认为这可运用到零售店中，而零售店的设计也将成为品牌最强有力的实体表达，只有当顾客想到苹果时，马上就能想到苹果零售店，这样才算得上成功。

结束了考察之后，两人开车回到了公司，坐在会议室里讨论零售店的未来。苹果的产品并不多，自从乔布斯砍掉一些繁赘多余的项目，苹果开发的产品一直维持在一个合适的数目上。苹果公司的产品并不足以装满一个传统意义上的商店。但乔布斯认为，这反而是一个优势。他向来追求简约的风格，这样他就可以建立一个以"少"为特色的商店，给顾客提供更多试用的位置。约翰逊认为，要改变顾客对于苹果固定的"另类"的印象，提供一个试用空间让试用者完全爱上苹果，这是十分重要的。商店的风格应该炫酷、时尚、有创意。

在这一年的董事会上，乔布斯提出了开苹果零售店的设想。但是，董事会对于乔布斯的这个决定并没有积极附和，甚至提出了反对意见，认为苹果从来没有这方面的经验，风险太大了。乔布斯则加以反驳，分析了苹果面临的问题以及这样做的好处。他还告诉董事会，他打算将苹果零售店开在地段更昂贵的购物中心里，吸引往来的顾客。不过乔布斯的分析并没有让董事会放心，他们觉得乔布斯的这个想法实在是太疯狂了。他们告诫乔布斯：捷威计算机在开了郊区的零售店之后就走向了衰落，而戴尔并没开零售店，通过直销也取得了巨大的成功。乔布斯对此不以为然，认为捷威是捷威，苹果是苹果，二者不可相提并论。苹果只有按照他的思路发展，才能继续创造辉煌。很显然，董事会的阻挠对于乔布斯来说，根本不用放在心上。他很快换掉了董事会中的大部分成员，迫使董事会同意了他的要求，开设4家零售店，进行试运营。

米勒德·米基·德雷克斯勒可能是董事会中唯一支持乔布斯的人。他原本是美国GAP的前任CEO，是零售界的翘楚，他曾经把死气沉沉的GAP连锁店变成了美国休闲文化的标志。在很多方面，德雷克斯勒和乔布斯很相像，他们都在设计、形象和消费者需求方面有着独到的见解。乔布斯很喜欢控制一切，德雷克斯勒也强调极端的控制模式。在他管理GAP的几年里，GAP商店只出售GAP品牌的产品，而且GAP产品从不在百货商店出售，几乎只能够在GAP商店里独家销售。1999年，乔布斯产生了开设零售店的想法后，就把德雷克斯勒招进了苹果董事会。

德雷克斯勒的确是一个在零售店方面很有想法的人，他给了乔布斯一个非常棒的建议：先在公司附近建一间模拟商店，但是按照正式店面的样子进行装修，边装修边思考，直到有了完美的方案。大家就可以在这个模拟商店里一边讨论，一边进行设计，直到有完整的想法。乔布斯表示赞同，于是就和约翰逊一起在库比蒂诺租下了一间空置的库房。很快，库房就开始动工了，从最初空荡荡的房间，慢慢到初具雏形，一切改变都按照乔布斯心目中的样子进行设计。不论多忙，乔布斯都会在每周二的上午，和约翰逊、德雷克斯勒等人在那里开会，完善他们的零售理念。这个地方成了艾维的工作室之外，乔布斯的另外一个避风港。他很喜欢一个人来到这儿，随便走走看看，不断地想出新的点子。

乔布斯对美学和服务体验的每一个细节都力求完美，经常对设计师们提出这样那样的条件。他还经常把德雷克斯勒、拉里·埃里森以及其他可以信赖的伙伴拉到这里，展示自己的创意。

在模拟商店即将完工时，德雷克斯勒提出了一些批评，认为空间太琐碎了，不够干净。还有很多怪异的建筑结构和色彩容易让顾客分心。他强调必须考虑顾客的感受，要让顾客一进入这个零售区域，就有一目了然的感觉。乔布斯完全同意他的观点，认为简约、减少分心的因素，是一家商店成功的关键。于是，就对某些方面做了反复的修改，一直到符合他心目中的样子。

经过了6个多月的设计、改建，苹果模拟零售店终于即将大功告成，乔布斯等人心中都非常高兴。就在周二例会前的一个夜里，约翰逊的脑海里突然冒出了一些可怕的想法，他认为他们犯了一些基础性的错误。他们一开始就围绕着苹果的主要产品线，把商店大致分成了 PowerMac、iMac、iBook 和 PowerBook 几大板块，但这未必符合消费者的消费习惯。消费者往往看重的是功能性，而不在于这款机子是什么配置。就拿电脑来说，有人买电脑是为了看电影娱乐，有的人是为了做设计，而不同的机子在这两方面的功能强弱又各不相同。所以，约翰逊觉得必须重新设计，尽可能地虑到顾客想做什么。他举了个例子，可以设置一个"电影区"，在那里可以用几台 Mac 电脑和 PowerBook，运行 iMovie 软件，向顾客展示苹果强大的电影编辑功能。

第二天一大早，约翰逊就去了乔布斯的办公室，硬着头皮，告诉了他自己那临时闪现的想法。乔布斯顿时爆发了，怒气冲冲地道："我真是要疯了。在我们辛辛苦苦地干了6个月之后，你一句话就把之前的工作全部否定了，你知道这意味着什么吗？你知道这样一来我们要做多大的改变吗？"最后，他表示自己累了，想休息一下再考虑未来的事情。

约翰逊没有再说话，乔布斯也没有再让他开口。他们一起乘车去模拟商店开会，路上，乔布斯告诉约翰逊，一会儿不要同他说话，也不要跟团队的任何人说话。于是，两个人路上谁也没有开口说一句话。抵达终点时，乔布斯经过这几分钟的思索，已经意识到约翰逊是对的。所以，在会议中，乔布斯做了一个让约翰逊惊讶的开场白："罗恩认为我们不应该按照产品，而应该按照顾客的体验来划分区域，我认为他是对的。"接着，乔布斯宣布他们要重新设计布局，争取一次成功。这样展示的时间也就从原来确定的时间向后拖延了三四个月。

2001 年 1 月，苹果样板店终于完成了改装工作，乔布斯邀请董事们前往参观。他首先在董事会上，向大家介绍了他的设计理念，然后带领大家乘坐面包车前往样板店参观。董事们在听了乔布斯和约翰逊的介绍后，又看到了极具风格的样板店，大家一致同意批准该项计划继续推行。董事会分析认为，苹果零售店将会提升苹果的影响力，更能确保苹果继续巩固扩大自身的优势。

然而，尽管包括乔布斯在内的苹果高层对零售店信心满满，但是外界对此似乎并不看好。《商业周刊》发表了一篇文章，引用苹果公司的前任 CFO 约瑟夫·格拉齐亚诺看衰苹果的话，大胆预测苹果零售店将会以失败而告终。零售顾问戴维·格斯丁甚至断言："不出两年，苹果就会关门歇业，他们将会为此付出沉重的代价。"但是，真的会如此吗？答案很快就见分晓。

风格独特样板间

"有些时候，'做到最好'是'做得很好'的敌人。"

——在谈到追求完美时，乔布斯如是说。

当苹果的模拟店铺得到董事会的认可后，乔布斯就开始紧锣密鼓地为苹果第一家旗舰店张罗。新店铺按照乔布斯的要求，选在弗吉尼亚州的高端购物中心泰森角，这里正是商业街的繁华地段。店里的设计严格按照乔布斯的设计方案来执行，每一个环节，大到整体布局，小到楼梯、柜台，甚至是每张海报，都苛求完美。这是苹果第一家零售店，乔布斯只许成功，不许失败。

2001 年 5 月 19 日，苹果第一家零售店正式开业了。很多顾客初次踏进店里，就被店里独特的设计震撼了：柜台是亮白色，木地板是浅色的，雅致而不失格调，色彩的选择和搭配温和适宜，不会让顾客有不适之感。店铺内还挂着一张印着"非同凡想"的巨幅海报。海报上面是约翰·列侬和小野洋子躺在床上。当顾客们看见这张经典照片时，心里不禁会淡淡勾起对列侬的回忆。还记得戴维·格斯丁的预言吗？他当初预言，苹果零售店不出两年，就会关门歇业。但是，现实狠狠地打了他一记耳光。苹果开业当天人潮如流，远远超过了外界的估计。截至2004年，苹果零售店每周的客流量已经达到了5400人，而同期的捷威计算机商店每周的客流量只有250人左右，这种差别如果从收入上看就更明显了。相较于其他零售店年均几百、几千万美元的收入，苹果零售店高歌猛进，大举突破了10亿美元，创下了零售业的新纪录。2004年，光是苹果零售店的收入就达到12亿美元。这个数字简直可以称得上奇迹了！

在第一家零售店面世的时候，我们可以想象乔布斯的忧虑。但是，当苹果零售店越来越受欢迎，营业额越来越大时，乔布斯就开始涉入方方面面，试图控制一切。虽然在他麾下聚集了大批的人才，如在广告方面极具创意的李·克劳等人，在零售店方面有独到见解的罗恩·约翰逊等人，但是乔布斯希望所有的苹果零售店能够打上自己的印记。零售店刚开业时，在一次营销会议上，乔布斯对店内厕所标志的颜色不太满意，就让李·克劳和他的团队们花了半个小时的时间决定该使用哪一种灰色。这种小事乔布斯都要过问，更何况是整体设计布局等大事了。

波林·赛温斯基·杰克逊建筑事务所是世界上杰出的建筑设计机构，为苹果在全球设计了众多的零售店。尽管他们的能力毋庸置疑，但是乔布斯经常会决定整个设计方案的主要方面。乔布斯很关注楼梯的设计，他似乎有或多或少的"楼梯情结"。以前，他曾经为NeXT办公楼设计了半透明的玻璃楼梯，他希望零售店的楼梯能够和NeXT的楼梯一样，有着特殊的设计。每次，乔布斯去查看正在兴建的店铺时，都会对零售店里楼梯的设计提出建议。乔布斯一生中总共有313项专利，其中就有两项与他发明的玻璃楼梯有关：一个专利是采用了透明玻璃踏板和玻璃混合金属钛的支架；一个专利是采用含有多层玻璃压制而成的整块承重玻璃系统。

苹果零售店的地板也是乔布斯关注的一个方面。最初采用的是浅灰色木板，但没过多久，乔布斯就弃之不用，决定改用石头做地面，这种改变与乔布斯多年前去意大利旅行有关。1985 年，乔布斯被驱逐出苹果后，女友克里斯蒂娜·莱德斯陪伴他去欧洲旅行。在意大利的佛罗伦萨人行道上，那些灰蓝色石头给他留下了深刻印象。多年之后，当乔布斯看见零售店的浅色木板时，不由得想起了佛罗伦萨的那些灰蓝色石头。这样的比较顿时让他觉得浅色的木地板有些平庸，于是他决定改用那种石头做地面，而且必须是佛罗伦萨的石头。这样的话，成本就会增加数倍。一些同事建议他，可以用混凝土，不但成本很低，而且也可以模仿出石头的颜色和纹路。但是乔布斯坚决不同意，坚持用真正的石头。最终，他们在佛罗伦萨外围费伦佐拉的一个家庭自营采石场找到了这些石头。这些灰蓝色的锡耶纳沙石有着清晰的纹理感，非常完美，正和乔布斯在佛罗伦萨看到的一样。乔布斯对石头的选择非常严格，颜色、纹路和纯度、完整度都有着一定的标准，这也导致采集的石头里只有 3% 能用。佛罗伦萨的设计师从这些石头里千挑万选，选择合适的石块按照一定的尺寸切割，并在每一个石块上面做好标记，以确定哪一块石头和哪一块相邻。然后，再空运过去，铺设在零售店里。

当地板按照乔布斯的心意铺上了石头以后，乔布斯还是会不时地对于地板的一些细节提出批评。这一点，零售店的员工印象深刻。加州帕萨迪纳苹果零售店有一位员工名叫伊恩·麦多克斯。他刚进这家店工作时，这家专卖店正按照乔布斯的意思重新装修地板。每天等到最后一名顾客离开后，装修队就将一块块地砖掀起来，换上新的地砖。毫无疑问，新的地砖全都是清一色的深灰色花岗岩，都是从意大利佛罗伦萨空运过来的，全部都是乔布斯亲自挑选的样式。

新地板铺好之后，非常漂亮，员工们都非常高兴。几天之后的一个早晨，专卖店还没有开门，麦多克斯发现专卖店所有经理都神情紧张地在店里集合，一直以来甚少露面的区域经理也来了。很明显，专卖店将会有一位大人物光临。不久，乔布斯带着四五个人来到了这家店里。麦多克斯有点诧异，不明白什么事情竟要让乔布斯大驾亲临。后来，他知道乔布斯是来检查新地砖的效果的。

乔布斯仔细检验着新地砖的效果，很快脸上流露出不满的神色。这些新地砖刚铺上时确实非常漂亮，但由于使用的接缝剂不够好，导致顾客一踩上去就会留下难看的污迹，而且不容易清理。污秽、脏乱的地板影响了整个专卖店的美感。很明显，这样的效果完全不能让乔布斯满意。

麦多克斯早就听说过苹果的老板乔布斯脾气暴躁，经常会口不择言，痛骂手下，这次他才算是真正领教了。乔布斯大发雷霆，火冒三丈，将专卖店经理骂了个狗血喷头，他命令专卖店经理，地砖必须全部换掉。就这样，施工队被重新叫了回来，掀开每一块地砖，认真清洗，然后使用新的接缝剂重新铺设了整个地板。追求完美是乔布斯毕生的目标，他曾经不无嘲笑地对记者说，自己追求完美可能也是一个弱点："有些时候，'做到最好'是'做得很好'的敌人。"

苹果零售店除了店面设计上极具创意外，还提供一些独特的服务。比如说，被命名为"天才吧"的技术维修部。这个创意来自于约翰逊最新的经营理念，一次，约翰逊为了聚合自己的团队，让来自不同行业的成员打破内部因为不熟悉而产生的尴尬，故意挑起一个话题："说说你们曾经体验过的最好的服务。"结果 18 个人里头有 16 个人回答说是酒店服务，他们提到了一些住在四季酒店和丽兹卡尔顿酒店的一些经历。这个答案有些出乎约翰逊的意料，也让他大受启发：为什么不能开设一家像四季酒店那样轻松随意氛围的商店呢？于是，他派出了几名零售店经理去参加丽兹卡尔顿酒店的培训项目，让他们从中学习经验。约翰逊将这个想法告诉了乔布斯，问："如果我们在吧台都配上些最聪明的 Mac 专家，你看怎么样？我们可以叫它'天才吧'。"

乔布斯却觉得这个想法太离谱了，而且"天才吧"这个名字也不好。他说："你不能叫他们'天才'，他们是极客（自于美国俚语 geek 的音译，一般理解为智力超群对计算机技术极度狂热的人，但他们大都性格古怪，缺乏交际能力），他们没有那种交际能力来贯彻天才吧的宗旨。"

听到乔布斯这么说，约翰逊有些不知所措了。他知道乔布斯是一个固执的人，一旦做了某项决定是很难改变的，所以他什么话也没有说。但是第二天早上，约翰逊碰巧遇到了苹果公司的法律总顾问，对方告诉他，乔布斯让他去为"天才吧"这个名字注册商标。"天才吧"最终按照约翰逊的设想建立起来，并很快风靡一时，现在全球大约每天有 5 万消费者接受"天才吧"的服务。

2006 年，苹果位于曼哈顿第五大道上的零售店正式开业。很多光顾过这家店的顾客都会有一个明显的感受：这是一家真正的"乔布斯"店。这家新开张的店面融合了乔布斯生平很多创意元素。无论是乔布斯痴迷的立方体，还是标志性的玻璃楼梯都在这里得到体现。乔布斯追求的简约主义也在这里发挥到了极致。这家店每天 24 小时营业，全年无休，顾客日日爆满。据说，开业的第一年客流量就达到了每周 5 万人，简直是其他公司零售店的数倍之多。乔布斯很爱这家店，每次谈到这家店自豪之情溢于言表："这家店是真正的寸土寸金，它是世界上每平米收入最高的店铺，总收入也超过了纽约的任何一家店（包括萨克斯百货和布鲁明戴尔百货）。"

乔布斯对苹果零售店的开业典礼非常重视。这其实不难理解，一个好的开业典礼能够让顾客们印象深刻，这比发多少传单、拍摄多少广告都有用得多了。乔布斯将每一次的开业典礼视同为产品发布会，这一招大受好评。很多想持续了解苹果最新产品的顾客，就开始奔波于各个开业典礼，并且整夜排队，希望能够成为首批进店的人，了解苹果最新情况。这也带动了苹果的购买热潮。

到了 2010 年左右，罹患癌症的乔布斯一边同死神抗争，一边仍在花时间设想未来的店铺规划。他打算将以往零售店两边各 18 块玻璃的外墙改成 4 大块巨大的玻璃。但这在当时面临的一个难题是技术上达不到，必须造出现新一代的玻璃脱泡机才能实现这个梦想。尽管如此，乔布斯仍然信心满满，他希望将来某一天能用 4 块玻璃代替 18 块玻璃，因为这样的设计不但更加简约，而且完美地将美学和技术结合在一起了。对他而言，"少"永远意味着"多"，越简单越好。

iPad 平板狂潮

iPad 创意的酝酿

"微软的平板电脑最终将会以失败而结束。"

——在微软大力宣传平板电脑时，乔布斯如是说

早在 20 世纪的 80 年代，苹果还在以 Apple Ⅱ 为主要产品进行销售的时候，他们就曾尝试过触摸板技术，并尝试着制造过有简单的办公功能集成的电话机，那可以说是苹果最早研发出来的一款电话。不仅如此，他们还在那个时候设计过平板电脑原型。

到了 20 世纪 90 年代初，斯卡利还未离开苹果之前，就曾命人成功研发出了 Newton PDA 这款手持移动设备。他在这个项目上倾注了大量的心血，同时也成为了后来的 iPhone 和 iPad 的先驱者。不过，Newton PDA 虽然是一款集手写识别、个人组织功能、通信功能以及全新的操作系统的手持移动设备，但却由于当时的电脑技术和移动通信终端未能很好地整合在一起，所以，Newton PDA 自问世开始，就注定了其悲剧的命运。到了后来，它甚至连后来推出的 Palm PDA 和黑莓手机都不如。

1997 年，乔布斯在回归苹果后虽然立刻终止了 Newton PDA 的研发工作，但是创造一款袖珍型的电脑或是一部智能手机的想法却在他大脑中扎了根。2001 年时候，微软公司开始对外宣传平板电脑（Tablet PC），并极力吹嘘道："你只要拿起手写笔，就能在屏幕上输入信息。"一时间，参与到这一研发项目中的 PC 厂商数不胜数。对此，乔布斯则预言道："微软的平板电脑最终将会以失败而结束。"结果，正如乔布斯所料，在接下来的几年时间里，有不少带键盘和不带键盘的平板电脑相继问世，但却没有一款具有革命性的产品可以在市场上站稳脚跟。

乔布斯在说这些话的时候，Mac 硬件团队就已经开始对平板电脑进行构思了。不仅如此，在之后的几年中，苹果公司每次召开 top100 集思会时，平板电脑的研发项目都会被乔布斯纳入未来预定的项目之一。不过，他在 2003 年 5 月接受记者采访时却对外宣称，他们并没有研发平板电脑

的计划。其实，乔布斯在当初没有立即决定研发平板电脑的做法相当正确的，因为，当时的平板电脑在功能和速度上要比带键盘的电脑差很多，真正对平板电脑感兴趣的人并不多，这就直接导致了众多生产平板电脑的厂商纷纷败北。

2004 年，当苹果的工程师们成功研发出多点触摸技术后，乔布斯决定行动了，准备开始研发他在很久之前就开始构思的不用手写笔就能进行输入的手持移动设备。不过，乔布斯当时还不想进行平板电脑的研发，他觉得时机并不成熟。因此，他便将此技术率先应用在了手机之上，也正因此才有了后来的 iPhone。

三年后，乔布斯准备着手研发成本较低的上网本，但在一次头脑风暴会议上，乔纳森·艾维却提议道："我们为什么非要生产那种带键盘的电脑呢？它们不仅贵而且还很笨重。假如我们利用多点触摸技术去研发平板电脑的话，那样岂不更好？"结果，乔布斯对这一提议十分赞同。之前，他虽然一直在想着这个计划，但却一直找不到合适的机会，现在好了，乔纳森·艾维刚一提出来，他就理解同意了，并立即着手展开平板电脑的研发工作。

在平板电脑的研发项目展开伊始，乔布斯最先做的还是这款产品的外观设计，尤其显示屏更是其中的重点。在设计的时候，乔布斯依然主张简洁设计。在他看来，这款新产品的所有功能和设计都应以显示屏的尺寸为基础。为了研究出哪种尺寸最合适，乔布斯还专门命令负责该项目的设计团队，设计了 20 多个大小和长宽比皆不相同的模型供他选择。

很显然，这些模型果然都被挑剔的乔布斯给毙掉了，而其理由则是这些设计没有一个表现得足够自然和友好，假如真做出来的话，也很难让人随意地将它给拿起来。当时，一直跟乔布斯奋战在这一项目上的乔纳森·艾维听了乔布斯的抱怨后，他突然灵机一动道："若想让这款产品的形状让人有种想拿的冲动，还要保证它们可以被随意地拿起来，只需将其边缘的底部设计的再圆润一点儿就行，那样不仅在拿的时候会方便许多，而且拿在手中的感觉也会非常舒服。"乔布斯听到他的建议后十分兴奋，在敲定了这款平板电脑的屏幕尺寸后，立即带着他跑到了专利局，对这一外观设计申请了专利，并为其命名为 iPad。

在解决了外观设计之后，接下来需要解决的就是 iPad 的芯片。当时，Mac 电脑上已经开始采用英特尔研发的芯片了。因此，乔布斯还准备选用他们生产的芯片，并准备采用其在当时正在研发的一款低电压芯片——凌动芯片（Atom）。对此，英特尔的 CEO 保罗·欧德宁也为促成两家的合作而做了不少的努力，而乔布斯也有意与他合作。

不过，苹果工程师托尼·法德尔的建议却让乔布斯改变了主意。根据他所言，英特尔的处理器虽然速度很快，但是他们的芯片大多适用于由外接电源供电的电脑，而从不考虑便携式电脑电池的续航能力。在摆出来这个理由后，他又力劝乔布斯采用基于 ARM 架构开发出来的芯片，这种芯片不仅能耗低，而且还整合了除了处理器外的其他功能，与英特尔只生产含有 CPU 的芯片大有不同，如 iPhone 产品使用的就是在该架构下开发出来的芯片。虽然这种技术很不错，但乔布斯还是有些倾向于英特尔。可是，就在乔布斯犹豫的时候，托尼·法德尔又给乔布斯来了剂猛药，并出言威胁道："假如你不同意我的提议，我就马上辞职。"经过一番比较后，乔布斯最终同意道："好吧，这次我听你的，我相信我最优秀的员工。"

在此之前，苹果公司就与 ARM 公司合作过。因此，苹果公司很快就获得了 ARM 构架授权。之后，苹果又出资收购了一家微处理器研发公司——P.A.Semi，并要求他们以最快的速度研发出一款基于 ARM 架构的系统单芯片（System-on-a-Chip），即后来的 A4 芯片。

在 A4 芯片开发出来后，乔布斯便对它赞不绝口。后来，他还对此回忆道："英特尔的芯片虽然速度很快、性能也很好，但却从不考虑功耗和成本。而且，他们的芯片上只有处理器，不像我们的 A4 芯片那样，不仅速度快，还集处理器、显卡、移动操作系统以及内存控制等于一身。"不仅如此，一向"口无遮拦"的乔布斯还爆料道："我们之所以没和英特尔继续合作下去，主要有两方面的原因：一方面是因为他们的芯片真的很慢，而且十分笨拙，根本就跟不上我们的快节奏；另一方面，我们也不想将所有的技术都透漏给他们，以免他们倒向我们的竞争对手。"

对于乔布斯的这番言论，英特尔的 CEO 保罗·欧德宁则对外宣称："iPad 本来可以采用英特尔芯片的，但是苹果公司却在价格方面斤斤计较，双方最终才不欢而散的。"不仅如此，他还一再宣称这是乔布斯控制欲的表现，因为他想要控制住每一件产品的每一个环节，其中也包括芯片和材料。

当然了，在 iPad 上市的时候，最过震撼的就要数比尔·盖茨了。早在 20 多年前，苹果本想借 Mac 电脑炒作图形用户界面，一举获得图形用户界面的统治地位，结果却让微软得逞。但在 20 多年后，微软只能眼睁睁地看着自己在十几年前就开始炒作的平板概念，就在人们逐渐淡忘的时候，却被乔布斯拿来，使得苹果的 iPad 大放异彩。

其实，这不并能算是乔布斯对比尔·盖茨的一场翻身仗。早在十多年前，乔布斯也看到了平板电脑的未来。他之所以忍住内心的冲动，没有立即着手实施这一计划，就是因为他知道把握住最佳的时机要比有眼光更加重要。所以，在平板电脑这一领域内，只有他才是最成功的。

乔布斯受伤了

"上网本与我们的这款产品相比，无论从哪个角度来看都是乏善可陈的！因为，我们的这个东西叫作 iPad，它是一款极具革命性的平板电脑。"

——乔布斯在 iPad 发布会上如是说

2010 年 1 月底，乔布斯在旧金山为 iPad 举行了一场隆重的发布会，在这场发布会后，不仅激起了无数"果粉"们的狂热追捧，各大媒体对此也是争相报道。如《经济学人》杂志在当期的期刊上，所用的封面就是乔布斯。不仅如此，他们还将乔布斯塑造成了一个头顶光环笼罩、身着灰色长袍、手持 iPad 的形象。乍看之下，就像是耶稣临世一般。与此同时，他们还在杂志中对其赞美道："人类上一次对一个平板如此狂热是因为上面记载着十诫（《圣经》中有关上帝借由以色列的先知摩西向以色列民族颁布的十条规定）。"

在发布会的当天，乔布斯邀请了很多人，其中就有詹姆斯·伊森和杰弗里·诺顿，这两人都曾为挽救乔布斯的生命而做出过贡献，一个为他做了胰腺切除手术，一个帮他做了肝脏移植手术。此外，乔布斯的许多老友，还有他的妻子、儿女以及妹妹等人，都被他带到了会场，他想让他们陪着自己一起见证这个奇迹的时刻。

大会开始后，乔布斯和以往一样，开始用他那独特的风格为 iPad 的登场做铺垫。去过现场的人可能还记得，乔布斯在说完开场白后，他身后的大屏幕上就出现了一部 iPhone 和一台苹果笔记本，而在它们的中间则是一个大大的问号。接着，众人便听到乔布斯问道："你们觉得它们中间还会有别的东西存在吗？"当时很多人都猜测乔布斯要推出的很有可能是集浏览网页、发送电子邮件、影音游戏和电子书于一体的上网本。但是，乔布斯接下来的话却告知了他们真相。他说："你们也许觉得我们将要推出的是款上网本，但我要告诉你们的是，上网本与我们的这款产品相比，无论从哪个角度来看都是乏善可陈！因为，我们的这个东西叫作 iPad，它是一款极具革命性的平板电脑。"

说完后，为了展示 iPad 的亲和性，他从容地走到一张边桌前，很随意地拿起了桌子上的 iPad。接着，他便热情洋溢地向大家介绍道："你们瞧，它要比你们所用过的笔记本亲和得多。"随后，他又向观众们展示了 iPad 浏览网页、电子邮件、影音、图片、游戏等功能。如在展示其电子邮件功能时，他还特意给苹果副总裁斯科特·福斯托和菲尔·席勒每人发去了一封邮件。紧接着，他又在上面展示了 iPad 的地图、日历、翻阅相册、影音播放、iBook 书架等功能。在演示的最后，当乔布斯将鲍勃·迪伦的《像一块滚石》（Like a Rolling Stone）通过 iPad 播放出来的时候，他紧盯着下面的众人，问了一句他在 iPhone 发布时曾问过的一句话："难道你们还没有发觉它真的很棒吗？"

在发布会的最后，乔布斯再次强调了 iPad 所体现的"科技"与"人文"两条理念，这种理念在苹果的其他产品也都有所体现。对此，他总结道："我们之所以能够创造出 iPad 这种具有革命性的产品，就是因为我们一直致力于科技和人文艺术完美融合。"

iPad 的发布会异常成功，"果粉"们在发布会后也都显得异常狂热。不过，这种热情并没有持续多久。因为，iPad 自发布之日起至同年 4 月上市的这段期间，除了刚开始的时候收到一些赞美之词，但很快地，iPad 就遭到了人们质疑。很多人都表示，他们根本无法通过乔布斯的演示而彻底了解它到底是款什么样的产品，甚至还有不少人将其视为加强型的iPhone。

对此，《新闻周刊》的记者丹尼尔·莱昂斯曾在自己博客中公开写道："自从 Snooki 和 The Situation（他们是美国一档真人秀节目中两个演员的外号）好上之后，我还没有这样失望过。"还有一些网站也发表了同样的言论，如 Gizmodo 网站就发表了一篇题为《iPad 的八大缺点》的文章，并在文中列举出了其不支持多任务模式、不带摄像头、也不支持 Flash 等缺点。更有甚者，还拿 iPad 的名字进行恶搞，将其比喻成了女性卫生用品，以至于当时以"#iTampon（pad 有女性卫生护垫的意思，而 Tampon 指的则是女性月经棉球）"为开头的话题，一路飙升到了各类话题榜的第三名。

在这种时候，乔布斯的老对手比尔·盖茨自然不会放过这个大好的机会，在接受《财富》杂志的记者布伦特·施伦德采访时说道："无论到什么时候，我都觉得拥有手写笔和真正的键盘的上网本，才会是这一领域内的主流。"接着，他又说道："当初，苹果公司在发布 iPhone 的时候，我非常惊叹，但是 iPad 在发布的时候，我却没有这种感觉。在我看来，iPad 只是一款不错的阅读器，并没有什么可以吸引我眼球的地方。"在采访的最后，他还坚持认为微软的手写笔方案会成为这一行业的标准，并对此言道："早在十多年前，我就曾说过，以后肯定会是配有手写笔的平板电脑的天下。现在看来，我可能是对的。"

社会上的种种质疑之声，让乔布斯变得非常恼火和沮丧。他不明白 iPad 明明是一款非常棒的产品，人们为什么就是不相信呢？不仅如此，在短短的几天内，他还收到了几百封的电邮。其中，绝大多数都是在向他抱怨，iPad 的功能不够健全，它所缺失的东西太多了；还有人说 iPad 这个名字很难听，甚至还有人在给他的邮件中公然写道："Fuck，你怎么能这样设计 iPad 呢？"看到这些邮件后，乔布斯更加郁闷了。尤其是一些铁杆"果粉"也对 iPad 表示了质疑，这真的让他很受伤！

不过，乔布斯还是收到了一些令他高兴的邮件。比方说，总统办公厅主任拉姆·伊曼纽尔就对乔布斯发来了贺电，称 iPad 定能改变人们对于平板电脑的认识，成为这一行业的全新领跑者。

1 个月售出 100 万

"看看其他那些消费类产品的设计吧，它们真的是纷繁复杂，而我们在做的是尽量让产品看上去更加简单。"

——在接受《新闻周刊》的记者采访时，乔布斯如是说

2010 年 4 月初，iPad 终于在万千人的翘首企盼中上市了。当人们真正将 iPad 拿到手中的时候，他们之前对它的挑剔情绪就逐渐消失了，取而代之的则是狂热。

在 iPad 正式上市的当天，乔布斯出现在了帕洛奥图的苹果零售店内。此次应邀前来的还有丹尼尔·科特基，他们曾是很好的朋友，只因当年苹果公司上市的时候，乔布斯没有分给他发起人的期权愤而离开了苹果公司。现在，他早已对此事释怀。正如他后来回忆的那样："我们当时

已经有 15 年没见过面了，我来这里只是想再见见他。当我告诉他我想用 iPad 写歌词的时候，他很高兴。可以说，那次是我们认识这么多年以来，唯一一次较为愉快的聊天了。"

丹尼尔·科特基是幸运的，他被乔布斯邀请到了店内畅谈，不用在外边排长队等候。不过，沃兹就没有那么好运了。这位苹果的缔造者之一，他虽然离开了苹果，但每当有苹果产品上市的时候，他都会到当地的零售店去排队购买。在 iPad 上市当天，他也和之前一样，和其他"果粉"们一起排起了长队。当有记者在人群中发现他，并问他为什么不直接到店内时，他告诉记者道："史蒂夫不想看到我，而我也不想惹他生气，所以我觉得还是在这里排队比较合适。"

在消费者为 iPad 而疯狂的时候，各大主流媒体也没有闲着。如《时代》杂志就将其设计为封面，并对其进行了报道，称："我们在撰写有关苹果公司产品的文章时有两大难题，一是他们的产品在面市时经常伴随着雾里看花般的宣传，第二则是他们的炒作在很多时候都是真的。"当然，除了这些赞美之词外，《时代》杂志的记者也提出了自己的意见，iPad 不同于 Mac 电脑，它们缺乏了一点儿创造能力，人们在拿到 iPad 后，只能吸收和使用别人的东西，成为被动的消费者，而不能成为创造者。乔布斯在看到这篇文章后，便将此记在了心上，并准备在下一代 iPad 中解决这方面的问题。

除了《时代》杂志外，《新闻周刊》也对 iPad 进行了详细的报道，而文章的撰写者就是此前对 iPad 提出刻薄评论的丹尼尔·莱昂斯，此时的他已经改变了自己的观点，并以《iPad 好在哪儿？哪儿都好》为标题，对 iPad 大唱赞歌。他在文章中这样写道："当初我在观看乔布斯在台上演示的时候，我只是觉得它只是一台大点的 iPod Touch 而已，并没有什么大不了的。但是当我有机会体验了一下 iPad 后，我却一下子就爱上了它，并立即决定买下一台。"和莱昂斯有着同样想法的人也有很多，当他们意识到这是乔布斯的一款得意之作后，他们对 iPad 全都表现出了前所未有的狂热。

在 iPad 推出之前，很多年轻人在见面的时候，都会询问对方道："你的 iPod 里面都存了些什么？"而现在则都变成了"你的 iPad 里面都存了些什么？"当然了，对于 iPad 的狂热并不局限于一些年轻人，还有不少政府官员也都对 iPad 表现出了极度的喜爱之情。如奥巴马总统的经济顾问拉里·萨默斯用的就是 iPad,他觉得通过下载彭博财经资讯的应用,可以让他非常方便了解实时的财经动态。此外,还有白宫沟通顾问比尔·伯顿、政治顾问戴维·阿克塞尔罗德、白宫办公厅主任拉姆·伊曼纽尔等,用的都是 iPad,而且还都下载了大量自己喜爱的应用。

还有一件事情,可以很好地反映出 iPad 为什么会这么受欢迎。有一天,正在波哥大(哥伦比亚首都)北部的一个奶牛场附近度假的福布斯总编迈克尔·内尔,在无聊的时候他便拿出了自己 iPad 看新闻。此时,一个约 6 岁的小男孩走到了他的跟前,并非常好奇地看着他手中的 iPad。于是,迈克尔·内尔就把自己的 iPad 递给了他。接下来的事情,让迈克尔·内尔有些吃惊了。那个在此之前从未用过电脑,也没见过 iPad 的小男孩,竟然在没有人指导的情况下,仅凭着自己的直觉开始用手指在屏幕上滑动,然后启动了应用程序,并在一旁开心地玩起了弹球游戏。这件事对迈克尔·内尔的触动很大,随即他便写了一篇文章发表到了福布斯的网站上,并在文中对乔布斯和 iPad 充满了溢美之词。如他在其中一段如此写道:"乔布斯设计出了一款既强大又简单的电脑,即便是一个从未见过电脑的小男孩也能在没有任何指导的情况下使用它。如果这都不算神奇的话,我真不知道还有什么东西可以称得上神奇了。"

此外,中国著名钢琴家郎朗于 2010 年 4 月在旧金山举行的一次音乐演出中,也为 iPad 做足了广告。在其演出进行到高潮部分的时候,他出人意料地拿出了刚上市没几天的 iPad,并在一款软件的辅助下,在触摸屏上弹起了里姆斯基·科萨科夫的《大黄蜂的飞行》(速度最快的钢琴曲之一),立刻在会场内引起一片欢笑声和惊呼声。

总之,在多种形式的宣传下,以及最为真实的客户体验反馈指导下,这一切都证明了 iPad 有着无比强大的功能。因此,iPad 在上市不到一个月的时间内,就售出了 100 万台。想当初,iPhone 可是花了两个多月才达到这一目标的。正因如此,iPad 一跃成为了苹果公司有史以来最为成功的消费电子产品。

除了在国内市场上连战告捷外,iPad 在海外市场上也同样大获全胜,几乎每家苹果专营店前都有不少人排队购买 iPad。其实,无论是 iPhone 还是 iPad,人们一旦为了得到它们而到了如此疯狂地地步,那么它们就已经不再是单纯意义上的手机或电脑了,而是一种引导人们消费的符号,是现代人必备的时尚用品。

据不完全统计，截至 2011 年 6 月，在 iPad 发布 14 个月后，其销量就已经达到了惊人的 2500 万台，与 iPhone 和 iPod touch 一起构成了苹果公司的主要盈利产品。不仅如此，苹果公司还凭借着 iPhone 和 iPad 的强势表现，使得苹果公司的市值在 2011 年就超过了 3000 亿美元，稳稳地坐在了世界第一大科技公司的宝座之上。

iPad 冲击波

"他们生产的平板电脑在推出的时候就已经被淘汰了。更重要的是，他们的屏幕太小了，与 iPad 相比，一点儿竞争力都没有。"

——在评价其他公司的平板电脑时，乔布斯如是说

iPad 上市后，很快就刮起了一场席卷全球的购机热潮，而在这一领域率先受到冲击的就是微软。其实，早在 iPad 问世之前，微软就已经开始着手研发并推出了一些产品，但在 iPad 发布时，微软感到了威胁。因此，比尔·盖茨才会在 iPad 上市前后，不止一次对外宣称："iPad 只不过是一款漂亮点的阅读器，用户根本就不能通过它输入文字、做笔记或是编辑文档，而带有一支触控笔和键盘的 Tablet PC（微软此前推出的一款平板电脑），才是一款真正具有革命性的产品。"

比尔·盖茨此言，和乔布斯在微软刚推出 Windows1.0 时的语气极为相像。若是真的追溯起来，在微软成立之初，比尔·盖茨就曾想过要制作出一台便携的平板电脑，为此，他还专门从施乐的帕洛奥图研究中心挖角。只是由于技术的限制，他的这个愿望才一直没能实现。直到 1999 年，认为时机已经成熟的比尔·盖茨就曾在公司内部表示："属于 Tablet PC 时代已经来临了……"不久之后，Tablet PC 就正式上市了，并为此而做了大量的宣传，结果却令比尔·盖茨非常不满。Tablet PC 在上市的时候，虽然也受到了多方面的关注，但其销量却让人不敢恭维。反观苹果公司甫一推出 iPad，便引起了人们的购机热，比尔·盖茨怎能不为此着恼呢？

2007 年，乔布斯仍然像之前一样，对微软推出的平板电脑很不看好，结果却因此而与比尔·盖茨打了一次口水仗。以至于在苹果推出 iPad 时，就立刻遭到了比尔·盖茨的口水攻击。按照客观、公平的原则来说，比尔·盖茨就像是个探路者，为 iPad 的发布清除了道路上的荆棘。也是在

这一年，乔布斯开始准备研发 iPad 了。

2010 年 1 月 27 日，在乔布斯揭开 iPad 的神秘面纱后，虽然众说纷纭，但是所有人很快就意识到了，iPad 就是一款革命性的产品。正如 iPad 的设计师乔纳森·艾维所说的那样，"iPad 不仅是一款可以获取媒体内容的酷炫工具，同时它还是人们在一个全新的计算机领域内探索的结晶。"

我们此前就曾说过，乔布斯对于 iPad 十分看重。2009 年 6 月他在刚刚病愈后，就带着还有些虚弱的身体返回了苹果，并亲自主管与 iPad 有关的，包括营销策划在内的所有项目。Chiat/Day 创意总监肯·舍加尔对此深有感触道："他除了对 iPad 的外观及软硬件感兴趣外，就连广告中的每一个词和或句子，他都会仔细斟酌，然后才让我们公开发表。"Enderle Group 公司总裁罗波·安德鲁也对此表示道："苹果的产品在最初开始设计的时候，就在想着销售的问题。因此，他们才能设计出让消费者心甘情愿排起长队购买的产品，至于其他公司根本就做不到这一点。"

像这类的评价还有很多，当然也有不少坏的。如日本著名的动漫导演宫崎骏就曾抱怨过，称 iPad 根本就不能让他获得真正想要的东西。不仅如此，他还曾公开说道："每当我坐上新干线的时候，我都能发现那些轻轻地触摸着 iPad、恍如自慰的人们正在逐渐增多。"另外还有不少媒体也发布了一些类似的文章，称 iPad 毫无创意，甚至还有人为 iPad 列出了十大缺陷，如无 USB 接口、不支持 Flash 等。也许是多家媒体的负面评价造成的影响，iPad 在发布后，苹果公司的股价就受到了极大波动。但是，来自消费者的反应则与此正好相反，他们为了尽早买到 iPad，不惜彻夜排队等候。

在 iPad 推出之后不久，许多电脑制造厂商本来也想开发平板电脑，但是由于之前微软在这方面给他们带去过痛苦的回忆。所以，他们全都放弃了这一念头，改而采取了观望或是坐等苹果惨败的态势。如麦克·马哈普罗（时任联想全球高级产品营销经理）就曾说过："用户对于平板电脑的反馈很不好，所以我们（即联想）在短时间内不会推出平板电脑产品。毕竟大多数的用户都很需要物理键盘。"但是，没过多久，这些厂商全都为自己没能及时跟进这一领域而后悔了。

苹果在推出 iPad 之后没多久，这些厂商的计划表就全都被打乱了，他们没有想到 iPad 竟能势如破竹般击败一个又一个的竞争对手，给他们在计算机界的产业带去了如此大的冲击。在这一领域内，iPad 简直就是无敌的存在。

早在两千多年前，阿基米德曾说过："给我一个支点，我可以撬起整个地球。"2010 年乔布斯就找到了一个足以撬动整个 IT 界的支点，那就是 iPad。结果，随着这个支点的出现，多家 IT 界的巨头都被撬了起来，并被苹果狠狠地甩在了身后。在这些巨头中，最先醒悟并发力回追的是以手机制造为主的黑莓公司（RIM），他们对外宣布，将在 9 月份的时候，推出他们自己的 Play Book 平板电脑。随后，三星也加入到了这个队伍之中。对于这些公司的举动，乔布斯又直言道："他们生产的平板电脑在推出的时候就已经被淘汰了。更重要的是，他们的屏幕太小了，与 iPad 相比，一点儿竞争力都没有。"

似乎是为了验证乔布斯的话，继黑莓和三星之后，IT 界的另一巨头惠普公司，于同年 10 月推出了一款平板电脑，即 Slate 500，它的功能虽然很强大，但在与 iPad 的比拼中，却全面落入下风。11 月，优派也在美国市场推出了其最新力作 View Pad 系列的平板电脑，并想借此推翻乔布斯之前说过的小屏幕的平板电脑没有市场的说法。但事实证明，它们同样不是 iPad 的对手。

2010 年 12 月，宏基公司也加入到了阻击 iPad 的行列，并赶在感恩节前夕，同时发布了三款平板电脑。在发布会上，宏基公司当时的 CEO 蒋凡可·兰奇就对外宣称道："平板电脑才刚刚起步，我们现在加入还不算晚，而且，我们也有信心改变苹果一家独大的局面。"很显然，宏基高估了自己，他们的这三款产品，同样未能对 iPad 的市场地位构成任何的威胁。

直到 2011 年 1 月，摩托罗拉在与谷歌、Verizon 电信进行深度合作的情况下，推出了一款名为 XOOM 的平板电脑。作为世界上首款搭载了 Android 3.0 操作系统的平板电脑，它有着强大硬件设施和软件系统，它在与 iPad 的比拼中，虽然对 iPad 的霸主地位造成了一定的冲击，但总的来说它还是没能成功阻击掉 iPad。

2011 年 2 月，联想集团在发布乐 Pad 对 iPad 发起冲击未果后，柳传志在接受采访时表示："失败总是难免的。在平板电脑这一领域，苹果公司带领我们走出了一条路。刚开始的时候，我们在这条路上也许会慢上半拍，但这并不代表我们没有机会赶上甚至超越苹果。"

2011 年 3 月，苹果再次强势出击，推出了更为强大的下一代平板电脑，即 iPad2。在发布会结束后，当记者采访乔布斯，问他："您觉得苹果公司在 2011 年会有什么样的收获？"对此，乔布斯则非常直接地回答道："2011 年将是属于 iPad2 的一年。"

在此次采访中，乔布斯还就个人 PC 和 iPad2 的前景做了形象的比喻道："在有了 iPad 之后，PC 将会变得同卡车一样。它们虽然还有着自己的价值，且随处可见。但是，开卡车的人毕竟只有少数。"随后，各大媒体上就出现了内容大致相似的报道，称"iPad2 正在展开'血腥收割'，平板电脑将会在不久的将来取代家用电脑。"

事实也正如这些报道中所说的那般，大多数的平板电脑都没办法与 iPad2 相比较。至于那些科技巨头，他们的产品虽然不错，但若面对 iPad2 的话，依然没有任何胜算可言。在这种情况下，微软公司最先于 2011 年 5 月放弃了对苹果的围堵，并随之解散了研发平板电脑的 Pioneer Studios 部门，专心做起了平板电脑的系统开发工作。除了微软外，其他公司也有退出这块市场的。至此，在平板电脑这一领域内，苹果公司在乔布斯的带领下，已经成了无可匹敌的霸主了。

广告风波

"你设计的广告真是烂透了，iPad 正在改变世界，可你看看你做的都是什么东西，一点冲击力都没有！"

——在向詹姆斯·文森特抱怨其广告文案不够新颖时，乔布斯如是说

在 iPad 正式上市之前，还发生了一段小插曲，起因则是广告的创意与设计。关于 iPad 的广告，早在 iPad 的研发工作未完之时，乔布斯就已经命人着手准备广告的事宜了。不过，在第一个广告出来的时候，他很不满意，便决定亲自操刀，主持广告的设计工作。

在之后的一段日子内，他和詹姆斯·文森特以及邓肯·米尔纳一起合作，先是将其广告公司更名为 TBWA/Media Arts Lab，然后便投身于 iPad 的广告设计上，在此期间，已经处于半退休状态的李·克劳，也给乔布斯提了不少的建议。

很快，他们就出了第一个广告样板。在这则广告中，从一开始就只

有一名男子，他穿着运动衫和褪了色的牛仔裤，斜靠在椅子上，正在用iPad收发邮件、浏览相册、阅读电子报纸、观看视频等。在这则广告完成后，乔布斯很快就同意了这个方案，但没过多久，他就开始讨厌这个创意了，并抱怨道："这部广告片简直就像在为一家家居店做广告一样，你们都不知道自己在做什么。"结果，乔布斯很快就将这个广告给毙了。

随后，他们又尝试过多种广告创意，但没有一种能让乔布斯满意的。在乔布斯看来，若想解释iPod的话很简单，只需告诉人们能将1000首歌曲装进自己口袋的那个东西就是iPod。但若有人让他说说iPad是个什么东西时，他可就犯难了。他可不想将iPad当成一台普通的电脑那般进行演示，但又不想将它弱化成一台便携式的电视机，否则的话，将很难吸引到消费者的眼球。

因此，在为iPad设计这则广告的时候，詹姆斯·文森特在那几个月里一直都在夜以继日地工作，从都没有好好休息过。好在他们终于赶在iPad上市之前完成了，并在iPad发布的当天，在各大主流媒体中进行了同步播出。刚开始的时候，詹姆斯·文森特也知道乔布斯对这个广告有些不满，但是现在广告已经做出来了，且随着iPad的发售也在同时播出了。于是，他便安心地带着妻子儿女们一同驾车前往棕榈泉，观赏他所喜欢的明星在柯契拉音乐节上的演出。结果，他刚到地方，就接到了乔布斯的电话。在电话里，乔布斯朝他怒吼道："你设计的广告真是烂透了，iPad正在改变世界，可你看看你做的都是什么东西，一点冲击力都没有！"

詹姆斯·文森特听后便反问道："好吧，那你告诉我你想要什么样的广告。要知道，我在为iPad设计广告之前，你可一直都没有告诉过我你想要什么样的广告。"他刚说完，就听到乔布斯在电话那头回道："我也不知道我想要什么。不过，你得想办法给我整出点新东西才成，你现在做好的这个广告真是烂透了。"很快地，两人就因此而争吵了起来。

在争吵的过程中，当詹姆斯·文森特再次强调乔布斯得给他点儿提示的时候，乔布斯也没有那么生气了，他只是对詹姆斯·文森特道："你再给我展示一些东西，说不定等我看到的时候，我就能知道我想要什么东西了。"乔布斯刚说完，詹姆斯·文森特有些激动又略带讽刺地对乔布斯说道："我明白了，我会把你刚才说过的话告诉我手下的创意人员，告诉他们：'你们只管负责设计，当我看到我想要的东西时，我就知道我想要什么了。'"说完之后，詹姆斯·文森特就将电话给挂断了，之前的好心情也随之烟消云散。

在回到库比蒂诺后，文森特就带着他的设计团队对iPad的广告重新进行了构思，并在两周内就构思出了好几套方案供乔布斯选择。随后，他便带着这几套方案来到乔布斯的家中，他希望能在这种较为宽松的环境中演示，而不是在气氛严谨的办公室内。在这些方案中，既有采用幽默手法的，也有采用鼓舞人心手法的，还有以名人做代言的策略，也有直接对产品进行演示的方案等。结果，在看完这些方案后，乔布斯知道自己想要什么了。于是，他再一次对詹姆斯·文森特说道："这里没有我想要的东西。"还未等对方表达自己的伤心，乔布斯就又对他说道："iPad既不需要名人做代言，也不要向别人过多演示它的功能。我们需要的是一份声明，准确地说应当是一个宣言，一个告诉所有人iPad很了不起的宣言。"

在iPad发布的时候，他就曾宣称iPad将会改变世界，现在，他还希望通过iPad的广告再次强化自己当初的宣言，让所有的人都能记住，只有iPad才是真正的平板电脑，向所有的人宣告他们的成就。在说完自己的观点后，乔布斯便离开了自己的座位，略显虚弱地说道："好了，你们都去干活吧，我要去做按摩了。"

在离开乔布斯的家后，詹姆斯·文森特便召集来邓肯·米尔纳和文案埃里克·格伦鲍姆，准备按照乔布斯的要求而做，并很快就做出了样片。詹姆斯·文森特将这部广告片命名为"宣言"（The Manifesto），在这则短片中，他以女歌星凯伦·欧的《金狮》（Gold Lion）为背景音乐，显得这个广告片的节奏很快，很有冲击力。不仅如此，伴随着音乐声，短片中还缓缓传出了一段旁白："iPad很薄、很完美……它的功能非常强大，甚至可以用神奇来形容它……你可以通过它看视频、浏览照片，它还能装下你一辈子都读不完的书籍。可以说，iPad就是一场革命，而这一切才刚刚开始而已。"

在完成"宣言"这个广告片后，詹姆斯·文森特又带着他的团队设计了一个方案，并由年轻导演杰西卡·桑德斯拍摄了一段生活纪录片。在这两个广告都做好的时候，乔布斯都挺喜欢。但没过多长时间，他又开始挑刺儿，称这两则广告依然没有任何新意，并指它们就和维萨卡（Visa，信用卡品牌）的广告一样，一看就知道是广告公司的作品。

他很想让詹姆斯·文森特为他做出一个新颖的广告，他想在新颖的广告中听到那种简单、干净，且带有宣告式的声音。对此，李·克劳回忆道："当初我们在探讨一些较为生活化的广告方案时，史蒂夫好像很感兴趣。但不知什么时候，他突然变得很讨厌这种方案了，称它没有苹果的感觉。然后，他就告诉我们，苹果的声音非常简单、诚实，并要我们将此加入到新的广告之中。"最后，詹姆斯·文森特等人不得不重新设计这个方案，才有了我们最终看到的那个，在干净的白色背景下，一系列特写镜头快速闪过，同时还伴有"iPad 是……"的短语介绍着你可以用它做什么，向人们一一展示了其所具有的强大功能。

应用程序商店

"苹果公司可以授权外人为 iPhone 编写应用程序，但前提是，他们必须按照一定的标准进行开发，并在编写完成后接受苹果公司的测试与批准，而且只能通过苹果公司的 iTunes 商店出售自己的应用。"

——在决定推出 iTunes 商店时，乔布斯如是说

iPad 的成功是多方面的，除了外观和硬件外，应用软件也是其成功的一个关键。人们可以在 iTunes 商店（App Store）下载数千种应用程序，并利用下载的程序轻松地掌控股票的实时信息、浏览新闻、看电影、阅读杂志或是电子书、玩游戏等。在这么多的应用程序中，你几乎可以找到任何你想要的东西。不过，在最初的时候，苹果只推出了几百种可下载的应用程序，直到苹果授权外部开发者后，这个数字才激增到了成千上万种。

其实，iPad 应用程序的开发与应用热潮始于 iPhone。早在 2007 年，苹果刚刚推出 iPhone 时，能够在 iPhone 上运行的游戏都是由苹果的工程师发明的。至于后来这一数字的激增，主要是与乔布斯同意了向外部开发人员开放授权的界定有关。

在最初的时候，乔布斯非常抵触也拒绝对外开放应用程序的开发权。在他看来，若是允许外人为 iPhone 开发应用程序的话，那样就有可能会将 iPhone 搞得面目全非，亦或是让 iPhone 被病毒侵入，破坏其对完美的追求，而这些都是乔布斯所不能容忍的事情。

　　除了乔布斯外，苹果公司内则有很多人建议对外开放这些应用程序的开发权。如苹果的董事会成员亚瑟·莱文森，他就曾因此而劝过乔布斯，后来他还对此回忆道："当时我给他打了很多个电话，希望他能同意开放应用程序。要知道，苹果若是不允许开发者制作应用程序，而其他公司允许的话，我们就会将原有的竞争优势拱手让给对方。"苹果公司的营销总监菲尔·席勒也曾劝过乔布斯，他的观点和亚瑟·莱文森的大同小异。对此，他回忆道："我们既然创造出了 iPhone 如此强大的产品，就应当授权开发者制作应用程序，因为消费者喜欢。"

　　在开始的时候，乔布斯一直回避对此问题的讨论。除了上述的原因外，他还觉得自己的团队应当专注于工作，一旦授权第三方，应用程序开发者出现了一些问题，那么他们就得分出一部分精力去解决，而这也是他所不愿看到的。不过，在 iPhone 推出不久后，他就改变了主意，并愿意听听大家关于此问题的看法。亚瑟·莱文森对此回忆道："我们每说一项开放的好处时，史蒂夫好像都会改变一点儿。"

　　在接下来的一段时间内，他们又召开了三次董事会，而每次讨论的重点都一样，即授权开发者为 iPhone 制作应用程序。经过四次会议讨论之后，乔布斯终于被说动了。不仅如此，他还想到了一个两全其美的办法，即"苹果公司可以授权外人为 iPhone 编写应用程序，但前提是，他们必须按照一定的标准进行开发，并在编写完成后接受苹果公司的测试与批准，而且只能通过苹果公司的 iTunes 商店出售自己的应用"。

　　乔布斯想出来的这个办法，不仅可以有效地控制众多获得授权的软件开发者，还能充分利用这些人为 iPhone 带来的优势。这一方法很快就得到了苹果董事会的认可，尤其是亚瑟·莱文森更是对此赞不绝口道："史蒂夫找到了一个绝佳的平衡点，这不仅能给我们带来莫大的好处，还保留下了对端到端的绝对控制。"

　　2008 年 7 月，针对 iPhone 手机开发的应用程序商店——iTunes 商店正式发布。在这个虚拟的商店内，很多应用程序的价格都较为低廉，极少有超过 1 欧元的，再加上用户可以直接通过 iPhone 直接下载，以至于在 iTunes 商店投放市场的 1 个月内，其下载量就达到了惊人的 6000 万次。9 个月后，其应用程序的下载量更是达到了惊人的 10 亿次，着实让苹果公司狠狠地赚了一笔。

　　到了 2010 年 4 月 iPad 上市销售时，开始只有几百款应用程序的

iTunes 商店内，已有近 20 万个应用程序。而且，其中还有不少应用程序也可以在 iPad 上使用。不仅如此，在 5 个月后，iTunes 商店内就多出了 2 万多个专门为 iPad 量身编写的应用程序。

iTunes 商店的发布，可以说是完全颠覆了传统的软件销售模式。开发者在为 iPhone 和 iPad 开发的软件的同时，还可以实现额外的盈利。即用户每下载安装一款软件所支付的款项，都会由苹果公司和开发者分账，这种利润分配方式命不但大幅提高了中小开发者的积极性，同时也促进了 iPhone 和 iPad 的销售业务。据统计，截止到 2011 年 6 月，iTunes 商店中有关 iPhone 和 iPad 应用程序突破了 40 万大关，下载次数更是高达 140 多亿次，而苹果公司向应用程序开发者支付的资金也有 25 亿美元之巨。

正如美国风险投资家约翰·杜尔之前所说的那样："苹果假如开放应用程序平台的话，极有可能会催生出一批新型的创业者，并能创造出一种全新的服务。"结果，他的话应验了。苹果的 iTunes 商店可以说是在它投放运营的那一刻起，就创造出了一个全新的产业模式，造就了一大批以应用程序开发为主的创业者。为此，约翰·多尔在苹果的 iTunes 商店投放运营后，便拿出 2 亿美元的资金，成立了 iFund 基金会，专门为那些好的创意进行股权融资，而这也让他赚了不少。

另一方面，苹果还不断地将 iTunes 商店的成功运营模式扩展到其他领域。尤其是随着 iPhone 系列和 iPad 的相继推出，苹果 iTunes 商店也开始了电子图书的销售。为此，还有不少出版商专门为 iPad 创造出了一批新的杂志、书刊和学习材料等。比方说，卡拉威（Callaway）出版社在行业前景不是很景气的情况下，竟然完全放弃了印刷业，准备破釜沉舟，将全部的精力都转移到了利用交互式应用程序进行书籍出版，结果他们成功了。在他们转型的两年内，他们在苹果 iTunes 商店卖出去的图书有 2000 多万册。要知道，截止到 2011 年 6 月时，iTunes 商店内的图书累计销量也才只有 1.3 亿册！

2010 年，苹果公司又将 iTunes 商店成功扩展到了台式机和笔记本领域。也就是说，使用 Mac OS X 系统的用户也可以通过互联网，自由、方便地购买 iTunes 商店内的软件。2011 年，苹果又大张旗鼓地推出了名为 iCloud 的"苹果云计算"服务。此一举动，更是大大地方便了苹果用户在桌面电脑、iPhone 以及 iPad 之间的数据与应用程序的同步更新。可以毫不夸张地说，iPhone、iPad 以及它们所代表的商业模式，已经成为了这个世界的流行趋势。

iPad2：人文科技交点

"平板电脑不能只靠技术，还要把科技与艺术和人文结合起来，而我们现在正站在这个交叉点上，也只有我们所走的路才是正确的。"

——在 iPad2 发布会后接受记者采访时，乔布斯如是说

iPad2 作为苹果的第二代平板电脑，其实早在 iPad 开始销售之前，乔布斯就已经在酝酿了。而且，他也广泛听取了各方的意见，并采纳了其中不少好的提议。比方说，为 iPad2 安装上摄像头，让它变得比 iPad 更加轻薄等。

和之前苹果的所有产品一样，乔布斯在酝酿 iPad2 的时候，他最先考虑到的便是其外观设计。iPad2 除了要比 iPad 更轻、更薄外，最重要的一点就是 iPad 将会多出一个外设装置，这可能是大多数人没有想到的。苹果公司在设计 iPad 的时候，为了保护它而为它量身定制了一个保护套，然而就是这个保护套遮盖住了线条美丽的 iPad。不仅如此，为了更好地保护屏幕，他们不得不降低屏幕的灵敏度，把本应该更轻薄的东西做得太厚了，这可不是喜欢追求完美的乔布斯所想要的。

正当乔布斯为 iPad2 的屏幕保护设施而发愁的时候，他看到一篇有关磁铁的报道。这篇文章指出，磁铁的吸引力可以被精确地聚焦在一个锥形区域里，在离开这个区域后，它的作用力就会减弱或是消失。看到这里后，乔布斯非常兴奋，他好像看到了什么。于是，他便将那段文章给剪了下来，并交给了乔纳森·艾维，让他根据磁铁的这个原理为 iPad2 设计一款可分离的保护盖。那样一来，只需将 iPad 的正面给遮挡起来，就能有效地保护 iPad2 的屏幕了。

没过多久，就有人按照乔布斯的研究出了一个较为可行的外界设备，即用带有磁性的合页做了一个可被分离的保护盖。也就是说，当你打开 iPad2 的时候，其屏幕就会被唤醒。不仅如此，这个保护盖还可以折叠起来，在用 iPad2 的时候，你可以将其折叠成一个支架，支撑起 iPad。这只是一项纯粹的机械应用，而不是什么高科技，但是这项设计却非常的棒。这项改进虽然只是 iPad2 众多改进项目中无足轻重的一个，但正是这么一

个微不足道的细节上的创新，为 iPad2 赢得了更多的赞许与掌声。

2011 年初，iPad2 的研发工作也接近了尾声。同年 3 月，苹果准备在旧金山为其召开发布会。此前，乔布斯由于胰腺癌复发而第三次病休。因此，很多人都以为乔布斯不会出场了，但结果却并非如此。在发布会当天，苹果的高管除了乔布斯外，全都早早赶到了会场。正在众人猜测乔布斯会不会放自己的鸽子时，乔布斯那纤瘦的身影终于出现了，而此时距离发布会开始仅剩下一分钟了。

乔布斯出现后，他一边缓缓地走上舞台，一边面带着欢快的笑容对着台下的众人说道："这个产品我们做了那么久，我又怎么舍得错过呢！"在听到乔布斯的声音后，台下所有人竟然全都站了起来，为他的出现而欢呼、鼓掌。

乔布斯在向人们展示 iPad2 的时候，是从那款新的保护盖开始的。接下来，他对众人说道："之前的 iPad 较为擅长消费内容而不是创造内容，但是，iPad2 将会变得与众不同，你可以通过软件（Gamge Band 和 iMovie，）在 iPad2 上轻松地作曲和编曲，或者是给你的家人的录像添加一些背景音乐以及特效等。"很明显，iPad2 在这方面的改进，是他在听取了人们对 iPad 的评价后而总结出来的。

在这次发布会的最后，乔布斯再次强调了 iPad2 所体现的"人文"与"科技"的两大理念，并总结道："真正完美的创意，主要来自于产品的一体化，如硬件、软件、内容、保护盖等，只要能够将它们紧密地契合在一起，就是一款真正伟大的产品。而不像其他电脑生产厂商那样各自为政，最后连一点儿竞争力都没有。"

乔布斯为苹果注入了其特有的基因，这使得苹果的产品不仅只有技术，还有对人文的考虑。对此，乔布斯也说过："只有科技与人文的联姻，才能让我们的产品更加感人至深。"尤其是在后 PC 时代，很多电脑厂商纷纷涌入平板电脑这一市场，并将其视为下一代个人 PC。他们虽然都很注重科技的发展，但却有很多人都忽略了对人文的考虑。比方说，他们会将自己产品的硬件和软件分别交给不同的公司制作，仅此一点，就已经大大影响到了其对产品的控制权，更不说其他方面了。也就是说，他们若是想像苹果那样制造出一款又一款的完美产品，根本就是不可能的。

在发布会结束后，乔布斯看上去虽然非常虚弱，但他的精神却很好，并接受了一些记者简短的提问。其中，有位记者向乔布斯问道："您觉得苹果公司在 2011 年会有什么样的收获？"对此，乔布斯非常直接地回答道："2011 年将是属于 iPad2 的一年。"当记者提及平板电脑市场的未来时，乔布斯则诙谐地说道："请允许我提醒一下我们的竞争对手，他们觉得平板电脑将会是下一个 PC 市场，这种想法是不正确的。因为，平板电脑是属于后 PC 时代的产物，它们要比 PC 更容易使用，用户体验的感觉也将变得更加重要。"随后，他又进一步表示，"平板电脑不能只靠技术，还要把科技与艺术和人文结合起来，而我们现在正站在这个交叉点上，也只有我们所走的路才是正确的。"

之后，他又带着自己的妻子鲍威尔、儿子里德与沃尔特·艾萨克森一同吃了顿午餐。好的心情似乎令乔布斯胃口大开，那次他吃了一份多的蟹肉沙拉，一份冰激凌，还喝了一大杯果汁，这可以说是乔布斯自再次生病以来，吃得最多的一次了。

到了第二天的时候，仍旧沉浸在兴奋之中的乔布斯决定在第三天到夏威夷的康娜度假村度假，并早早地收拾好了行李。在他的行李中，除了两件换洗的衣服外只有一部 iPad2，而里面他只下载了三部电影和一本他每年都会读上一遍的《一个瑜伽行者的自传》。

iPad 2 可以说再一次改变了平板电脑市场的格局，它不仅拥有更薄、更精湛的工艺设计，同时其硬件性能也有了长足的提升。一周后，当 iPad2 正式发售的日子来临的时候，苹果的专卖店前，依旧像之前几款产品发布时的情况一样，排起了长长的队伍。

进入倒计时

乔布斯的游艇计划

"当时我还认为我的设计只能这样了，恐怕连活着等到它造好都不太可能了，这显然很让我伤心。"

——在 2009 年病重时，乔布斯如是说

尽管乔布斯已经去世了，但是他的设计思想依旧无处不在。而且，他的思想并不仅仅体现在苹果的产品上，还有其他不少行业的产品也都从其设计中受益过。比方说荷兰的游艇定制公司 Feadship，就因为乔布斯的设计而受益良多。

人们最早知悉乔布斯建造豪华游艇的消息，源自于法国著名设计师菲利普·斯达克的一起爆料。当时他称正在为苹果开发一款"革命性的产品"，而且很快就会推出。但是，很快他又改口称，此次项目的合作方其实只涉及乔布斯本人，而非整个苹果公司。随后，苹果公司也对此做出回应，这件事真的与苹果公司无关。广大媒体出于猎奇的心理，便立即对此事展开了搜索，很快他们就发现菲利普·斯达克所提的那款"革命性"的产品，其实是乔布斯亲自设计并交付建造的一艘私人游艇。对此，沃尔特·艾萨克森在其有关乔布斯的传记中也曾提到过，而这也可以说是乔布斯的一个遗作。因为，直到乔布斯去世，这艘豪华游艇还未交付使用，最快也要到 2012 年底才能交付。

其实，乔布斯之所以产生这样的想法是有原因的。他在接受肝脏移植手术之前，曾和家人多次租用游艇到墨西哥、南太平洋或是地中海等地度假。虽然他和家人每次玩得都很尽兴，但是那些游艇却让他很难受，因为它们的造型在他的眼中都很难看。有好几次，乔布斯都是因为游艇的设计太难看而中途下的船，然后又转乘飞机飞到目的地的。

不过，有一次航行还是令他较为满意的。那一次，他和家人沿着意大利的海岸线航行到了雅典，不过在那里除了帕特农神殿给他带去了些许震撼外，就没有什么再能吸引他的眼球了。接着，他又和家人乘坐游

195

艇到了土耳其的以弗所，接着又到了伊斯坦布尔，并在那里游玩了许多天。

也正是在这次经历之后，他才突然发觉乘坐游艇出行也是件很妙的事情，除了那些游艇的设计较为难看之外，一切都还算完美。不过，这难不倒乔布斯，因为他天生就是个完美主义者，无论是电子产品还是其他东西，只要是他感兴趣的，他都力求完美。因此，自从土耳其归来后，乔布斯就冒出了一个亲自设计一艘豪华游艇的想法。不得不说这是一个疯狂的想法，因为他对这一产业并无多少理解。不过这难不倒他，他只需设计出完美的模型就行，至于怎么制造，那就是造船厂的事情了。于是，我们才在后来看到了媒体上对此事的爆料。

乔布斯的设计并非一蹴而就，期间他曾设计了很多造型，并对这些造型进行了多次的修改，但又都被他给抛弃了。到了 2009 年他再次病重时，他差点儿就想放弃这个计划了，但他还是坚持了下来。后来，他还对此回忆道："当时我还认为我的设计只能这样了，恐怕连活着等到它造好都不太可能了，这显然很让我伤心。不过，我并没有因此而放弃，因为当时我也在想，如果我停止设计的话，结果我又多活了两年，那样我会被气疯的，所以我就坚持了下去。或许，我在做出完美的设计后，还能侥幸活到它被造好的时候。"

2009 年 2 月初，沃尔特·艾萨克森才知道乔布斯一直在家中忙于一艘豪华游艇的设计，而那时他也是第一次见到乔布斯设计出的模型。据他回忆道："那天我们从咖啡厅回到他家后，他让我看了所有的游艇模型和设计图。在这些设计中，所有的游艇都是极为简约的流线型。甲板平直完美，不加任何装饰物。最主要的是在游艇的生活区，他竟然在那里设计了一面长 40 英尺、高 10 英尺的玻璃墙（一种可以支撑船体结构的特殊玻璃），而这也让整艘游艇看上去极为的抽象。"

和做苹果的产品一样，当乔布斯将这艘游艇交给荷兰的 Feadship 公司建造时，他依然不忘对自己的设计改来改去，搞得那些造船的工程师和造船工们苦不堪言。后来有人问乔布斯，明知自己身体不好，为什么还要坚持那样做时，他回答道："我知道自己随时都有可能死掉，那样就只能给鲍威尔留下一艘造了一半的游艇。但我还是继续做了下去，因为，我不想承认自己快要死了，我想看到它被造好的样子。"但事与愿违，乔布斯最终也没能等到它被造好，就回到了诸神的怀抱。

结婚 20 周年纪念

"娶到她是我的幸运，她不但聪明、漂亮，而且还是个非常善良的人。"
——在评价自己的妻子时，乔布斯如是说

一直以来，乔布斯留给大众的印象就是自私、骄傲、不近人情，甚至还拒绝接受自己的亲生女儿，因为他不想让任何一个女人主宰他的情感。所以，20 世纪 80 年代的时候，他在感情生活方面可谓是一片狼藉，直到年轻美丽的劳伦·鲍威尔出现后，这一切才有所改变。

2011 年 1 月初，乔布斯第三次因病休假了。在这段时间里，他都是在痛苦的煎熬中度过的，每天只能靠静脉注射营养液保证身体对能量的需求，而这样的后果则令他连爬楼梯的力气都没有，只能蜷缩在一楼的一个小房间里。

在他极端痛苦的时候，乔布斯忽然记起了一件事，那就是他和鲍威尔的 20 周年结婚纪念日就要到了。在此之前，他几乎从来没有想起过这件事，要么是因为太忙，要么就是完全忘记了，但这一次他却记起来了，这是件多么不容易的事情啊！对此，乔布斯也承认道："我也知道自己没能给她所应得的感谢。我们在结婚的时候，都是凭直觉结合在一起的，根本就不知道未来会怎样。但事实证明，娶到她是我的幸运，她不但聪明、漂亮，而且还是个非常善良的人。我承认我有时会很自私、苛刻，但她都忍了下来，而且还会分心照顾我，而我却没有让她好好地享受过生活，这让我觉得很对不起她。"

像乔布斯这样的人，虽然经常忘事，可他一旦记挂起某事来，就会将它做好，而且还会给别人带去一些意想不到的惊喜。于是，他便偷偷地预订了他们当年在优山美地举行婚礼时在阿瓦尼酒店住过的那套房子，准备到了他和鲍威尔的结婚纪念日那天带着她一同过去。在此期间，还有一段小插曲。当乔布斯打电话去预订房间时，酒店的服务员告诉他那个房间已经预订出去了。不甘心的乔布斯则通过酒店联系上了那个预订房间的人，并告诉他们自己准备带着妻子在故地纪念他们结婚 20 周年，希望对方能够将房间让给自己，同时他也对他们做出承诺道："假如你肯让给我的话，你们下一周的住房费用就由我来付好了。"结果对方还算不错，尤其是在听到乔布斯是为与妻子到这里度过结婚 20 周年纪念日时，便非常爽快地让出了房间。

不仅如此，乔布斯还偷偷地给鲍威尔写了一封深情款款的情书：

20 年前，我们对彼此的了解并不是很深，很多时候我们都是在跟着自己的感觉走，但我对你却是一见倾心。我还记得，我们在阿瓦尼举行婚礼的当天，天上还下起了片片白雪。一晃眼，这么多年都已经过去了。在此期间，我们有了自己的孩子，既有过幸福的生活，也有过痛苦的回忆，但我们对彼此的心却从未改变过。我们对彼此的爱与尊重，也随着时间的流逝而与日俱增。在经历了那么多的事情之后，我们现在又回到了 20 年前的那个老地方，好像一切都未改变，只是脸上和内心留下的痕迹，说明我们已经老了，但这也让我们变得更加睿智了。现在的我们虽然对生活中的欢乐、痛苦、秘密以及奇迹等都有了新的认识，但我们对彼此的感觉却从未改变，因为我们还生活在一起，而你也让我觉得自己一直都生活在云端一般幸福。

在这即将生离死别的时候，乔布斯终于明白了自己遇到鲍威尔是多么幸运。乔布斯自己也知道自己的脾性，明白鲍威尔决定陪伴自己一生可能是她所做过的最难的决定。但是，在他们婚后的 20 年中，无论自己怎样，她都无怨无悔地站在自己的身后，无言地奉献着一切，这怎能不让他感动？据乔布斯回忆道，他在写完这封情书的时候，已是泪流满面。

正如乔布斯在那封情书中所写的那样，鲍威尔是个善解人意、富有同情心的人。例如他们刚结婚的时候，鲍威尔就和别人一起创办了一个名为"直通大学"（College Track）的全国性校外项目，主要目的是为了帮助那些家境困难的孩子能够进入大学继续深造。也正因如此，才使她成为了推动美国教育改革的中坚力量。乔布斯虽然不怎么从事慈善活动，也从未去过她举办的那个活动中心，但他对于她的工作还是十分欣赏的，并给了她最大的帮助。

他们在结婚之前都是素食主义者，有着共同的爱好。直到乔布斯生病后，需要补充营养时，为了改变乔布斯的饮食习惯，她才放弃了多年只吃素食的习惯。他们婚后的关系虽然总是阴晴不定，但有一点儿可以肯定，那就是他们对彼此都很忠诚。尤其是在乔布斯生病的时候，她几乎将所有的心思都放在了照顾好乔布斯的身体上了。

2010 年 2 月，刚从病痛中恢复过来的乔布斯迎来了自己 55 岁的生日。当时的鲍威尔很希望他能对自己的家庭多一些关心，但他在恢复过来之后，又将主要精力放在了工作之上，直到再次病休。后来，鲍威尔对此回忆道："对于他的做法，孩子们都很难接受。他们本以为他在病好之后，可以有更多的时间陪陪他们，但他却没有那样做。"接着，鲍威尔又说道："他和许多有非凡天分的人一样，并不是在所有方面都很优秀，他也有缺点，但他却懂得如何使人类变得更加进步，并给人们创造出正确的工具帮助他们追求进步。"

乔布斯有着传奇的一生，全世界的人好像都知道他是谁以及他那充满曲折的经历一般。可是，当我们习惯于他走在前台的样子时，请不要忽略了他背后那个一直支撑着他的女人——劳伦·鲍威尔·乔布斯。作为乔布斯的妻子，她一直都是一个沉默的陪伴者，给他提供了源源不断的动力和无微不至的照料，让他有了更多的精力放在自己喜欢的事业上去打拼。

"每一个成功男人的背后都有一个伟大的女人"，而鲍威尔就是乔布斯背后那个伟大的女人。

超迈的"云端"战略

"这个我们称之为'iCloud'的东西，将要比之前的 Mobile Me 好上不知多少倍，它将成为最棒的'云端'。"

——在 WWDC 上介绍 iCloud 时，乔布斯如是说

早在 2001 年的时候，乔布斯就曾预见到，个人电脑将会成为音乐播放器、移动电话、摄像机等电子产品的"数字中枢"。所以，在之后的几年内，他都在努力地打造以个人电脑为终端的电子产品。结果，他成功了，并使苹果快速成长为全球最有价值的科技公司之一。

2008 年之后，乔布斯再次清晰地意识到，以个人电脑为数字中枢的时代将会被"云端"技术所取代，进而造就一个新的数字时代。所谓"云端"指的就是集合了软件搜索、下载、使用、管理、备份等多种功能为一体的平台。也就是说，你可以将自己的信息存储在你所信任的那家公司的远程服务器上，这样就能保证用户无论是在何时何地，使用何种设备，都能利用这些信息。对于这一计划，乔布斯用了三年时间，才初步实现了这一梦想。

不过，在刚开始的时候，他却下了一招不是很好的棋，甚至可以称

之为臭棋。2008 年夏，苹果公司发布了一款叫作 Mobile Me 的产品。苹果用户只需交付一定的使用费（每年 99 美元），就能将自己的图片、视频、邮件、通讯录及其他文件存储在"云端"，而后你就能在任何一款苹果的设备上同步这些信息。

刚开始的时候，这一平台确实备受追捧，但是随着用户的增多，其中所隐藏的一些问题很快就暴露了出来。客观地说，这项服务真的很烂，不仅使用起来复杂，而且用户在同步时还经常出错。更让人恼火的是，客户存储在"云端"中的文件等信息还经常出现丢失的现象，这下可犯了众怒。如《华尔街日报》的记者沃尔特·莫斯伯格就曾公开评论道："苹果的 Mobile Me 漏洞百出，实在是难以令人信赖。"

乔布斯在看到这篇报道以及公众的评论后非常生气，并立即将 Mobile Me 的研发团队召集了起来。当天，乔布斯对着一干人咆哮道："谁能告诉我 Mobile Me 是用来做什么的？"有一位职员小声地说出了它的功能。结果，乔布斯听后更加生气地吼道："既然你们都知道它是干什么的，可它为什么实现不了这些功能呢？你们知不知道，苹果的声誉都因为你们设计的这款产品而被玷污了……"在对这些人斥责了近半个小时后，乔布斯又将 Mobile Me 团队的负责人给炒了，任命埃迪·库埃担任这一项目的新负责人，同时还要求他尽快拿出一个可行的方案。

2010 年，谷歌、微软、亚马逊等公司也都在此方面展开血拼，他们都希望自己能够成为这一领域内的霸主，至于乔布斯和他的苹果，似乎被人遗忘了一般。但事实却非如此，自从 2008 年的 Mobile Me 事件出来后，苹果就一直在"闭关修炼"，潜心于"云端"的研究。尤其是乔布斯，他一直都在设想着能有这么一个平台：用户可以从"云端"中流畅地播放自己存储的音乐、视频，欣赏或同步设备中的图片及其他数据和信息。为了实现这一目的，他还专门让自己的软件开发组开发出了 iPhoto、iMovie、iTunes 等应用，并将它们完美地整合到每一台苹果的设备中，让他们可以在苹果的任何一款移动产品中，都能轻松地访问到"云端"中的内容，如 iPod、iPhone、iPad 等，都能轻松地实现这一操作。

后来，在与沃尔特·艾萨克森聊天的时候，乔布斯也说到了这个计划。不仅如此，他还告诉对方："我们正在北卡罗来纳州建造一个服务器群，在那里我们可以为个人提供其所需要的一切同步服务。此外，Mobile Me 将会免费发布，让所有用户将自己设备上的内容同步到'云端'上变得更加简单。"

为了实现这一设想，乔布斯几乎在每周的集体例会上都会对此进行讨论。在刚开始的时候，并不是所有的董事会成员都赞成他让 Mobile Me 免费的想法。不过，在经过几次讨论之后，他们还是同意了乔布斯的提议。后来，乔布斯对此回忆道："当时，我们对此做了很多次讨论。虽然也有人不赞同，但当我告诉他们这不仅仅是一项工作，而且还是一项有关我们公司存亡的大工程时，所有人都同意了。"

2011 年，苹果在云计算这方面终于取得了突破，而新的"云端"服务也不再叫"Mobile Me"，而是更名为"iCloud"。同年 6 月，乔布斯不顾病痛的折磨，毅然登上了苹果全球开发者大会（Apple Worldwide Developer Conference，简称 WWDC）的舞台，发布了 iCloud 这一应用平台。

在发布会之前，乔布斯一直都处在病休状态。在 5 月份的时候，他还因为感染而住进过医院，在病痛的不断折磨下，他也变得异常消瘦。但是，当他听说 iCloud 的研发工作已经接近了尾声，并将再次引起数字时代的一次革命时，他浑身都充满了力量，并不顾家人和朋友的劝阻，拖着瘦弱的身体出现在了发布大会上。

在发布会当天，乔布斯虽然在极力掩饰自己的虚弱，但是台下的观众还是一眼就看了出来，因为他太消瘦了。不仅如此，在他登台之后，台下的观众也都全部起立，将最热烈而持久的掌声送给了他，这让乔布斯激动不已。在说完开场白之后，他就将舞台交给了菲尔·席勒和斯科特·福斯托，并在他们演示完 Mac 和移动设备的新操作系统后，才再次登台向人们展示 iCloud。

和之前一样，他还是先缓缓地向众人说道："约在十年前，我们就曾预见，个人 PC 将会成为你们数字生活的中枢，无论是你们照片、视频，还是音乐等，你都可以将它们存储到 PC 上面。但是，在这几年里，这个预见已经破灭了。"随后，他便举例称，假如有人用 iPhone 拍了一张照片，你只有用 USB 线连接在 iPad 或是 PC 上插来拔去多次才能全部实现共享，操作极其繁琐。对此，他笑称道："我不知道你们有什么感觉，但我却觉得为了实现这些设备的同步而进行的操作都快把我给逼疯了。"他的话音刚落，下面就响起了一片笑声。接着他话锋一转道："不过，我们针对这个问题找到一个不错的解决方案，而且它也将是我们的下一个预见，我们要将数字中枢转移到'云端'，将 Mac 和个人 PC 还原成设备。"

随后，他又拿几年前的那次尝试开玩笑道："你们中的大多数人此时可能在想，为什么要相信我？因为我上次给了你们一个 Mobile Me。但是，现在我要告诉你们，这个我们称之为'iCloud'的东西，将要比之前的 Mobile Me 好上不知多少倍，它将成为最棒的'云端'。"然后，他就在全体观众猜疑的目光之下演示了 iCloud。很快人们就发现，无论是邮件、联系人还是照片、音乐、视频、应用等，几乎都是在瞬间完成同步的。不仅如此，乔布斯还当场公布了一个好消息，即苹果与多家音乐公司达成了协议，使得苹果的云端服务器的歌曲存储量达到了 1800 万首。只要你的任何一款电子设备中有这些歌曲中的一首，你都可以在你所有的电子设备共享这些歌曲，而无需另外付费，也不需要费时费力地将它上传到"云端"。在演示的最后，乔布斯习惯性地总结道："'云端'让这一切都变得这么简单。"

按照乔布斯的说法，人们在使用了 iCloud 服务之后，所有电子设备都将实现无缝连接。当然，这一切都需要使用苹果的产品，并待在苹果的封闭空间里才能实现。也许你在真正开始使用 iCloud 之后，你就不会再用 Kindle 或 Android 设备了，因为那些设备之间的照片、音乐、视频等，根本就无法通过云端同步到其他设备上，但苹果却可以。

早在 2010 年的时候，微软就曾推出过一项云计算服务，即"Cloud Power"，并大肆宣传了一年多。可是，微软的云计算从未实现过真正的同步。亚马逊和谷歌也都在 2011 年推出了云服务，结果，他们同微软一样，均无法与苹果的 iCloud 相抗衡。后来，乔布斯还对此调侃道："我在想要不要为 Android 做一个音乐应用，或是将我们的 iTunes 装到 Windows 上，那样我们就能卖掉更多的 iPod。可我仔细想了想，我若是将我们音乐应用安装到 Android 设备上，除了让 Android 的用户高兴之外，对我们一点好处都没有，而我恰恰不想看到 Android 用户高兴的样子。"

苹果总部大楼

"我想留下一个标志性的园区，只有那样才能体现出苹果的价值观，并让它永远流传下去。"

——在谈及苹果新的总部大楼时，乔布斯如是说

苹果当今的总部位于加州库比蒂诺无限环岛路，在那里由六幢排列

方式别具一格的办公楼组成。这个园区建成于 1993 年，刚开始的时候，由于那里只租售给一些研发型的公司，所以那六幢大楼也因此而被命名为"研发 1 号"到"研发 6 号"。

苹果公司从原先总部搬来这里，是从乔布斯主管 Mac 团队时开始的，到乔布斯正式回归苹果后，苹果公司已经完全将总部搬到了这里。之后，又有一些非研发性质的公司搬到了这里，因此，那六幢大楼也随之被改成了"无限环岛 1 号"到"无限环岛 6 号"。

在那里，乔布斯工作了 14 年，而这 14 年也是他最高产的一个阶段，一个接一个的新产品、一次又一次的技术革新，都给人们的认知带去强烈的冲击。他这样努力的原因只有一个，那就是他想超越惠普的创始人比尔·休利特和戴维·帕卡德，创建一家充满创造力和革命性的公司，让它比惠普公司更能经受得住岁月的涤荡。事实上他做到了，但他还不满足，因为苹果还没有一块完全属于自己的地方。上帝也许是听到了乔布斯的心声，很快就给了他一个很不错的机会。

2010 年，惠普决定放弃在库比蒂诺园区的办公地，那里离苹果在无限环岛路 1 号的总部大楼仅有 1 英里。在得知这个消息后，乔布斯便悄悄派人买下了那个园区以及相毗邻的物业，准备打造一个前所未有的，且能完全展示苹果形象的总部。当他在那个园区附近积聚了 150 多英亩的土地后，他便充满激情地投入到了对新园区的建设规划中去了。对此，乔布斯还曾兴奋地回忆道："我想留下一个标志性的园区，只有那样才能体现出苹果的价值观，并让它永远流传下去。"

不仅如此，他还专门找到了曾复原柏林国会大厦的诺曼·福斯特爵士的建筑公司，让他们负责主要的设计建造工作。和以往一样，只要是他自己感兴趣的东西，他都会参与到其中，并决定着别人的想法。更何况，他还想将此打造成一个能令苹果公司永垂不朽的完美之作。因此，事无巨细他都会过问，以至于在很长的一段时间内都没能拿出一个令乔布斯满意的方案。

诺曼·福斯特的公司派出近 50 名建筑设计师，每隔三周都会给乔布斯一些改进过或是重新设计的图纸和模型。但是，苛刻的他却会一次又一次地提出新的毛病或概念，有时还会让这些建筑师从头再来，当真让那些建筑设计师们伤透了脑筋。

好在乔布斯并不是油盐不进，慢慢地终于有一些设计师的设计让他看上眼了。比方说，一个由三个半圆状的主体建筑相连而成的设计，就得到了他的认可。在这个设计中，三座主体建筑间是一个巨大的中心庭院，建筑中的墙壁由封闭的落地窗构成，在不拉下窗帘的情况下，阳光可以直射到办公室的过道上。不过，当他在与那些设计师讨论的时候，有位建筑师希望将那些落地窗设计成可以打开的，但是偏执的乔布斯却坚持道："我不想让别人打开我的东西，否则他们会将这一切都给搞砸的。"结果，他赢了。

当天晚上，当他兴冲冲向家人展示这个设计图时，里德则开玩笑道："这个建筑从空中看上去怎么那么像男性的生殖器啊！"对于这样的评价，乔布斯当时虽然只是把它当作是里德在青春期的一种心理反应，但是一旦有人这样跟他说了，那个形象就再也无法从他的脑海中抹去了。因此，当他第二天向那些建筑设计师们提起这个说法的时候，他有些很不高兴。于是，那些设计师只得重新设计。

又是三周后，乔布斯拿到一个新的设计方案。这一次，主体建筑的形状已经被改成了一个简单的环形。在这个新的设计中，主体建筑是一座共有 4 层，办公区域面积达到了 26 万平方米，可以同时容纳 13000 名员工办公。另外就是这座建筑的所有墙面都将按照乔布斯的要求，采用弧形的玻璃。他对于玻璃似乎独有情种，无论是苹果零售店的巨型落地窗，还是他所设计的那艘豪华游艇上，你都能从它们那里看到这种弧形的身影。

不仅如此，若是按照这个设计图所规划的那样，被整个主体建筑所包裹着的中心庭院的直径也将达到惊人的 240 米。在这么巨大的中心区域，乔布斯准备将其八成的区域都栽上树木。为此，他还专门从斯坦福请来一位资深的园艺家，请他帮助设计园区内的布局。他不但在现有景观的基础上增加了植物面积，还将大部分的停车场都转移到了地下，在节省出的空间内种植了近 6000 棵树木。与此同时，他还将室外的自然元素引入到了室内，为员工们创造一个亲切舒适的工作环境。

2011 年 6 月，这个方案终于被乔布斯定为了最终的方案，并准备公布于众。不过，他最终却没有那么做，只是在 WWDC 之后的第二天，非常低调地向库比蒂诺市议会报告了这件事。不过，当他穿着那件黑色圆领毛衣，手里拿着遥控器，向库比蒂诺市的议员们展示了新的苹果园区设计的幻灯片时，所有人都惊呆了。看着众人的表现，乔布斯相当满意。

最后，他还微笑着对众人说道："它就像一艘降落在地的飞船，随时都有可能起飞。待它被建好之后，也许它还会成为世界上最棒的写字楼。"

在之后的一段时间里，乔布斯的身体虽然越来越糟，但是每当有人在他面前提起那个建筑时，他都显得兴奋异常。一天晚上，他还因此而给之前的一位同事艾米·鲍尔斯发了封邮件。她在 20 世纪 80 年代初曾担任过苹果公司的人力资源总监，是当时敢于反抗乔布斯暴政的为数不多的人之一。在邮件中，乔布斯问她能否在第二天过来看看他时，虽然当时的她还在纽约，可她还是在第二天出现了乔布斯的家中。她在见到乔布斯的时候，他已经很虚弱了，根本就没多少精神，可他在她来到后，还是迫不及待地向她展示了苹果新的总部大楼的透视图，并对她说道："你应该为苹果而骄傲，更应该为我们所创造的东西而骄傲。"

乔布斯尽管对这个计划充满了热情，但是这一次，他在与死神的博弈中输掉了，永远也看不到这座新总部大楼的落成了。

与奥巴马的会谈

"如果他真的想见我，那他就该亲自打电话过来邀请我。"

——在听到妻子为自己安排了与奥巴马总统的会面时，乔布斯如是说

众所周知，乔布斯是奥巴马的支持者，但奥巴马政府所奉行的一系列经济政策则让乔布斯颇为失望。为此，乔布斯还曾指责："美国总统奥巴马是个非常聪明的人，可他却一直在向我们解释有些事情为什么做不到，这让我非常恼火。"在他看来，硅谷的一些高科技公司，当然也包括他自己的公司在内，都是美国经济增长的驱动者。但是，美国联邦政府非但没有给予他们充分的支持，还总是拖后腿，这怎能不让他生气呢？为此，他还差点错过了 2010 年 10 月与奥巴马会面的机会。

2010 年 9 月初，乔布斯陪同家人一起到华盛顿旅行时，他的妻子鲍威尔见到了几位在白宫工作的朋友，并从他们那里得知了奥巴马总统将于下个月到硅谷进行访问。鲍威尔听后觉得这是个不错的机会，应当让自己的丈夫与总统见上一面。于是，他便向众人说了这个想法，这些人听后也都很乐意帮忙。另外，风险投资家，同时也是乔布斯好友的约翰·多尔也在谈及就业问题时向奥巴马提议过，建议他在访问硅谷时与乔布斯见上一面。结果，在总统的行程上就预留出了半个小时的时间，这是专

门为见乔布斯而留出来的。

可是让鲍威尔没有想到的是,当她将这个安排告诉乔布斯的时候,他对她背着他安排了这件事非常不满道:"我不想去见他,在这个象征性的会谈之后,他就能在自己的行程上记下'我见了一个 CEO'。"鲍威尔则坚持称:"总统真的很想见见你。"乔布斯则针锋相对道:"如果他真的想见我,那他就该亲自打电话过来邀请我。"

五天之后,他们两人依然在为此事而僵持不下。在无计可施的情况下,鲍威尔只得将正在学校上课的里德叫回了家中,让他帮自己一同劝说乔布斯。这一招果然有效,乔布斯很快就在她们的劝说下改变了态度,准备见一见奥巴马总统。

会面刚开始的时候,乔布斯就开门见山道:"你再这样下去,就只能当一届总统了。"然后他又向奥巴马提议,政府对待商界应当更加友好一些。为此,他还以中国为例称,在中国办家工厂十分容易,但在美国却没有那么容易,因为国家的法令太多,收费的项目也太多了。

不仅如此,他还对美国当时的教育制度进行批评道:"关于教师工会的制度使得我们的教育体制成了一个瘸子,除非将教师工会解散,否则我们的教育改革就没有希望。"同时,他还提出作为一校之长,应当有权利根据教师的表现和能力雇佣或解雇他们,并建议学校将每天的上课时间延长至下午 6 点,学生们在一年中应当有 11 个月的时间都待在校园里学习。

在双方的会面即将结束时,乔布斯还建议奥巴马,最好组织六七名能够真正阐述美国所面临的创新经济挑战的 CEO 们进行一次会晤。令乔布斯没有想到的是,奥巴马竟然很爽快地就同意了这一提议。乔布斯当即便起草了一份名单,并计划于 12 月份在华盛顿进行会晤。然而,当白宫的工作人员着手策划此事,并在这个名单上又增加了几个人时,乔布斯就给奥巴马的助理发去一封邮件,称名单上的人太多了,他不想参加这次会晤了。不过,他在最后还是妥协了,准备继续参加这次会晤。

2011 年 2 月初,当约翰·多尔开始为这次会晤筹备晚宴时,乔布斯又展示出了其注重细节的个性。他告诉约翰·多尔,菜单上的虾、鳕鱼和小扁豆沙拉"太过花哨",并对巧克力松露这款甜点极不喜欢。可是,当他要求撤换时,却被告知总统喜欢它,对此他只得忍了下来。

2011 年 2 月 17 日这天,乔布斯和被选中的十几位硅谷巨头,如谷歌的 CEO 埃里克·施密特、思科的 CEO 约翰·钱伯斯、Facebook 的创始人兼 CEO 马克·扎克伯格、雅虎的 CEO 卡罗尔·巴茨、甲骨文的 CEO 拉里·埃里森等人，一同与美国总统奥巴马共进晚餐，为美国当前的教育和创新领域的发展出谋划策。

在晚餐开始前，坐在奥巴马旁边的乔布斯率先说道："无论我们大家的政治理念是什么，但在今天，我只想你们理解，我们今天聚集在这里的目的是为了让你们提出一些对国家有所帮助的提议。"不过，乔布斯尽管在事前率先打了预防针，可是这些巨头们还是在宴会开始不久后就惹恼了奥巴马。因为，那些出席了此次宴会的多位科技巨头，他们只关注如何促进自家公司发展的话题，而不是乔布斯之前所提的如何促进美国的经济发展等议题。

好在约翰·多尔及时将话题拉了回来，让每人都对美国当前的经济现状提些切实可行的方案。在轮到乔布斯时，他则提出美国需要更多拥有熟练技能和经验的工程师，并向奥巴马建议，任何一个在美国获得工程学位的外国留学生，都应该给他们发放一份工作签证，将他们留在美国。但是，奥巴马却以《梦想法案》(该法案规定，只有小时候非法移民到美国的外国人才能在高中毕业之后成为美国的合法居民)为由，没有同意这一提议。后来，乔布斯还对此发牢骚道："总统明明是个聪明人，可他却一直在向我们解释有些事情为什么做不成，也没有发表任何具体的意见，当时我可真被他给气坏了。"

不过，生气归生气，会晤还在进行，乔布斯则继续指出，苹果公司之所以要在中国部署 70 万个工作岗位，其目的只是为了雇佣那里适合这些岗位的 3 万名工程师，而这正是美国所匮乏的人力资源。接着，乔布斯又说道："这些人不必是博士或是天才，他们只需要掌握一些基本的制造业的工程技术就行。假如政府能够培养出这么多的工程师的话，我们可以将更多的工厂搬回来，为美国制造更多的就业机会。"对于这一提议，奥巴马终于动心了。在这次会晤之后，他还多次和自己的助手们提到了："我们得尽快找到一些方法，把乔布斯所说的那 3 万名制造业的工程师给培养出来。"

乔布斯对于奥巴马对自己的提议如此上心非常高兴，为此，在那次会晤之后，他还一直与奥巴马保持着联系，并通过好几次电话。不仅如此，他还主动提出，愿意帮助奥巴马设计其在 2012 年竞选连任的广告。

在此之前，乔布斯曾在 2008 年也提出过相同的要求，但是，奥巴马当时的竞选策略顾问大卫·阿克塞罗德根本就不愿意配合他，他才在一怒之下放弃了那个计划。

乔布斯虽然不怎么喜欢政治广告，但这却难不倒他，因为他还可以请来李·克劳为他出谋划策，做出非常棒的广告。后来，他还告诉沃尔特·艾萨克森道："我一直都想为奥巴马制作一个像《美国的早晨》(It's Morning in America，这是哈尔·赖尼在 1984 年为罗纳德·里根在竞选连任所制作的一款政治广告)那样经典的政治广告。"

重回上帝怀抱

病魔再次袭来

"不，我知道，它（癌症）很快就会来了。"

——当全身疼痛，但是医生没有检查出癌症复发时，乔布斯如是说

中国有句古语"久病成良医"，自 2003 年发现癌症到 2011 年，乔布斯已经与癌症抗争了 7 个年头。在这 7 年中，癌症就像一柄悬在头顶的剑，时刻督促着乔布斯前进。在它的督促下，乔布斯创造了人生中最辉煌的战绩，iTunes 商店、iPod mini、iPod shuffle、iPod nano、iPhone、iPad 等苹果公司最畅销的商品，几乎都是在此期间诞生并上市的。

在与癌症抗争的过程中，乔布斯已经逐渐地摸到了规律。他发现在癌症复发之前，总会有一些信号，比如自己会失去食欲，并全身疼痛。

2010 年 11 月初，乔布斯再次收到了来自癌症的信号。他浑身疼痛且吃不下东西，医生给他做了一个检查，结果没有发现新的肿瘤，就认为是一次周期性的对抗感染和消化不良的反应，并安慰他说，没事，一切正常。然而，乔布斯说道："不，我知道，它（癌症）很快就会来了。"

吃不下东西的乔布斯只能依靠静脉注射补充营养。鲍威尔记得乔布斯喜欢康娜度假村的食物，于是决定感恩节在那里度过。然而，那里的美食也没能引起乔布斯的兴趣。他吃饭时表现得坐立不安，不停地抱怨厨师水平太差，对于面前的食物连动都没动一下。那里所有的客人都在同一个房间里进餐，他们见到狂躁的乔布斯时，都尽量表现得若无其事，以期给他一个宽松的环境。更值得一提的是，乔布斯在这家餐厅里发脾气的情形最后竟然没有一个客人泄露给媒体，这可比苹果公司的某些董事会成员强多了，他们中曾有人向媒体暴露乔布斯的身体状况，这引起了苹果股价的震荡。

自康娜度假村回家后，乔布斯变得更加情绪化和难以相处。和前两次信心百倍地应战癌症相比，这次乔布斯明显悲观了，他已经被癌症折

磨得筋疲力尽。他经常会告诉孩子们，他觉得自己快死了，一想到以后他不能再给孩子们过生日了，他就会伤心得落泪。这让孩子们也很难过。

由于不能正常进食，乔布斯的体重下降得非常快。仅仅两个多月的时间，乔布斯的体重就降到了 115 磅（52.16 千克），这让他看上去更虚弱了。

圣诞节时，莫娜·辛普森来帕洛奥图度假，同行的有她的前夫、美国电视喜剧作家理查德·阿佩尔和他们的孩子。他们一起来到家中看望乔布斯，这让乔布斯的精神稍微好了些。他和他们一起玩了一个被称为"Novel"的游戏，这个游戏要求人们编制出一本书最让人信服的一句话，以相互愚弄。乔布斯玩得兴致勃勃，身体情况也似乎有了好转。圣诞节后，他甚至还跟鲍威尔一起出去吃了晚饭。在新年假期期间，他让孩子们去滑雪度假，而仅留下了鲍威尔和莫娜·辛普森轮流照顾自己。

一切似乎都在向好的方向发展，殊不知，癌症已经扼住了乔布斯的咽喉……

医生与死神角力

"在面对癌症或者困境时，如果你有了某种感受，却试图掩饰，那么就是在虚伪地过日子。"

——在别人问为什么他从不像个英雄那样掩饰身体上的疼痛时，乔布斯如是说

事实证明，乔布斯在 2010 年年底的身体好转，完全就是回光返照，当到 2011 年初的时候，他的身体状况再次变坏。这次不仅仅是乔布斯的预感，因为医生们也在乔布斯体内发现了新的肿瘤。

尽管不愿，但无奈之下，乔布斯还是于当年的 1 月份给公司的董事会成员打电话，表示希望可以病休。乔布斯身体的状况，早已让董事会成员们有了心理准备。在董事会议上，只用了 3 分钟，所有问题都解决了，因为在此之前，乔布斯早已和董事会讨论过，如果自己出了不测，应该怎么办。蒂姆·库克再次接管了苹果的日常管理工作。

接着，当月 17 日，乔布斯再次给员工们发信，表明自己因病需要离职治疗。同样是给员工的邮件，这封邮件与前两封的区别之处在于，在

这封邮件中，乔布斯没有说明自己归来的日期，而在前两封邮件中，乔布斯都明确地表明了自己的回归日期。这一细节，让员工们的心里隐隐觉得不妙。

乔布斯离职治疗的消息传来，苹果股价一开盘就跌了 4.95%，还从来没有那个领导人的身体状况可以如此深刻地影响到公司的股票价格，这充分说明了乔布斯对于苹果的重要性。创新工场董事长兼首席执行官李开复在听闻乔布斯离职治疗的消息后，在微博上感叹道："乔布斯太爱苹果公司了，一直等到季度财报公布后才宣布自己病休的消息，让正负面消息互抵。这么做虽然阻止了巨大的跌幅，但还是身体重要啊！"

病休后的乔布斯重新回到了与癌症抗争的大战中。

在病休的第一个周六，也就是 1 月 22 日当天，乔布斯让妻子召集了自己所有的医生开会。他发现，因为自己目前疾病比较多，比如肿瘤、肝脏、疼痛等，所以出现了"头疼医头脚疼医脚"的现象，每个医生只负责某一方面的问题，却没有一个完整的方案，将所有医生整合起来，进行协调治疗，这让乔布斯很不满。鲍威尔也发现了这个问题，她说："史蒂夫的事情让我明白，医疗行业，尤其是斯坦福癌症中心的主要问题之一就是没有个案服务专员或协调员。但他们应该是非常重要的，就像是橄榄球队里的四分卫一样。"

意识到这种情况后，鲍威尔很快就担任起了协调员的职务，她会把斯坦福的各种专家请到家里开会，有时也会请来一些治疗理念非常前卫或全面的其他医院的医生，共同讨论对付疼痛及各种疾病的治疗方案，南加州大学的戴维·阿古斯就曾经受邀参加此类讨论。

乔布斯有强烈的掌控欲，病休的他虽然不能掌控苹果了，但却可以掌控对于自己疾病的治疗。因此，虽然鲍威尔负责协调各种治疗方案，但乔布斯才是最终拍板的人。2011 年 5 月发生的一件事充分地说明了这一点。当时，鲍威尔因事不在，乔布斯就跟乔治·费希尔和其他斯坦福的医生、博德研究所的基因排序分析师，以及他的外部顾问戴维·阿古斯商讨起了治疗方案。在研讨的 3 个小时中，乔布斯的情绪非常不稳定，他因为博德研究所那位分析师使用了 PowerPoint 幻灯片而没有使用苹果公司的 Keynote 大发雷霆，甚至还现场教导起那位分析师 Keynote 该怎么使用。尽管研讨的过程中出现了这个小插曲，但在结束时，乔布斯和他的团队已经基本了解了所有的分子数据，明白了每种潜在治疗方案的原理，还列出了要确定每种治疗方案优先级需要做的测试。

其实，此时虚弱的乔布斯让医生们觉得很棘手，因为医生们在用药的时候不得不费心神确定他身体的承受能力。

癌症让乔布斯形成了一个恶性循环。癌症引起疼痛，疼痛让乔布斯不得不服用止痛药，止痛药让乔布斯没有食欲，吃不下东西让乔布斯更加瘦弱，身体瘦弱用药量就必须减少，这又减慢了身体康复的速度。同时身体瘦弱让疼痛感觉神经周围的油脂层变薄，疼痛感更加强烈，从而让食欲减退。有时候，乔布斯会疼得直不起腰来，他会用手捂着疼痛的部位，呻吟着告诉身边的人，自己就好像浑身上下都挨了打一样。

乔布斯每次发病的时候，医生都会告诉他要多吃不同种类的食物，然而乔布斯从未听从。饮食问题成了乔布斯在与病魔抗争的过程中一道逾越不过的障碍。

即使已经切除了部分胰脏，消化功能已经被削弱，乔布斯仍然不愿意改变自己长久以来的饮食习惯，坚持只吃素食，有时甚至会禁食。这会让好脾气的鲍威尔异常愤怒，她最怕见到的情形就是乔布斯坐在饭桌前对着一桌子的饭菜发呆。她说："史蒂夫坐在餐桌旁边，却一点也不吃，这让孩子们和厨师都非常紧张，于是我就让他逼迫自己吃东西。"

他们的厨师布里亚·布朗肩负着为乔布斯准备食物的重任，他每天下午都会来家里为乔布斯准备一桌子的健康美食。每当乔布斯连尝也不尝，或者仅用舌尖尝一两种就否定一桌子的菜时，他总会无奈地耸耸肩，然后第二天下午继续。他总会想尽办法满足乔布斯的奇思妙想，有一天，乔布斯突然想吃南瓜派，他竟然真的在一个小时内做了漂亮的南瓜派出来，虽然乔布斯仅吃了一小口，就不再吃了，布朗仍然为此兴奋不已。

为了解决乔布斯的饮食问题，鲍威尔向很多研究进食失调问题的专家和精神病专家进行了咨询，但乔布斯却拒绝接受任何建议或治疗。

乔布斯曾说："在面对癌症或者困境时，如果你有了某种感受，却试图掩饰，那么就是在虚伪地过日子。"他是这么说的，也是这么做的。在第三次面对癌症的时候，他变得更加敏感、爱哭而喜怒无常，他会向周围的人一遍遍地哀叹自己快死了……

在乔布斯哀叹着自己快死了的同时，医生们正在和癌症进行着生死赛跑。尖端科技的发展，让乔布斯始终比癌症快了一步。当时世界上治疗癌症最先进的技术是分子靶向治疗法，它由斯坦福、约翰·霍普金斯和哈佛——麻省理工博德研究所联合研发。治疗原理是通过了解病人体内的肿瘤特殊基因和分子特征，挑选特定的药品，直接针对癌细胞异常生长和有缺陷的分子位点进行治疗。它针对性强，比传统的治疗方法更为有效。因为传统的化疗不仅会破坏肿瘤细胞的分裂过程，也会破坏健康细胞的正常分裂，有点类似于"杀敌一千，自伤七百"的战术。尽管这种治疗方法并非立竿见影，但却通常效果显著，乔布斯就是最早接受这种治疗的 20 个人之一，耗费达到了 10 万美元。

为了鼓励乔布斯，曾有位医生告诉他说："你要相信，不久的将来，你患的这类癌症和其他类似的癌症都会被归为可有效控制的慢性疾病，可以通过药物控制病情的发展，直到病人死于其他原因。"乔布斯听后说："所以，我要么是第一个通过这种疗法跑赢癌症的，要么是最后一个死于这种癌症的。不是最先上岸的，就是最后被淹死的。"

在乔布斯宣布病休的日子里，他仍然是媒体关注的焦点。2011 年 2 月 17 日，美国八卦报纸《国家询问者》发表了一张偷拍于当月 8 号的乔布斯照片，并危言耸听说，乔布斯的生命可能只剩 6 周了。这在社会上引起了极大关注。照片上，乔布斯依然是黑色上衣，蓝色牛仔裤，白色运动鞋，只是他显得瘦弱极了，原本合身的衣服显得异常宽大。报纸还根据他稀疏的头发推断，他目前正在接受化疗。

这篇报道尽管有危言耸听的成分，却也道出了部分实情。当时，乔布斯确实正准备和妻子共进早餐后，到斯坦福癌症中心进行治疗。

尽管苹果公司明确表示，这份报纸内容纯属胡编乱造，但仍未能阻止人们进行各种各样的猜测。然而，乔布斯始终都没有站出来对这些猜测进行反驳，只是在众人惊疑的目光中接受了美国总统奥巴马的宴请。

当然，也并不是所有人都紧抓着乔布斯的隐私不放。《福布斯》杂志资深编辑丹尼尔·莱恩就是众多反对人们打探乔布斯隐私的人之一，他开通了一个名为"乔布斯的秘密日记"的博客，并以乔布斯的身份撰写文章，文风诙谐、幽默，吸引了众多读者，这些博文最终还以书籍的形式进行了出版，据说乔布斯和盖茨都曾看过。2011 年，在乔布斯休病假的第二天，莱恩就在博客中发文训斥那些试图打探乔布斯隐私的人。他说："我在网上扮演着乔布斯，自 2008 年乔布斯健康情况明显恶化之后，我就停止了博客的更新。今天早上，当传来乔布斯再次病休的消息时，我以假乔布斯的名义更新这最后一篇文章，然后就会注销。"

他还在博文中写道："如果你真想了解癌症和肝脏移植，可以去图书馆查资料；如果你是一个握有苹果股票的投资者，正因乔布斯身体的状况而坐立不安，那么干脆卖掉，并感谢乔布斯让你赚了那么多钱。如果你打算留着股票，那么请不要以手中的股票为由，八卦某个病人的私生活。"

在外界的纷扰与身体的病痛中，乔布斯挣扎着……

最后几位访客

"我会竭尽所能地帮助下一代企业家记住伟大企业的血统，并让他们把这些传统发扬光大。"

——在接待生命中最后几位访客之一的拉里·佩奇时，乔布斯如是说

没有回归日期的病休信，让人们意识到了问题的严重性，于是纷纷前来拜会乔布斯。

这些访客中，让乔布斯最安慰的是大女儿丽萨·布伦南·乔布斯的来访。一直以来，她跟乔布斯的关系都是复杂的。丽萨遗传到了乔布斯的偏执和固执，这样的两个人相处起来难免炮火隆隆。然而，对于丽萨，乔布斯始终是心存愧疚的，这从他曾以"丽萨"的名字命名世界上第一款采用图形用户界面技术的电脑就可见一斑。2011年病休期间，面对授权撰写《乔布斯传》的沃尔特·艾萨克森，乔布斯再次道出了自己的歉疚之情："我曾多次跟她（丽萨）说，如果时间可以回到她5岁的时候，我一定会尽力做个好爸爸的。我希望她现在可以放弃过去，着眼未来，而不是恨我一辈子。"

丽萨的这次来访让乔布斯的愿望部分地实现了。他们的这次相处总体上来说，相当愉快，当然了，这有赖于乔布斯身体状况的暂时好转。丽萨告诉父亲，32岁的自己最近正在第一次认真地谈恋爱，恋爱对象是一个年轻的电影制作人，他来自于加利福尼亚，目前正在纽约打拼自己的事业。这种类似于朋友间交换小秘密的举动，无疑让亲情苏醒的乔布斯觉得很贴心，于是，他竟然建议丽萨，婚后搬到自己所在的帕罗奥图住，以方便双方联系，他说："我的身体状况你也看到了，谁都不知道

我可以活多久，说不定哪天就死了。所以如果你想多看我几眼的话，就搬来帕罗奥图吧。"尽管最后丽萨没有接受这个建议，但是父女关系的缓和还是让乔布斯的心情大好，他说："在这之前，我并不确定自己是否想见到她，因为我病了，需要静养，而她总能引起我情绪上的波动。但是，她的到来仍然让我很高兴，这让一直压在我心上的大石头放了下来。"

曾经乔布斯与谷歌的创始人拉里·佩奇和谢尔盖·布林关系密切，他们也一直将乔布斯视为导师级的人物，从他身上汲取前进的动力和营养；曾经乔布斯和谷歌的 CEO 埃里克·施密特是要好的朋友，施密特还曾经是苹果的董事会成员之一，他们密切合作，将谷歌的搜索和地图功能移植到了 iPhone 手机上，然而，这些美好都在谷歌决定进军智能手机市场并研发了安卓系统后烟消云散。乔布斯曾经对着施密特破口大骂，并叫嚣着要花光苹果账户上的最后一分钱和谷歌耗到底。

现在，一年过去了，得知乔布斯病休消息的拉里·佩奇在犹豫着要不要去看看这位曾经的引路人。佩奇之所以想看望乔布斯还有一个原因，那就是自己刚从施密特手中接过 CEO 的权杖，急需乔布斯的指导。佩奇怀着忐忑的心情给乔布斯拨了电话，并道出了自己的想法："我可以去你那里请教一下如何做一个好 CEO 吗？"乔布斯犹豫了一下，然后说："我考虑一下吧。"一会儿，佩奇的电话响了起来，是乔布斯，他直截了当地说："没问题。"然后，佩奇有了这次膜拜之旅。乔布斯后来回忆说："拉里刚给我打电话说想要来拜访我时，我的第一反应是'我才没兴趣和一个小偷聊天呢！'但是随后，我想到了自己年轻遇到的前辈，像比尔·休利特和住在我周围的惠普的邻居等，他们都热心地帮助了我，所以，后来我就告诉他，你过来吧。"

在客厅中，乔布斯给佩奇上了一课，他讲述了如何才能创造出伟大的产品及如何保持公司持久的生命力。

在与佩奇的交谈中，乔布斯热心而真诚，对于自己的经验可谓倾囊相授，简直到了"知无不言，言无不尽"的地步。乔布斯围绕专注和选人告诉佩奇，一个公司必须做到专注，同时选用值得信任的人，打造可以依赖的团队。他告诉佩奇，必须避免团队中充斥二流选手，否则情况就危险了。他一再强调，谷歌必须搞清楚自己以后想成为什么样的公司，公司最重要的 5 个产品是什么，如果一直像现在这样生产线繁多，摊子铺得到处都是，就会成为和微软一样的公司，产品达标但不伟大。乔布斯还承担起了作为一个成功企业家的社会责任感，他说："我会竭尽所能地帮助下一代企业家记住伟大企业的血统，并让他们把这些传统发扬光大。我会继续与像马克·扎克伯格一样的人做这件事。硅谷一直非常支持我，我应该做出自己的贡献，回报社会。"

　　有人说，世界上最了解你的人是自己的竞争对手。而对于乔布斯来说，这个世界上最了解他的人恐怕要数比尔·盖茨了。乔布斯的一生尽管有很多的竞争对手，但最重要也最长久的却始终是盖茨。他们联手定义了个人电脑时代，却又开创了两种完全相反的商业模式。他们对于对方的成功都既赞叹又有所保留。盖茨对于乔布斯的成功，有时会觉得不能理解，但他显然不讨厌这样的竞争。乔布斯病休后，有一次，盖茨在和艾萨克森一起吃饭时，略显遗憾地说："我现在做的事情只是将尽可能多的人从疟疾的泥沼中拉出来，而史蒂夫则仍然在创造新产品。有时候，我想也许我留在那个游戏里贡献更大一些。"他会不时地感叹乔布斯对于完美产品的追求："生病了，还不忘努力寻找改进 iPad 的方法，这真让人吃惊。"

　　乔布斯与盖茨之所以会有最后一次会面，有一个人功不可没，他就是星波公司的迈克·斯莱德。斯莱德既是乔布斯的朋友，又是盖茨的朋友，这让他主动承担起了搭桥牵线的任务，最终两人的会面时间定在了 5 月份。然而，乔布斯虚弱的身体差点让这次会面泡汤。就在约定日期的前一天，盖茨接到了乔布斯助理的电话，说乔布斯状况转差，会面时间需要另订。于是，他们重新约定了一个日期。这才有了电脑界两个传奇人物的最后会晤。

　　那天，盖茨一人开车来到了乔布斯家门口，然后自后门进入了乔布斯家中。屋子里很安静，他从敞开的厨房门口看到伊芙正在学习，于是，问道："史蒂夫在吗？"伊芙用手势告诉盖茨，乔布斯在客厅。

　　于是，盖茨走向客厅，然后看到了这样一个情形：和上一次相比瘦了好多的乔布斯，正窝在沙发的一个角落里，少见的安静，和原来在苹果公司时暴躁而骇人的架势形成了鲜明的对比。

　　见到盖茨，史蒂夫坐直身子，恢复成了原来的样子，锐利而充满力量。盖茨惊异于乔布斯的改变。他们开始像两个老头子一样回忆过去的种种，失去了健康的乔布斯在心里暗叹道："哇，比尔看起来真健康啊！"

盖茨则暗叹："尽管被病痛折磨得瘦骨嶙峋，但这家伙还是那么精力充沛。"

乔布斯对于自己的身体状况丝毫没有避讳，他告诉盖茨，自己目前正在接受一种靶向药物治疗，就好像从一片荷叶跳到另一片荷叶，是在和癌症赛跑，希望总比癌症快一步。盖茨为乔布斯的乐观精神所感动。

一向矛盾重重的两人，这次在两件事情上达成了一致。他们都认为，科技应该更深入地影响学校，比如学生们应该用观看讲座和视频来代替目前的老师讲解，同时，课堂时间应该用来讨论和解决问题，而不是讲解知识。盖茨认为，以后的计算机和移动设备应该致力于提供个性化的课程和启发性的反馈。

同时他们都表达了对于自己另一半的感激。他们都认为是妻子让自己保持了心智的完整。他们还一致认为生为自己的孩子压力很大，两人甚至讨论起了如何帮助孩子们减压。正如盖茨后来回忆的那样："那次谈话是我们所有谈话中最私密的一次。"

在两人3个小时的交谈中，伊芙曾经晃了过来，盖茨就询问了她马术训练的情况，因为盖茨的女儿也参加了这个训练。

在谈话中，两个人再次肯定了对方所取得的成绩，盖茨称赞乔布斯创造了那些不可思议的东西，同时挽救了濒于破产的苹果。他甚至认可了乔布斯创造的商业模式，他说："我一直认为，一个企业只有像微软那样，坚持开放、横向的模式才能取得成功，但是你用苹果的发展告诉我，一体化的、垂直的模式也可以成功。"盖茨的坦诚让乔布斯感动，他说："你的模式也成功了。"

两人的会面在友好的氛围中结束，然而，两个人和两种商业模式毕竟是存在矛盾的，盖茨在后来接受艾萨克森采访时，为一体化模式的成功添加了条件："之所以目前一体化够取得成功是因为有史蒂夫在，在未来能否取得成功还是未知数。"而另一边，乔布斯也在接受艾萨克森采访时说："比尔的模式可行，但是它有一个大问题，那就是不能制造出伟大的产品。至少在一段时间内，这个问题都将存在。"

乔布斯病休期间，除了科技界人士，其他人偶尔也会踏上朝圣之旅。比如美国前总统比尔·克林顿就曾经来看望乔布斯，两个人从中东问题说到美国政治，相谈甚欢。

在被病痛折磨的时间里，正是这些访客暂时地转移了乔布斯的注意力，让他获得了片刻的宁静。

优雅的权力交接

"我曾说过，如果某天我无法继续履行 CEO 的职务了，如果某天我无法满足大家对于这一职务的期待了，会第一个告诉你们。不幸的是，这一天来了。"

——面对董事会成员，即将移交权力时，乔布斯如是说

尽管申请了病休，但是到重要产品发布的日子，乔布斯仍会拖着虚弱的身体，勉强参加。

2011 年 3 月 2 日，乔布斯拿着 iPad 走上舞台，人们给这位命途多舛的斗士以热烈的掌声，他脸上露出了浅浅的笑容，说："这个产品做了那么久，我可不想错过今天。"

2011 年 6 月 6 日，苹果全球开发者大会召开，酝酿已久的 iCloud 要在此次会议上亮相，尽管身体状况一直不好，但乔布斯坚持亲自发布这款苹果未来战略中的中枢产品。他知道依照目前的身体状况，这可能是自己最后一次参加苹果的产品发布会了。为了避免自己看上去过于瘦弱，乔布斯在常穿的黑色套头衫外面又加了一件黑色羊绒衫，还在蓝色牛仔裤里面套了一条保暖裤。然而，这些都遮不住他瘦削的事实。人们再次给这位极富悲剧色彩的英雄以热烈的掌声。

在 iPad 和 iCloud 的双重作用下，苹果不断有好消息传来。6 月 25 日，苹果的现金及有价证券总价值达到了 761 亿美元，而美国财政部同一时期拥有的总现金余额却只有 737.7 亿美元，这意味着苹果真的成了富可敌国的公司。一个多月后的 8 月 10 日，好消息再次传来，苹果的市值超越美国石油巨头埃克森美孚，成为了全球市值第一的公司。这些消息让病休中的乔布斯既高兴又失落。高兴的是，苹果没有他照样运转正常，失落的是，原来苹果没有了他照样可以运转正常。

然而，这样的好消息对于乔布斯的病情没有任何帮助，7 月的时候，癌细胞已经扩散到了骨骼和身体的其他部分，更糟糕的是，医生们已经找不到合适的药物进行治疗，换句话说，乔布斯已经病入膏肓，无药可治了。

世界上最悲惨的事情莫过于英雄迟暮。乔布斯还有许多伟大的理想

没有来得及实现，他还想为 iPad 开发电子教材和课程资料，以让学生们彻底摆脱厚重的书本；他还想和比尔·阿特金森一起研发一款像素更好的 iPhone，让消费者在光线不足的情况下也可以拍出清晰的照片；他还打算将苹果公司的一些创新应用到电视上，发明一款非常简单易用的一体化电视……然而，时间已经不允许了。

他浑身上下都疼，大部分时间什么也不能做，只能窝在床上看电视，甚至连固体食物也已经吃不下去了。他自知时日不多，便让为自己写传记的艾萨克森来到家里，挑选要用的照片。

艾萨克森这样形容当时的乔布斯："他穿着卡其色的短裤和白色套头衫，在床上蜷缩成了小小的一团。病痛把他折磨得只剩皮包骨头，但是他笑得很开心，思维也依旧敏捷。"见到艾萨克森，乔布斯挣扎着坐了起来说："咱们得快点，我的力气不多了。"他已经没有力气自己来回走动了，只有指挥着艾萨克森，从房间的抽屉里找出了几本相册，然后让艾萨克森翻动着，他看。偶尔看到某张照片的时候，他会讲出一个小故事，也有时候会小声地嘟囔几句，或者仅仅露出缅怀的笑容。薄薄的几本相册却浓缩了一个人的一生，这是多么让人感慨的一件事啊！

当翻看到其中一张照片的时候，乔布斯停了下来，那是年轻的保罗·乔布斯抱着年幼的他的照片，他很久没有说话，好像是陷进了回忆里。过了一会儿才说："你可以选用这张照片。"然后，他示意艾萨克森找出另外一张，他婚礼上父亲慈爱地望着他的照片，说："这张也可以。"艾萨克森说："他应该为你感到骄傲。"乔布斯立刻说道："他的确以我为荣。"

这些照片好像唤起了乔布斯的记忆，他的精神比刚才好了一些，他们讨论起了出现在乔布斯生命中的那些人，迈克·马库拉、约翰·斯卡利、比尔·盖茨等。他们还谈到了当前美国的时局，这让乔布斯有些激动，他毫不客气地说："我对奥巴马很失望，他在领导方面的问题在于，他怕得罪人，不敢让某些人卷铺盖走人。我从来都不会让这种情况发生在苹果。"

艾萨克森和乔布斯的这次谈话持续了约两个小时，就在艾萨克森准备离开时，乔布斯叫住了他说："你稍等。"他缓了一两分钟才说道："不瞒你说，我对于让你为我写传记充满了恐惧。"艾萨克森问："那你为什么还同意呢？"乔布斯回答说："我想让我的孩子们了解我，让他们知道为什么我总是没有时间陪他们，也想让他们明白我所做的是什么样的事情以及对这个世界的影响。我知道，在我死了之后，肯定会有人写关于我的书，可他们并不了解我，与其那样，倒不如让你写，至少让大家听到我真正想说的话，了解我到底是个什么样的人。"

在 2011 年的夏天，乔布斯的身体状况不断恶化，他清醒地意识到，自己再也不能回苹果当 CEO 了。于是，辞职被提上日程。他不想离开苹果，这是个不争的事实，他多次和妻子、艾维等就辞职进行讨论，最后决定为苹果贡献自己的最后一份力量，那就是以身作则为如何进行权力移交做一个榜样，他说："苹果在过去 35 年中的权力移交都是惊天动地的，好像是在第三世界国家一样。这不是我希望的。我的目标是打造一家全球最好的公司，而有序的过渡对于这种公司的打造尤其重要。"

经过一番思量，乔布斯最终将过渡时机选在了 2011 年 8 月 24 日的董事会例会上。乔布斯非常重视这次交接仪式，他坚持要亲自宣布这个消息，而不是通过邮件或电话。这让他在几天前就开始强迫自己吃东西，以增加体力。

8 月 24 日上午 10 点多，乔布斯坐着轮椅秘密地来到了董事会的会议室。当时，董事会成员对于乔布斯的来意都已经心照不宣，但是却没有任何一个人愿意直奔主题，他们像往常一样，首先听取了蒂姆·库克和首席财务官彼得·奥本海默关于本季度业绩和未来一年情况的报告，然后，乔布斯平静地说："我有一点私人的事情需要宣布。"会议室里安静下来，所有人都直直地盯着乔布斯，暗想着"这一刻终于要来了"！蒂姆·库克感受到了现场气氛的压抑，问道："需要我和其他高管出去吗？"乔布斯略微停顿了一会儿，点了点头。于是，会议室内只剩下了 6 位外部董事。乔布斯开始展示自己对于苹果最后的爱："我曾说过，如果某天我无法继续履行 CEO 的职务了，如果某天我无法满足大家对于这一职务的期待了，会第一个告诉你们。不幸的是，这一天来了。"这是一封绝对称得上简短的信，里面只有 8 个句子而已，然而，就这 8 个句子，乔布斯却反反复复修改了好几个星期。在信中，乔布斯建议由库克接替自己，并希望自己可以继续担任董事会主席。最后，乔布斯动情地说道："我相信苹果在未来会更加灿烂，更有创造力。我期待着以一个全新的身份关注它的成功，并为之贡献自己的力量。"

随着乔布斯最后一句话的结束，会议室里陷入了长久的安静。最后阿尔·戈尔打破了僵局，他总结了乔布斯自 1997 年回归苹果后的各种成就。接着米基·德雷克斯勒补充说："史蒂夫在苹果做的变革是我在商界看到过的最不可思议的事情。"亚瑟·莱文森也高度赞扬了乔布斯为平稳过渡而做的努力。坎贝尔在会议上没有发表任何言论，但是在董事会正式同意了乔布斯的移交申请后，他的眼圈红了。

中午的时候，菲尔·席勒和另一位设计师向乔布斯展示了一些正在研发中的产品，这引起了乔布斯的极大兴趣，他不断地提出各种问题和想法来打击他们。乔布斯对于一款语音识别软件的兴趣特别浓厚。他像个好奇宝宝一样问那个软件："帕罗奥图现在是什么天气？"软件给出了正确答案，乔布斯又尝试了一些其他问题，软件都回答正确，这激起了乔布斯的恶作剧心理，他问道："你是男的女的？"软件机械的声音响了起来："他们没有给我确定性别。"乔布斯被逗乐了，离开苹果的忧郁也被暂时的冲淡。

当聊到平板电脑时，有位苹果的员工兴奋地告诉乔布斯："惠普突然决定退出这个领域，因为他们发现自己根本就没法跟 iPad 竞争。"出乎众人意料，这一好消息不仅没有让乔布斯兴奋不已，反倒还让他难过起来，他说："这其实应该是一个悲伤的时刻。休利特和帕卡德花费毕生心血创立了一家优秀的公司，然后把它传给了一个他们认为可以信赖的人，现在这家公司却随时可能分崩离析，这难道不悲哀吗？"他沉默了一会儿，又低声说："我真希望自己可以留下更强大的遗产，这样惠普的惨剧就不会在苹果重演了。"现场再度陷入沉默，众人都在思考着这番意味深长的话。是啊，没有了乔布斯，苹果将何去何从？乔布斯离开时，董事会的每个成员都过来和他拥抱告别。

在苹果办完相关事宜的乔布斯回到家后，鲍威尔和孩子们为他举行了一个小小的庆祝仪式，这抚慰了他因失权而冰冷的心。当天晚上，艾萨克森来访，乔布斯谈到了此时的感觉："我曾经有过很伟大的事业，有过很幸运的人生，我已经做了自己能做的一切。"

有时，他会坐在屋后的花园里，思考死亡。他说："我有时相信上帝，有时又不信。大部分的时候，我都相信有我们看不见的存在。我宁愿相信一个人死后，还会有其他东西存在，比如由生命经历积淀的智慧。如果这些东西都随着人的死亡而不见了，会感觉怪怪的。所以我宁愿相信，会有些东西留下来。当然了，也有可能，就好像开关一样，人一死什么都没了。这可能也是我不喜欢给产品加开关的原因吧。"

　　2011 年 10 月 4 日，苹果发布 iPhone4s，乔布斯蜷在床上观看了整个发布会。第二天，在家人的陪伴下，乔布斯平静地离开了这个世界，享年 56 岁。苹果官网第一时间公布了这个消息，并在首页贴出了乔布斯的遗像。

　　一代科技巨星陨落，但正如臧克家所说："有的人活着，他已经死了；有了人死了，他还活着……"

乔布斯的遗产

一个伟大的传奇故事

"今天，世界失去了一位有远见卓识的人物，科技界失去了一位标志性的传奇人物，"

——戴尔公司 CEO 迈克尔·戴尔听闻乔布斯去世的消息后，如是说

2011 年 10 月 5 日，乔布斯带着他改变世界的梦想离开了这个世界。

他 21 岁倾其所有创立苹果公司时，可谓一穷二白，可是离开这个世界的时候，持有的苹果和迪士尼的股票价值 46 亿美元。他一次次在绝境中奋起，在逆境中前进，他用勇往直前和百折不挠的精神留给世人一段鼓舞人心的传奇故事。

乔布斯的一生是坎坷而不平的。他是私生子，还未出生已经注定了要被遗弃的命运。"我觉得被抛弃这件事，只会让我更加独立。"对于被遗弃这件事，乔布斯曾经这样说。是的，被遗弃只是让乔布斯更加独立而有思想。他在上初中的时候，就用自己坚定的意志让父母同意搬家；在上大学的时候，就独立决定要去昂贵的里德学院上学；在仅上了一个学期大学之后，就决定退学……可以说，乔布斯一直都在完全按照自己的意志行事。

他目标非常明确，且有实现目标的决心和勇气。

他痴迷禅宗。为了挣到足够的钱去印度进行精神之旅，从未有过正式工作经验的他，一身嬉皮士的打扮就来到当时炙手可热的雅达利公司，并扬言说："得不到一份工作，我是不会离开的。"要知道当时雅达利的招聘启事上标明的条件是有在大公司工作的经历，乔布斯显然不符合这一条。可就是这样的勇气和决心让乔布斯获得了生平第一份正式工作。

苹果公司的诞生更是乔布斯勇往直前的见证。当时除了 Apple I 的主板外，乔布斯什么都没有，甚至这个主板也不是乔布斯设计的。可是没有资金、没有销售渠道、没有员工、没有办公室的苹果公司还是在乔布

斯的坚持下成立了。苹果公司的成立资金是乔布斯和自己的合伙人沃兹砸锅卖铁筹来的，乔布斯卖掉了自己最值钱也仅有的财产——一辆大众汽车；而沃兹则卖掉了自己的惠普 65 计算器。

　　苹果公司的第一单生意也是乔布斯凭借自己的激情和勇气拉来的。Apple I 在制造好后，曾经在一个俱乐部上展示过。这次展示没有吸引到电脑发烧友，倒是引起了一个电脑销售商的注意。在展示结束后，电脑商给了乔布斯和沃兹一张名片，淡淡地说："保持联系。"结果第二天，乔布斯光着脚就冲进了那个电脑商的办公室，说自己来和他联系了。乔布斯的激情打动了这个电脑商，他决定订购 50 台 Apple I。这在苹果公司的发展史上可是个大事件，每当回忆起这件事的时候，乔布斯的好友和合伙人沃兹总是说："那是苹果发展的历程中，最大的一笔生意。"

　　有人说：要看一个人，不应只看他在顺境中如何得意，更应看他在逆境中如何崛起。

　　苹果公司成立于 1976 年的愚人节，这似乎注定了乔布斯要受到自己一手创办的公司的愚弄。

　　1985 年，也就是在苹果公司创办 9 年后，乔布斯遭遇了人生中的最大挫折，他被自己千方百计招聘来的 CEO 赶出了自己一手创办的公司。而这一年，乔布斯刚满 30 岁。

　　30 岁本应是人生的巅峰时刻，可乔布斯却不得不独自品尝着被驱逐的苦酒。被踢出苹果后，忧郁、彷徨、无助各种情绪困扰着乔布斯，他不明白自己怎么就走到了这一步。他和自己当时的女友去了欧洲，试图通过游历减轻伤痛。在欧洲，他经常会一个人骑着自行车出去，他在佛罗伦萨还认真地研究了当地建筑材料的质地，甚至专门留意了一下那里的铺路石，它们来自托斯卡纳小镇附近费伦佐拉的一家采石场。就像乔布斯当年退学后，选修的书法让他在麦金塔电脑上预置了很多字体一样，这次对于石头的无意关注，后来被乔布斯利用到了苹果零售店里。苹果零售店大部分店面的地板用的都是这家采石场的砂岩。由此可见，即使是在绝境中，即使已经被苹果驱逐，乔布斯仍然眷恋着苹果，仍然怀揣着改变世界的梦想！

　　乔布斯的消沉并没有持续很长时间，他改变世界的梦想仍然存在，他研制电脑的激情仍然火热，于是，很快他就重新找到了奋斗的目标，重燃了斗志。他决定要成立一家名字为 NeXT 的电脑公司，正如公司名字所昭示的，他要重新开始，奔赴人生中的下一站。

他决绝地卖出了手中持有的苹果的几乎全部股票，只留下了象征性的一股，他的说法是，如果自己愿意，还可以参加董事会。他利用出售股票得到的资金，很快成立了新公司 NeXT。第二年，他又购买了一家公司皮克斯。

如果说成立 NeXT 电脑公司还在众人意料之中的话，购买皮克斯就大大出乎众人意料了。要知道，在购买皮克斯之前，乔布斯从来没有接触过动画产业，估计他和动画最密切的联系也就是小时候看的动画片了。可是这样一个对动画一窍不通家伙却毫不犹豫地购买了一个动画公司。

这就引出了作为决策者必须具有的另一项能力，那就是对于产业发展趋势和发展方向的精确预测，也就是要具有超前的眼光。

在这一点上乔布斯无疑是优秀的。他早在苹果公司成立之前，沃兹刚做出第一个 Apple I 主板的时候，就预见到 Apple I 代表着电脑产业的发展潮流和趋势；而这一次，乔布斯无疑又预见到了动画产业的发展趋势。

后来，乔布斯回忆购买皮克斯的动机时说："我看到动画的时候，有和在施乐看到图形用户界面同样的感觉。我知道在动画方面他们走在了别人前面。"

这种对于产业未来发展趋势的预测，让乔布斯总是走在时代前沿，占有了竞争优势，而这也成了乔布斯成功的法宝之一。

当别人可能还在逆境中痛苦、彷徨、迷茫的时候，乔布斯已经走出了逆境，一下子拥有了两家公司。这就是乔布斯不同于常人的地方，他有超前的眼光、一往无前的勇气、顽强不屈的意志力和明确的目标，并且为了实现目标，乔布斯愿意付出努力。这种一往无前的勇气，有时甚至让人觉得带有赌徒的性质。

皮克斯冒险上市就是乔布斯赌的最大的一次。当时，皮克斯和迪士尼合作制作的动画片《玩具总动员》大获成功，乔布斯决定在《玩具总动员》上映一周后，让皮克斯公司上市，而且是高价上市（本来确定的股票价格是每股 14 美元，但是乔布斯坚持将每股的价格提高到了每股 22 美元）。这对于皮克斯公司来说，风险是巨大的，要知道，皮克斯公司已经成立 10 年了，但是这 10 年间没有一年是获得很大赢利的，谁会愿意买一个从来没有明显赢利的公司的股票呢？这还真是应了哈姆雷特那句经典的台词："生存还是毁灭，这是个问题。"

但是，乔布斯赌赢了，开盘后不久，皮克斯的股价就飙升到了45美元，甚至因为买盘太过而不得不延迟进行交易，乔布斯拥有的皮克斯股票的价值也一下达到了12亿美元。而就在上市之前，乔布斯还处于破产的边缘，转眼之间他再次成为了亿万富翁。

命运的天平终于向乔布斯倾斜了，上天终于给了这个命途多舛的弃儿应得的回报。可是，与其说这是上天对于乔布斯的馈赠，不如说这是乔布斯自己奋斗、拼搏来的成功。他顽强不息的奋斗精神、对于完美的苛刻追求、改变世界的激情、超前的眼光，真正地奠定了他成功的基石，也谱写了他精彩的人生传奇。

在皮克斯的成功上市让乔布斯从濒临破产到再次成为亿万富翁时，乔布斯接受了《纽约时报》约翰·马尔科夫的采访。在采访中，他对于自己资产的剧增浑不在意，他说："钱对我来说意义不大，我的未来不需要游艇，我做这个从来不是为了钱。"

自从开始创业，乔布斯就很少考虑赚钱的问题，他更多的时候，考虑的是改变世界。对于他来说，赚钱远没有改变世界有吸引力。

在苹果公司成立之初，乔布斯曾经去硅谷著名的风投聚集地寻求风险投资。在那里他见到了素有"硅谷风投教父"之称的唐·瓦伦丁。瓦伦丁见多了怀揣着发财梦创业的人们，他问乔布斯："你的梦想是什么？"他以为乔布斯会像很多人那样回答说："成为百万富翁。"然而乔布斯毫不犹豫地回答："我想改变世界。"瓦伦丁看着这个一穷二白的年轻人，为他的理想所震惊，他觉得眼前这个小伙子要么就是个自大狂，要么就是个超级人才。

1980年12月12日，运转良好的苹果公司正式上市了。刚一开市，苹果公司460万的公开股在几分钟内就被抢购一空，一天之内股票价格上涨了32%。这次上市成了有史以来新股上市最成功的一次，也是自20世纪50年代中期福特汽车公司公开上市超额认购以来，超额认购数量最大的一次。苹果公司一夜之间成就了300多个百万富翁，而乔布斯更是一跃成为了身家2.56亿元的亿万富翁。

乔布斯曾经这样回顾过自己一夜暴富的感受："当我23岁的时候，财富达到了100万美元；在我24岁的时候，财富达到了1000万美元；而在我25岁的时候，财富则达到了1亿多美元。"世界上有资格说这句话的人没有几个，而乔布斯肯定是其中之一。

就像在皮克斯上市后，乔布斯说的那样，财富的多少并没有很大地影响乔布斯的生活。乔布斯的儿子里德·乔布斯总是称乔布斯的好友、甲骨文 CEO 拉里·埃里森为"我们的大款朋友"，可见乔布斯是多么不愿意炫富。乔布斯曾说："我认识的很多 CEO 都有保镖，有的甚至在家里都有保镖，那样的生活太变态了。我不想那样养大我的孩子。"他还说："我见到苹果公司的一些人在赚到钱后，就改变了自己原来的生活方法，这不是我想要的。我答应过自己，不会让钱毁了我的生活。"

这种不追求物质享受的生活方式，可能源于他痴迷的禅宗，禅宗让他认为物质只是把生活充满而不使之充实。不论这种生活方式的来源何在，他都让乔布斯更加专注于自己的理想——改变世界。

作为乔布斯创办的第一个公司，苹果始终承载着乔布斯改变世界的梦想。

在苹果逐步走向没落的时候，乔布斯很伤心，他曾经黯然地说："斯卡利引进下三滥的人和下三滥的价值观，把苹果给毁了。他们只在乎怎么赚钱，而不在乎如何制造出出色的产品。"的确，没有了独特而出色的产品做支撑，苹果公司就没有了区别于其他公司的优势，没落也就必然。

1997 年苹果没落，乔布斯在阔别 12 年后重新回"家"，他每年只象征性地拿 1 美元的薪水（乔布斯说，这 1 美元的薪水，一半是基本工资，另一半要看工作表现来决定拿不拿），却竭尽所能地拯救苹果，因为那是他改变世界最初的战场。罹患癌症后，乔布斯曾说："癌症应该就是在1997 年患上的，因为那时候我需要皮克斯、苹果两头忙。自那时起，我的免疫系统就非常弱。"

在乔布斯回归苹果之前，他和自己的好友甲骨文公司 CEO 拉里·埃里森有这样一段对话，充分地体现了两个人的追求是多么不同。

埃里森建议乔布斯通过收购的方法重回苹果，而乔布斯则不赞成这样的方法，他更愿意通过苹果购买 NeXT 而重回苹果。乔布斯对埃里森说："你看，拉里，这样一来，即使你不收购苹果，我也能重新回到苹果。"埃里森说："但是史蒂夫，我不明白这样做的话，我们怎么赚钱呢？"乔布斯把拉里拉到自己跟前说："拉里，这就是我对你来说很重要的原因。你要那么多钱干什么？"埃里森嘀咕着说："可能我是不需要这些钱，可是为什么要让富达的那些基金经理赚到这些钱呢？"由此可见，乔布斯回归苹果的动机，与其说是赚钱，不如说是改变世界。

改变世界的愿望是如此地强烈，以至于有时，乔布斯会为了这个理想而采取一些和赚钱的商业法则相悖的行为。

Palm 公司 CEO 和 Handspring 公司创始人唐娜·杜宾斯基自哈佛商学院毕业后曾经在苹果公司工作过一段时间。她谈到过这样一件事：当时杜宾斯基正负责打印机从分辨率为 300dpi 向 1200dpi 的转换工作。对于哪些旧的库存是要降低价格处理掉，还是从那些想要特价品的顾客身上赚钱，她征求了乔布斯的意见。乔布斯的答案是："把它们直接从产品清单上划掉，人们需要买新的，不需要旧的。"从商业赚钱的角度来看，乔布斯的这一选择无疑是错误的，但是正是这种不考虑金钱因素的思考模式，成就了乔布斯改变世界的梦想。

不考虑金钱的态度，成就了乔布斯追求残酷完美主义的天性，让他更加关注顾客的用户体验，而这种从用户体验出发的设计观点，正是苹果公司区分与其他公司的个性之处，也是苹果公司成功的基石和必不可少的要素，它成就了乔布斯改变世界的梦想。

汲汲于金钱的人，总是会被眼前的利益所蒙蔽而舍弃长远利益；不考虑金钱的人，却往往能够高瞻远瞩地看到长远利益，从而获得巨大的收益。乔布斯用自己的亲身经历告诉人们：好产品才是赢利的关键，只有做好了产品，才会真正地赢利，永久地赢利；只关注赢利，而不专心做好产品的公司是没有未来的。

他，21 岁时拥有了自己的公司，30 岁时被自己一手创办的公司赶出门外，当年创立一家公司，第二年购买一家新公司；他，25 岁时成为亿万富翁，40 岁时处于破产边缘，56 岁辞世时所持股票价值 46 亿美元；他 42 岁时重返踢自己出门的公司，在世界范围内掀起了电脑革命、音乐革命、手机革命……他的一生就是一部不屈不挠的顽强奋斗史。

他很少关注金钱，自 1997 年重返苹果后，不论股价是涨是跌，他从来没有抛售过持有的股票。

他是一个还未出生就已经注定要被抛弃的孩子，他的生命中始终贯穿着被遗弃这个主题，但是他从未放弃过与命运的抗争。

他是一个创造者，他是一个斗士，他是一个传奇……

改变世界的苹果

"感谢史蒂夫,是你让我看到了我做的能够改变世界。我永远想念你。"

——Facebook 创始人马克·扎克伯格在听闻乔布斯去世的消息后,如是说

苹果公司刚成立,乔布斯去红杉资本寻求风险投资的时候,曾说过:"我的梦想是改变世界。"乔布斯是带着改变世界的梦想创立苹果公司的,苹果始终承载着乔布斯改变世界的梦想。

乔布斯创立了苹果,而苹果成就了乔布斯改变世界的梦想。

苹果改变世界的步伐是从苹果公司的另一创始人——沃兹研制的一块电路板开始的。

当时,电脑还是黑客们热衷的玩意,没有人认为电脑会像厨房的烤箱那样走进千家万户。然而苹果公司的 Apple I 让这一切成为了可能。Apple I 改变了人机互动的模式,将人们从枯燥而讨厌的二进制中解放了出来,它最早定义了现代的人机交互方式。Apple I 不是世界上第一台个人电脑,但它绝对是世界上第一台容易操作的电脑。在 Apple I 之前,MITS 公司 1975 年初推出的 Altair 8800 非常受电脑迷追捧,但是 Altair 8800 操作起来非常麻烦,因为它用的是传统的二进制计算机语言。而相对来说,Apple I 的操作方式就简单的多了,只要连上键盘和显示器就可以了。Apple I 改变世界的另一个地方在于,它配备了屏幕和键盘,正如 Apple I 的研发人沃兹所说:"在 Apple I 之前,所有电脑都有一个难懂的前面板,没有屏幕和键盘。在 Apple I 之后,所有电脑都有了屏幕和键盘。"而 Apple I 所有这些与其他电脑的不同之处,都成就了乔布斯对于电脑的定位——全功能消费品。全功能消费品这一概念,为电脑走进普通百姓家奠定了基础。

如果说 Apple I 是苹果改变世界的前奏,那么 Apple II 就是苹果改变世界的小试牛刀之举了。

它是一款值得彪炳史册的电脑,彻底改变了人们对于电脑的印象;它采用了漂亮的塑料外壳代替笨重而粗糙的铁制或木质外壳;它第一次没有使用风扇散热;它是第一款使用英特尔动态内存的电脑;第一款可以玩彩色游戏的电脑;第一款配备有游戏控制键的电脑;第一款具有高

分辨率图形功能的电脑。正如乔布斯所说："苹果二代最伟大的意义在于它是一台成品电脑，而不再是一堆零部件的组合了。"

在多年以后，沃兹依然骄傲地说："即使现在你从 eBay 网上买一台二手 Apple II，它也仍然能正常工作。"

Apple II 的成功是可以预见的，它在发布会当天就收到了 300 份订单，这比 Apple I 在过去一年内的总销量还大。它采用的塑料机箱，让它从那些笨重、粗糙的金属机箱和木质机箱中脱颖而出，让计算机初步具备了个人消费品的味道，拉近了电脑和消费者之间的距离。在 6 年后，Apple II 成为了历史上第一款销售过百万的电脑。

承载着乔布斯改变世界梦想的苹果公司第一次改变了世界，拉开了个人电脑的第一个黄金时代。

如果说 Apple I 和 Apple II 更多的是从使用的简便性和功能性重新定义了个人电脑，那么麦金塔电脑就是从人机互动的友好性方面重新定义了个人电脑。

在雅达利公司，乔布斯第一次认识到了用户友好性的重要性，他非常欣赏雅达利公司乒乓游戏的游戏规则"投入硬币——躲开克林贡人"。这种"友好"的概念深深地影响了乔布斯。

1982 年，苹果寻找总裁时，乔布斯曾经和自己心仪的总裁人选斯卡利一起共进午餐。当时还是百事可乐总裁的斯卡利抱怨说，现在大多数计算机用起来都太麻烦了，带来的麻烦比用处还多。乔布斯回答了这样一句话："我们想要改变人们使用计算机的方式。"

乔布斯一直都在致力于改变人们使用计算机的方法，他认为计算机向人们透露出的信号应该是友好而有趣的。他的这一理念，不论是在被苹果踢出去之前，被苹果踢出去之后，还是回归苹果之后，始终如一。他一直向人们强调"友好"的概念，而在他之前，从来没有人知道计算机的友好应该是怎样的。乔布斯对于"友好"这一概念的追求深深地融进了苹果公司的基因中，成为了苹果公司区分与其他公司的特征之一。

乔布斯第一次对于友好概念的应用是在 Apple II 上，他认为电脑应该是一款像烤箱一样的消费品，这就拉近了电脑和使用者的距离。很快乔布斯对"友好"这一理念有了更深的理解，这得益于对施乐公司的参观。

当时是苹果公司上市前夕，施乐公司以参观施乐为条件，获得了购买苹果股票的资格。这次投资从经济效益来说，施乐是成功的，它仅投入 100 万美元却获得了 3000 万美元的收益，但是从知识产权来说，它却是损失惨重的，因为它独有的图形用户界面技术和鼠标概念遭到了外泄。

乔布斯第一次见到图形用户界面技术的时候，就兴奋地跳了起来，因为他敏锐地察觉到了这项技术代表的人机友好互动的概念，是电脑产业未来发展的趋势，有了这项技术，人们再也不用与繁冗的命令符和 DOS 指令直接打交道了。回到苹果后，乔布斯将这两项技术应用到了丽萨电脑和麦金塔电脑上，但是因为半路被踢出丽萨，所以麦金塔电脑更多地体现了乔布斯秉持的人机友好互动理念。

负责制作麦金塔图形用户界面的工程师柯戴尔·瑞茨拉夫说："乔布斯会一个像素一个像素地查看屏幕，确保图像准确对齐。"瑞茨拉夫负责设计的滚动条在整个图形用户界面中并不是特别重要，但即使是对于这些不起眼的部分，乔布斯也坚持要做到完美，坚持应该有比较艺术化的视觉效果。

乔布斯这种对于细节完美的苛刻追求，形成了其独特的个人风格，也深深地影响了苹果公司。

1997 年乔布斯回归苹果后，这种对于"友好"的追求有增无减。在研发 iPod 时，乔布斯认为当前市面上的音乐播放器都太复杂了，大部分人都搞不懂自己的播放器到底有哪些功能，有些功能都不知道怎么用，所以他决定，尽可能地简化 iPod 上的按键和功能，甚至连歌曲播放列表也只能在电脑上完成制作，再同步到 iPod 中。

在制造 iPhone 时，为了避免零件之间的合缝刮到用户的头发，苹果规定主要零件的合缝间距不能大于 0.1 毫米，同时，在测试的时候，测试员会拿着 iPhone 在脸颊上来回滑动，以确认没有一根头发会被合缝夹到。

正是这种从用户角度考虑问题的思维方式和追求残酷完美主义的精神，成就了苹果公司一件件让人们惊艳的产品。苹果公司之所以能够坚持这种思维方式和精神，是因为它和它的工作人员始终坚信自己不止是在制造产品，更是在谱写历史，在改变世界。

乔布斯认为，人们不知道自己想要什么，直到你把商品摆在了他们面前。乔布斯说："我记得亨利·福特曾说过：'如果我最初是问消费者他们想要什么，他们应该是会告诉我，要一匹更快的马！'"1984 年 1 月 24 日，麦金塔电脑发布当日，《大众科学》的一位记者问乔布斯在制造麦金塔电脑之前，做过什么类型的市场调查。乔布斯嘲讽地回答说："亚历山大·格雷厄姆·贝尔在发明电话之前做过市场调研吗？"可见，乔布斯将苹果公司和发明了电话、改变了世界联络方式的贝尔放在了同等的地位，这猛地听起来有些狂妄，但是 Apple II 和麦金塔时期的苹果是担得起这个说法的。当时苹果公司凭借先进的技术和无比的创新能力，成功地开辟出一个本来不存在的个人电脑市场，拉动个人电脑产业的发展，这不能不说是很伟大的。如果没有苹果公司，个人电脑时代的到来至少要晚 5 年。

如果乔布斯没有被苹果公司踢走，也许苹果创造历史、改变世界的步伐仍将继续，然而，乔布斯被苹果流放了 12 年。12 年后，当乔布斯回归苹果的时候，电脑产业的面貌已经发生了翻天覆地的变化：原来的领头羊——苹果现在已经没落了，市场份额持续下降，处于破产的边缘，微软夺取了全面的胜利。这让一手创办了苹果，并对它寄予厚望的乔布斯很是伤心。在乔布斯回归苹果前夕，他曾经黯然地说："PC 产业的战争已经结束了，都结束了，微软早就赢了。"

乔布斯回归苹果时面临的就是这样一个产业格局。尽管苹果在 PC 之战中败北，让乔布斯很失望，但是他仍然深爱着苹果，毕竟这里是他改变世界的梦想开始的地方。回归苹果后，乔布斯开始了拯救苹果的大业。

曾经在苹果担任过主任工程师，目前在盛大多媒体创新研究院担任院长的陆坚认为，一个时代人们所穿衣服的颜色和款式与社会风俗、生活观念、人文理念等都有密切关系，中世纪的西方人和建国初期的中国人，衣服颜色上都非常单调。西方在文艺复兴之后，中国在改革开放之后，人们的衣服颜色才变得五彩缤纷起来。他认为，电脑领域也一样，真正的创新应该是改变人们习以为常的现状。

初回苹果的乔布斯，就做了陆坚口中的这类创新者。既然 PC 战争已经结束了，乔布斯认为苹果要想在电脑产业再次取得成功，只有独辟蹊径，开辟出一块新的市场。这时设计师乔纳森·艾维助了乔布斯一臂之力。

艾维一直非常关注电脑的外形和颜色，在乔布斯的支持下，他的很多理念得到实践，于是有了乔布斯回归苹果后第一款改变世界的产品——拥有海蓝色半透明外壳的 iMac。随后苹果又推出了其他四种颜色亮丽的 iMac。

iMac 问世后，乔布斯的老对手比尔·盖茨不屑地说："苹果领先的只是颜色而已，没有什么了不起的，"接着他故意指着一台漆成红色的 Windows 电脑说，"我们很快就能做到。"

然而，就像陆坚分析的那样，乔布斯的这招颜色战略意义就在于打破了人们习以为常的现状，它重新树立了苹果公司潮流、时尚的品牌形象，在年轻一代的消费者圈子里，开辟出了一块市场。

iMac 的成功，将苹果公司拉出了濒临破产的泥潭。没有了后顾之忧，苹果开始在改变世界的道路上大放异彩。

乔布斯曾经说："苹果公司更乐于去定义一个新市场，而不是参与到众多公司为一款前景难料的产品制造生存空间的战争中去。"

苹果公司在定义一个新市场时，更多的时候，凭借的是乔布斯敏锐的眼光，这种眼光让苹果公司总能在看似饱和的市场中，发现商机，开辟出新的市场。

苹果公司 2001 年发布的 iPod，在世界范围内掀起了一场音乐革命，人们不论在世界哪个地方，都可以看到戴着白色耳机听音乐的身影。2007 年，苹果公司发布 iPhone，这款手机自 2007 年 6 月开始发售到 2010 年底，销量达到了 9000 万部，利润占了手机市场利润总额的一半以上，就像乔布斯在手机发布会上说的那样："苹果重新发明了手机。"2010 年，苹果公司推出了乔布斯留给世界的最后礼物，也是苹果公司有史以来最成功的消费品 iPad，它在短短的 9 个月内，销量达到了 1500 万台，重新搅热了平板电脑市场。

其实在苹果公司发布这些产品之前，市场上也有同类商品存在，但是乔布斯一眼就看出市场中充斥的都是二流商品，从而为苹果公司推出同类产品提供了借鉴和定位依据，这样苹果产品的胜出也就不足为奇了。

苹果公司从不和同类商品直接竞争，它总是独辟蹊径地开创出一个新的市场，吸引消费者自己进入这个市场中，可能这才是苹果公司真正的伟大之处吧。

乔布斯曾经说："我的激情在于打造一家可以传世的公司，这家公司里的人动力十足地要创造出伟大的产品，其他一切都是第二位的。"他还说："有些人自称为'企业家'，但是创办企业的目的却是卖掉或在上市后一走了之，我讨厌这样的企业家。他们不愿意花精力打造一家真正可以传世的公司，因为打造一家这样的公司太难了。但是也只有那样，你才能对这个世界有所贡献，为前人留下的遗产添砖加瓦。"

如果说之前，乔布斯一直在做的是从企业文化的角度打造一家创世公司，那么自 2010 年起，乔布斯开始有了具体动作。

2010 年乔布斯心目中的传世公司之———惠普决定弃用库比蒂诺园区，这个园区距离苹果总部不远，所以他悄悄地买了下来，并聘请了他认为世界上最好的建筑公司——诺曼·福斯特爵士的公司来负责园区的规划。他希望这个新建的苹果公司总部可以成为一个传世的项目。他说："我想留下一个标志性的园区，可以体现这家公司的价值观，代代相传。"

2010 年 5 月，苹果公司的市值超过微软，成为了地球上最有价值的科技公司。2011 年春天，苹果公司的股票估价达到了 350 美元，比 1997 年的 3.4 美元，上涨了 100 倍。乔布斯曾经说过："我的目标是打造一家就像迪士尼、惠普、英特尔那样可以传世的公司。"无疑他做到了。

乔布斯时代的苹果改变了世界，后乔布斯时代的苹果能否继续改变世界，我们拭目以待……

魔性与"神迹"

"乔布斯的影响力将继续影响下一代，我以曾和他一起工作为荣。"

——乔布斯终身的对手和朋友比尔·盖茨在听闻其去世的消息后，如是说

2003 年，《连线》杂志曾经召开过一次有 1300 多位前苹果员工参加的聚会，而乔布斯则成了这次聚会谈论的中心。一位与会者回忆说："在大会上，几乎每人都有一个关于乔布斯是个混蛋的故事。"由此可见，乔布斯在众人心目中是多么可恶的恶魔。

而在很多人都对他身上的魔性恐惧的同时，又有很多人觉得乔布斯身上有神的影子，他能让人们完成不可能的事情。曾经为麦金塔团队一员的黛比·科尔曼说："他（乔布斯）会让你完成不可能完成的任务，因为你没有意识到它是不可能完成的。"

有多少人说乔布斯是个混蛋，就有多少人说他让自己完成了不可能的事情，这就是乔布斯，一个既黑且白的人，一个魔性与神性的综合体。

乔布斯经常用自己暴君似的管理风格来对待那些做不好分内工作的员工。苹果的市场经理比尔·库里曾经回忆过这样一件事："有一次，我正在和其他经理开会。乔布斯穿着短裤、光脚穿着跑鞋，就过来了。他对每一个人都不满意，于是就把鞋子一脱，把自己的脚丫子放到了桌子上，用自己的脚底板对着他最讨厌的那个人的脸。"这种率性而残酷的个性始

终伴随着乔布斯。

在麦金塔项目研发期间，有一次，乔布斯通知负责设计图形用户界面的柯戴尔·瑞茨拉夫说，自己一会儿要过去看一下项目进程。瑞茨拉夫赶紧和成员们准备各种接待工作。在准备好后，就惴惴不安地坐在会议室里等待乔布斯的到来。他们设想了很多种乔布斯在看到设计后会有的反应，唯一没想到的是，乔布斯到达会议室后，连看都没有看设计，直接就开始训斥："你们这群业余的废物！你们都是设计 Mac OS 的人吗？"整个设计团队点了点头。"还真是你们啊！"乔布斯的声音越来越高，"你们真是一群饭桶！窗口的样式和操作都太复杂了。打开一个窗口，竟然有 8 种不同的方式，为什么要这么复杂呢？这么多打开方法有什么用处呢？谁会用那么多种方法去打开一个窗口呢？……"原来乔布斯在进入办公室之前，已经看过了设计方案，乔布斯对于这一种设计的不足一口气嚷嚷了 20 分钟，瑞茨拉夫和他的团队感觉自己度过了人生中最难熬的 20 分钟。有人甚至在想，天啊；乔布斯都已经被气成这个样子了，他该不会一气之下把整个团队解散了吧。但是比较了解乔布斯脾气的瑞茨拉夫就比较淡定了，他知道乔布斯发这么大脾气，只是想让员工知道问题所在，并刺激员工更努力地创造出完美的产品。"如果他真想开除我们，直接就行动了，而不会跟我们罗嗦那么多。"瑞茨拉夫后来回忆说。

乔布斯恶魔一般粗暴的管理模式可谓"美名远扬"。

2001 年 4 月，苹果公司新招聘来研制 iPod 的托尼·法德尔要向乔布斯讲解关于 iPod 的提案。法德尔非常忐忑，因为在此之前，他听说过很多关于乔布斯的故事，有很多甚至可以说是骇人听闻的。他在见到乔布斯的时候，感叹说："哇，这就是乔布斯。"由此可见，乔布斯魔鬼似的粗暴管理方式是多么著名。

很多人都觉得在乔布斯手下工作就好像是噩梦一样。苹果的前员工彼得·卡瓦诺说："见到乔布斯就意味着被羞辱，被鄙视。乔布斯所说的所做的都必须是正确的，即便他错了。"

乔布斯的工作伙伴兼好友安迪·赫茨菲尔德说："有时我特别想问史蒂夫一个问题：'为什么你要对人那么粗暴而尖刻呢？'"乔布斯的家人对于这个问题也很好奇，他到底是真的不会温和地对待他人呢，还是他刻意地不让自己温和地对待他人呢？乔布斯自己这样回答这个问题："答案是后者，因为我在这个世界上是独一无二的，你怎么能期望我变成另外一个人呢？"

是的，他就是这么粗暴的一个人，你可以说他是个暴躁的恶魔，也可以说只是太率性了，但是你就是不能奢望他改变。

乔布斯恶魔一般的个性，不仅体现在他粗暴的管理模式上，还体现在他对待要辞退员工的态度上。

乔布斯被驱逐出苹果后创立的皮克斯公司，自1986年成立以来，状况一直不好，当皮克斯的硬件、软件和动画三部分都在赔钱的时候，乔布斯开始了毫不留情的裁员。正如亲历这次裁员的帕姆·克尔温所说："乔布斯对于他们不留一丝余地，说解雇立刻就要执行。"乔布斯决定，立刻开始裁员，且不支付遣散费。克尔温知道这一消息后，请求他至少提前两周告知员工们这个消息。乔布斯说："好吧，但通知应该倒推回两周生效。"

1997年乔布斯回归苹果后，面对着千疮百孔的苹果，做得最多的一件事就是裁员。于是有了关于恶魔乔布斯的段子。一天，一个倒霉蛋进了电梯，发现乔布斯也在电梯里。乔布斯问："你叫什么名字？在那个部门工作？"员工因为紧张磕磕巴巴地回答："我叫某某某，在某某某个部门工作。"乔布斯紧盯着那个人的眼睛："你工作的重点是什么，对公司有什么价值，对未来有什么计划？"本来就很紧张的员工在乔布斯紧迫盯人的目光下，更紧张了，根本就没听清乔布斯问的什么，于是支支吾吾半天也没有说出什么来，于是他听到了乔布斯最后一句话："你明天不用来上班了。"这则关于乔布斯电梯裁人的段子在苹果公司内流传甚广，甚至有的员工听闻这个段子后，宁愿走楼梯也不愿坐电梯。这则关于乔布斯的段子固然有夸张的成分，但它充分体现了乔布斯在裁员时的冷酷无情。

2005年，因为苹果中国的销售队伍存在不按总部规范操作的现象，所以出现了著名的"大换血"事件。上任不到半个月的苹果中国区总经理、苹果电脑公司主管亚太区的副总裁、中国区渠道总监，华东、华南及西南三个区域的总经理等多名高管，在同一天被集体免职。

乔布斯就是这样的雷厉风行，当为了苹果公司的利益需要化身为魔的时候，乔布斯从不犹豫。

偶尔，乔布斯也会反省自己。他说："有时候，我也觉得自己太严厉了。我知道每个人背后都有一个家庭，他的失业可能会给家庭带去很大的影响，但是我认为我必须时刻保证自己的团队是最优秀的，这就让我不能有丝毫的仁慈心理或优柔寡断。"

对于自己恶魔一般的粗暴，他曾经这样自白："我不认为直接地指出别人的错误是一种残暴的行为，我觉得直接地告诉他，是我的责任。因为我知道自己在干什么，而且通常情况下我都是对的。彼此坦诚相对是我一直想在公司里建立的文化，诚实到残酷的地步，这就是我追求的。我觉得任何人都可以走到我面前说'史蒂夫，你做的就是一坨狗屎'，同样，我也可以这样说别人。我们会为了某些问题激烈地争吵，但那些记忆于我而言，都是美好的。当我对着某人喊着'你做的这个东西就是一坨狗屎'的时候，我没有什么恶意，只是想刺激他做得更好而已。我工作中的原则就是：你得超级诚实，不能存在任何虚伪的成分。也许有其他更好的方法，比如像个穿西装打领带的绅士那样，操着上等人的语言讲道理，但那不是我的方法，我就是这个样子。"

这就是真实的乔布斯，诚实而残酷着。

乔布斯恶魔一般的个性，还体现在他对于别人创意和想法的掠夺上。

乔布斯第一款让世界惊艳的产品是麦金塔电脑，但是知道内情的人都认为：杰夫·拉斯金才是真正的麦金塔之父，乔布斯充其量也只是麦金塔的养父，是乔布斯硬生生地从拉斯金手中将麦金塔项目抢了过来。

在乔布斯抢走麦金塔项目之前，拉斯金曾经给当时苹果的 CEO 迈克·斯科特发过一封言辞激烈的备忘录，在备忘录中，拉斯金说："他很少赞扬别人，对于别人的建议，他通常的做法就是贬得一文不值。即使听到了很好的建议他也是如此。不过，事后，他会到处宣扬这个想法，好像这个想法是他自己的。"

作为和乔布斯有长期合作关系的广告公司，TBWA\Chiat\Day 广告公司的李·克劳对这一点也深有体会。在制作 iPod 的广告时，李·克劳的团队制作了两个不同的版本，其中一个较为传统，就是白色背景中放在一张 iPod 的特写，另一个方案很时尚，充满符号感，是一个年轻的身影耳朵中插着 iPod 标志性的白色耳机，身体在随着音乐摇摆。乔布斯看到两个方案后，本来选定的是第一个方案，他认为第二个方案不能展示产品。李·克劳给出了自己的意见，选择第二个方案，但是加上一句广告语，"把1000首歌装进口袋"。乔布斯听后改变了主意，选用了第二种方案。于是，很快乔布斯开始声称这是他的创意，他到处宣扬要推出更多符号化的广告。乔布斯回忆说："我听到一些怀疑的声音：'这样的广告怎么能促进 iPod 的销售呢？'我决定发挥 CEO 的作用，支持这个创意。"

曾经是麦金塔团队一员的巴德·特里布尔也曾经有过这样的经历，他说："史蒂夫的很好或糟糕都是暂时的，他今天认为很好，明天就可能认为很糟糕。有时，你告诉了他一个想法，他立刻进行了激烈的批判，可是过一段时间之后，他又会四处宣扬这个想法，好像这是他自己想出来的。"

乔布斯回归苹果后，拉动苹果运转的三驾马车之一，同时也是乔布斯亲密战友和好朋友的艾维也曾经对于乔布斯的这种抢劫别人灵感的做法感到不满。

艾维身上有艺术家的敏感，艺术家都非常重视保护自己的作品和创意，乔布斯这种抢劫灵感的做法，让艾维很受伤。他说"他（乔布斯）在听过我的一些想法后会否定说：'糟透了，这个想法一点意思都没有。'但是不久，他就会在其他场合提出这个想法，好像这个想法是他想出来的。我很重视自己的创意，经常会有一些奇思妙想随手记在笔记本上。当史蒂夫这么做的时候，我就会觉得很受伤。"当不知情的人将苹果公司的创新完全归功于乔布斯时，艾维有时也会生气，但是同时艾维非常感激乔布斯的知遇之恩，他说："很多公司不是没有创意，而是被淹没在了繁多的流程中，但在苹果不会这样，史蒂夫会催促我们尽快把这些创意付诸实践。"

对于乔布斯身上的粗暴而残酷的魔性，不同人有不同的看法。

微软创始人之一保罗·艾伦认为，很多时候乔布斯对员工发脾气，都只是一种策略，只是在演戏，目的就是为了促使员工做得更好。

曾经在皮克斯工作过的一位员工说："史蒂夫确实对我们很凶，但是同时他给予了我们最大程度的信任。很多时候，我们很怕他生气，因为他生气通常代表着我们辜负了他的信任。"

可能这才是更多人面对乔布斯怒气时候的心态吧。因为，很多被乔布斯训斥的人都发现，乔布斯是对的，就像苹果的一位副总裁说的那样："史蒂夫好像天生就是一个超级优秀的消费者，他能够一眼看出产品中不人性化的地方，然后对它进行激烈的批评。这种批评可能会让人觉得不舒服，但是它可以有效地提醒和敦促被批评者进行改进。这是乔布斯最常用的一种管理方式。"可能这也解释了为什么很多人都抱怨乔布斯粗暴的管理模式，但是实际上苹果公司的离职率却很低。

2004 年 1 月，乔布斯与迪士尼合作的关系破裂，乔布斯告诉皮克斯的员工们这个消息时，员工们的情绪很低沉。乔布斯向大家解释了不再继续合作的原因，并保证作为一家有标志性意义的公司，皮克斯一定会继续走向成功的。在乔布斯这番讲话之后，员工们一扫低沉的情绪，又全身心地投入了工作中。在皮克斯工作了很久的奥伦·雅各布亲身经历了那一刻，他说："乔布斯身上有一种绝对的能力让你去相信他。本来还很沮丧的我们，突然之间都有了信心。他让我们相信，不论发生什么，皮克斯都一定会成功的。"

乔布斯就是有这样一种创造奇迹的能力，他像神一样，似乎是无所不能的。关于他的这种创造奇迹的能力，很多人称为现实扭曲力场。对于这种能力的来源，乔布斯的工作伙伴和好友赫茨菲尔德说："乔布斯认为有些人是特别的，比如爱因斯坦、甘地以及他在印度遇到的导师等，他认为自己也是其中之一，自己是被上帝选中并受到启示的。"

曾经为麦金塔团队一员的黛比·科尔曼说："当乔布斯想让你完成一件事情时，他会目不转睛地盯着你，给你施加巨大的压力。那时就算摆在你面前的是一碗毒药，你也会如他所愿地喝下去的。"她认为，乔布斯这种能力是充满力量的，它让乔布斯可以激励自己的团队。

不论这种能力来源于哪里，它确实让乔布斯创造了很多的"神迹"。

1994 年起，苹果开始使用由 IBM 和摩托罗拉联合生产的 PowerPC 芯片，刚开始几年里，这种芯片确实比英特尔的芯片快，但是到 1997 年的时候，它已经明显落后了。乔布斯回到苹果后，果断地停止使用这种芯片，而换用了英特尔的芯片。你可能会问，这就是小事一桩，有什么了不起啊？了不起的在于，乔布斯让苹果公司在"换心"的同时，几乎一拍都没落下。电脑界的另一个天才、乔布斯的老对手——比尔·盖茨对于乔布斯的这一点钦佩不已，他说："换掉微处理器芯片，同时一拍都不能落下，这听起来是不可能的，但他们基本做到了。"乔布斯就是有这种能力，创造出让对手都拍案叫绝的奇迹。

乔布斯讨厌开关键，所以当苹果公司在制作 iPhone 时，乔布斯给自己的团队下了死命令：iPhone 手机面板上只能有一个控制键。设计师和工程师们绞尽脑汁也想不出如何用一个控制键完成所有操作功能，他们一次次地跑到乔布斯面前，告诉乔布斯说："这是不可能完成的。"乔布斯都置若罔闻，只是强调说："iPhone 上将只有一个按键，你们去设计吧。"在碰了 N 次壁后，设计师们终于设计出了乔布斯要求的只有一个按键的手机。这种只有一个按键的设计还延伸到了后来的 iPad 上。苹果公司的很多创新都是被乔布斯逼出来的，乔布斯就像神一样，指引着苹果前进的方向。

2010 年 6 月，就在苹果发布 iPhone4 后没几天，人们就发现当用手拿住手机两边的金属缝时，信号会丢失，于是引起了苹果危机公关上非常有名的"天线门事件"。乔布斯召开了新闻发布会说明情况。在发布会上，乔布斯没有像大多数道歉者那样卑躬屈膝，也没有道歉，而是表示苹果理解这个问题并会尽力改正。他说："金无足赤，人无完人，这是每个人都知道的。我们的手机不是完美的，我知道，但是我们努力地想要用户满意。"他同时表示，如果消费者确实对自己的 iPhone 4 不满意，苹果接受退货，如果消费者不想退货的话，可以免费获得苹果提供的胶套。对于乔布斯这种既没有责令召回也没有卑躬屈膝地道歉的行为，大多数消费者竟然觉得乔布斯是对的。结果 iPhone4 的退货率只有 1.7%，远低于 iPhone3GS 和其他大多数手机的退货率。不仅如此，人们对于 iPhone4 的热情似乎不降反升，原有存货很快全部售完，人们只有提前三周预定才能买到手机。而在天线门时间发生之前，只需提前两天预定即可。这不能不说是危机公关史上的一个奇迹。一个犯了错误还理直气壮的人竟然不仅获得了人们的原谅，还促进了产品的销售，这种奇迹也只有神才创造出来吧？

1997 年，乔布斯回归苹果的时候，硅谷编辑迈克尔·墨菲说："想要救苹果？可以，但是你需要同时满足下列条件：一个伟大的管理者，卓越的预言家，富有魅力的领导人，手腕高超的政治家。上一个符合这些条件的人，出现在 2000 年前，他已经被永远地钉在十字架上，他是耶稣。"西部数据公司 CEO 查尔斯·哈格蒂则揶揄说："想挽救苹果，去把上帝请来吧。"但是我们知道，苹果招来了乔布斯，然后苹果复活了。既然这样的事情，只有上帝才能做，那么乔布斯就是苹果的上帝，也只有乔布斯才能在苹果创造出一个个奇迹。

曾经有一位苹果的副总裁这样评价乔布斯："他是一个既黑且白的人。"是的，乔布斯既是一个邪恶粗暴而冷血的恶魔，也是一个创造了神迹的上帝，他是一个矛盾的综合体。正是这些矛盾的奇异组合造就了让人又爱又恨的乔布斯，让我们向魔性与神迹共存的创新者乔布斯致敬！

永不止步的创新精神

"乔布斯是美国最伟大的创新领袖之一，他改变了我们的生活，重新定义了电脑行业。"

——美国总统奥巴马在听闻乔布斯去世的消息后，如是说

乔布斯的偶像鲍姆·迪伦曾经说过一句话："你不忙着求生，就在忙着求死。"他认为生命的过程就在于不断地创新，超越自己。和自己的偶像一样，乔布斯身上也有着强烈的创新精神，他一直都在不断地追求自我超越。

乔布斯自创业之初就特别重视创新。

在 Apple II 上，乔布斯进行了两项革新，一是采用了漂亮的塑料外壳，这让 Apple II 一经发布，就从众多外壳笨重而粗糙的电脑中脱颖而出，同时它拉近了电脑和消费者之间的心理距离，为电脑成为消费品提供了可能；二是 Apple II 内没有安装电扇，摒弃了传统的电源，采用了开关电源。乔布斯认为风扇发出的噪音会打扰人们思考，让人无法集中精神，所以他坚持 Apple II 中不安装风扇，这促成了开关电源的发明。乔布斯认为开关电源的发明意义重大，"开关电源是和 Apple II 的逻辑电路板一样伟大的发明，罗德（发明开关电源的人）应该为世人所铭记。"乔布斯很少赞扬别人，但是对于这项创新及其发明人，乔布斯却毫不吝啬赞美之词。

在苹果公司起步阶段，鉴于能力有限，在某些方面会寻求别的公司的支持，例如产品的设计和广告等，但是在技术方面的创新，乔布斯始终坚持必须在苹果公司内部完成。如果苹果公司的技术人员确实没有能力完成，乔布斯就会雇用其他公司的人员来苹果公司帮助他们完成，但是乔布斯绝对不允许技术人员到苹果公司以外的地方进行科学技术研发。

乔布斯痴迷禅宗，他的精神导师，禅宗大师铃木俊隆曾经说："初学者看待问题的角度多种多样，但专家看待问题的角度少之又少。"这一观点深深地影响了乔布斯。乔布斯认为人们应该抱有初学者的心态来面对周围的事物，就像个新生儿那样对这个世界充满好奇，只有这样才能始终保持创新能力。

乔布斯对于这个世界就始终保持着初学者的心态，所以他能够不断地创新。乔布斯第一次在施乐中心见到图形用户界面时，眼睛发着光，

激动地跳了起来，兴奋地挥舞着胳膊，大声反复说自己不敢相信施乐竟然没有把这项技术商业化。这种大嚷大跳的行为简直就像个见到了糖果的孩子，正是这种初学者的心态让乔布斯保持了持久的创新能力。

乔布斯曾经说："你很少能见到一个艺术家在三四十岁时还能创造出令人赞叹的作品。"他认为，人在过了三十岁之后就会变得思维僵化，缺乏创新意识。他认为这是因为人们被卡在了固定的思维模式中，就像唱片针总是滑进某一段固定的凹槽中，跳不出来一样。但是，他认为有些人天生就具有强烈的好奇心，永远都拥有一颗孩子般的心来面对这个世界，可是这样的人非常少。乔布斯无疑就是这样的人，他30岁离开苹果，12年后回归苹果的时候，已经42岁了，早就应该陷进凹槽中跳不出来了，但是，乔布斯却用惊人的创造力，奉献给了世界iMac、iPod、iPhone、iPad……一系列让人眼花缭乱的产品，这些产品无一不是设计精美的艺术品，无一不是科技与人文的完美融合。

对于乔布斯来说，最大的敌人是自己，只有战胜了自己的思维定式，才能真正地开始创新。

1975年，还在惠普工作的沃兹带着自己研制的电路板到了惠普，向公司高层展示了自己的成果。惠普的高管对这个设计的印象很好，但是他们最后还是说这不是惠普当时所能开发的，于是有了后来将惠普远远甩在后面的苹果公司。

这件事情，让乔布斯意识到了新生事物的厉害，因此他非常重视对于新产品的研发。即使是在互联网泡沫的破裂导致其他科技公司减少了对新产品的投入时，乔布斯也没有减少对于新产品的投入。

2001年互联网经济泡沫破裂，数字领域蒙上了一层阴影，纳斯达克指数比最高时下降了超过50%。只有3家科技公司在2001年1月的"超级碗"大赛上登了广告，而2000年，在这个大赛上刊登广告的科技公司有17家。即使是在那样的情况下，乔布斯也依然支持研发新产品。他回忆那段时期时说："当所有人都在削减开支的时候，我们反而决定要在情况低迷时继续投资。我们主要会投资在研发上面，发明出一些新东西，一旦低潮期过去，我们就已经领先于竞争对手了。"正是这种逆势而为，注重研发新产品的行为，造就了苹果始终领先于市场的优势，也成就了苹果持续创新最辉煌的十年。

乔布斯曾经说："苹果要想一直拥有无限的创意，很重要的一点就是要营造吸引人的工作环境。"乔布斯努力在苹果公司中营造出一种有益于创新的工作环境。

乔布斯在研制麦金塔时组建的麦金塔团队是历史上最有名的创新团队之一。为了激发麦金塔团队的创造力，乔布斯将办公环境布置得轻松而有活力。当时，他们的办公地点是位于班德利大道的苹果主办公区，并于 1983 年在班德利 3 号楼安顿了下来。3 号楼中有一个现代化中庭大厅，乔布斯让人在大厅中安装了一些游戏机和玩具，让员工在工作疲惫之时可以放松一下，当然了，这些游戏都是由伯勒尔·史密斯和安迪·赫茨菲尔德挑选出来的。其中大家最喜欢玩的一款游戏叫诺弗球，这是一款可以投掷或用波波枪发射的彩色小球，工程师们甚至为这个游戏设置了新的游戏规则。乔布斯还认为办公室里太冷清了，于是特批用公款购买了东芝的 CD 音响系统、马丁·洛根扬声器和 100 张 CD 光盘放在办公区里，让员工们在周末或者晚上的时候，在不干扰正常工作的情况下听听音乐，娱乐身心。后来乔布斯还在大厅中摆放了一架贝森朵夫钢琴和一辆宝马摩托车，他觉得这些东西可以让员工迷上简洁高雅的工艺风格。有的擅长乐器演奏的员工还把自己的乐器放到了办公室，这样中午吃饭时就可以为同事们即兴演奏一曲。乔布斯还为麦金塔团队的海盗们提供了可以随便租用的汽车，乒乓球室以及完全归他们使用的篮球场，还有完全免费的按摩服务以及果汁。麦金塔团队的办公区域用玻璃围了起来，看上去员工就像待在鱼缸里一样，但是从大厅就可以看到员工们奋斗的身影。麦金塔团队这种融娱乐性和工作性于一体的办公氛围，后来在谷歌、Twitter、Facebook 等公司中得到了发扬光大。

乔布斯非常重视人与人之间面对面的交流，他认为创意通常来自于人与人之间自发的谈话和随机的谈论。因此，1999 年凭借《玩具总动员 2》在动画界站稳了脚跟的乔布斯，在决定建立一幢展示皮克斯形象的大楼时，坚持要建一幢围绕中庭的庞大建筑，为员工们的偶遇提供机会。他甚至想要每一层只设两个厕所，男女各一，这样就可以增加大家偶遇的机会了，但这一提案最后因遭到众人的反对而作罢。他觉得数字生活给人们带来了孤立感，且不利于创新，他说："在我们这个网络时代，有人认为创意通过邮件和网络 iChat 聊天就可以被激发出来，这是错误的。创意更多的时候产生于自发的谈话和随机的讨论中。比如，你偶遇某个人，你问他最近在忙些什么，他的回答让你的脑子里蹦出各种想法，发出'哇'

的一声感叹。"

乔布斯曾说过："苹果应该是一个这样的工作场所：每个人都可以直接跑到 CEO 的办公室里，把他的想法说给 CEO 听。"

为了促进团队凝聚力、加强队员之间的交流，同时促进团队的创新能力，乔布斯每半年都会带着团队中的大部分人去附近的度假胜地举行为期两天的集思会。在集思会中，每个队员都可以向乔布斯汇报自己最近在做些什么，取得了哪些进展，有哪些问题有待解决。这样直接的交流，有助于乔布斯掌控整个团队的进程，同时辅助队员解决遇到的问题，加快创新的进程，刺激灵感的产生。

乔布斯一方面非常重视营造有利于创新的环境，另一方面斯非常重视对于创新型人才的选拔和招聘。

乔布斯认为人才是一个公司成长的基石，因此他非常重视人才的招聘，尤其是具有独特思维方式的创新型人才的招聘。

他在招聘人才时，常常会问应聘者一些出人意料的问题，比如，你吸食过迷幻药吗？你几岁失去童贞的？这些问题侵犯了应聘者的个人隐私，在正常情况下，面试官是不可以问这些问题的，但是乔布斯认为，这些问题一方面可以排除一些不认真思考问题的人，另一方面可以试探出应聘者的幽默感、叛逆精神和反击能力，所以他坚持问这些问题。除了这些奇怪的问题外，乔布斯还会让应聘者和史密斯或赫茨菲尔德一起玩一个名为"守护者"的游戏，如果应聘者可以跟上他们的步伐，他就会录取这个人，否则就淘汰。

乔布斯一生有四分之一的时间用来招聘人才，参加过 5000 多人的招聘。有人认为作为 CEO 不应该花费过多的时间在人才的招聘上，但是乔布斯认为，招聘是最重要的工作。招聘就是在寻找合作伙伴，只有寻找到了真正志同道合且优秀的合作伙伴，公司才能富有创造力，取得长远的发展，所以他长期坚持亲自招聘人才，即便是在后来他身体状况欠佳的情况下，他也经常亲自面试重要岗位上的人。据苹果中国的一位员工透露，苹果中国的核心管理者以及重要的销售代表，在进入苹果公司时都经过了乔布斯的亲自面试。

乔布斯对于那些没有创新精神的公司非常不屑。

1981 年 8 月，在乔布斯正带着他的"海盗们"致力于麦金塔电脑的开发时，IBM 公司推出了自己的个人电脑。乔布斯让自己的团队购买了一台进行研究，结果他们发现，IBM 的电脑糟透了，没有任何创新，于是，乔布斯在《华尔街日报》上做了一整版的广告，标题是《我们真诚地欢迎 IBM 的加入》。这在当时是一则非常有名的广告，尽管最后这则广告成了对苹果公司的讽刺，但是它充分地体现了当时的乔布斯对于没有任何创新的 IBM 是多么不屑。

在乔布斯的整个职业生涯中，他都把自己看作是创新型的斗士，而把一些大公司看作是邪恶势力的代表，这在他非常喜欢的麦金塔电脑的广告《1984》中充分体现了出来。他总是想着要利用创新的力量打败邪恶势力。在 PC 之战时，乔布斯曾经说："如果因为我们的失误，让 IBM 赢得 PC 之战的胜利，那么接下来 20 年，计算机领域都将处于黑暗之中，因为 IBM 一旦控制了市场，就会停止创新。"乔布斯还把自己的老对手微软也归入了邪恶势力中，他说："微软尽管比 IBM 好一点，但它们本质上是一样的，他们没有创新精神。"

乔布斯曾经说："苹果的成功只能通过创新取得。如果我们无法把自己的创新之处告诉顾客，那么迎接我们的就只会是失败。"于是，在这个理念的支撑下，乔布斯开创了个人电脑的零售时代。现在世界各地都散落着苹果零售店，人们随时都可进入苹果零售店感受浓郁的苹果文化，享受专业的苹果服务，这都得益于乔布斯的创新思维。

乔布斯始终将苹果定位为一个创新和时尚的品牌，这就让苹果公司从众多制造粗糙的通用型电脑的公司中脱颖而出。苹果大胆的设计和开创性的应用程序商店，让苹果公司成为了当代最有创新精神的公司。2005 年，《商业周刊》杂志公布了当年度全球创新企业 20 强名单，苹果公司以绝对优势排在第一位。

乔布斯认为，人们必须不断地推动创新，只有这样，才能在这个世界上留下脚印，才能改变世界。乔布斯对于创新的不懈追求彻底地改变了世界上的六大产业：个人电脑业、动画电影业、音乐产业、移动电话产业、平板电脑产业、数字出版产业，还影响了零售连锁业的产业发展格局。此外，他开发的应用程序商店，为数字内容开辟了一个全新的市场。

乔布斯在 1997 年回归苹果后，推出的"非同凡想"系列广告，是对于特立独行的创新者的赞歌，让我们借用这则广告，来向改变了世界的创新者——乔布斯致敬：

致疯狂的人

他们特立独行

他们桀骜不驯

他们惹是生非

他们格格不入

他们用与众不同的眼光看待事物

他们不喜欢墨守成规

他们也不愿安于现状

你可以认同他们反对他们

颂扬或诋毁他们

但唯独不能漠视他们

因为他们改变了寻常事物

他们推动人类向前迈进

或许他们是别人眼里的疯子

但他们却是我们眼中的天才。

因为只有那些疯狂到以为自己能够改变世界的人

才能真正改变世界